조선견문록 朝鮮聞見錄

朝鮮，
是勞動黨的朝鮮；
勞動黨，
是領袖的勞動黨。

我想這張照片，可以命名為「朝鮮」。
當然，是象徵着的。

平壤建黨紀念塔內側紫銅雕塑。

在朝鮮，沒有佩戴領袖像章，曾經是一件危險的事情。

新義州鴨綠江旅館院內，朝鮮軍裝司機胸前的領袖像章。

朝鮮聞見錄（修訂版）

胡成——著

南粵出版社

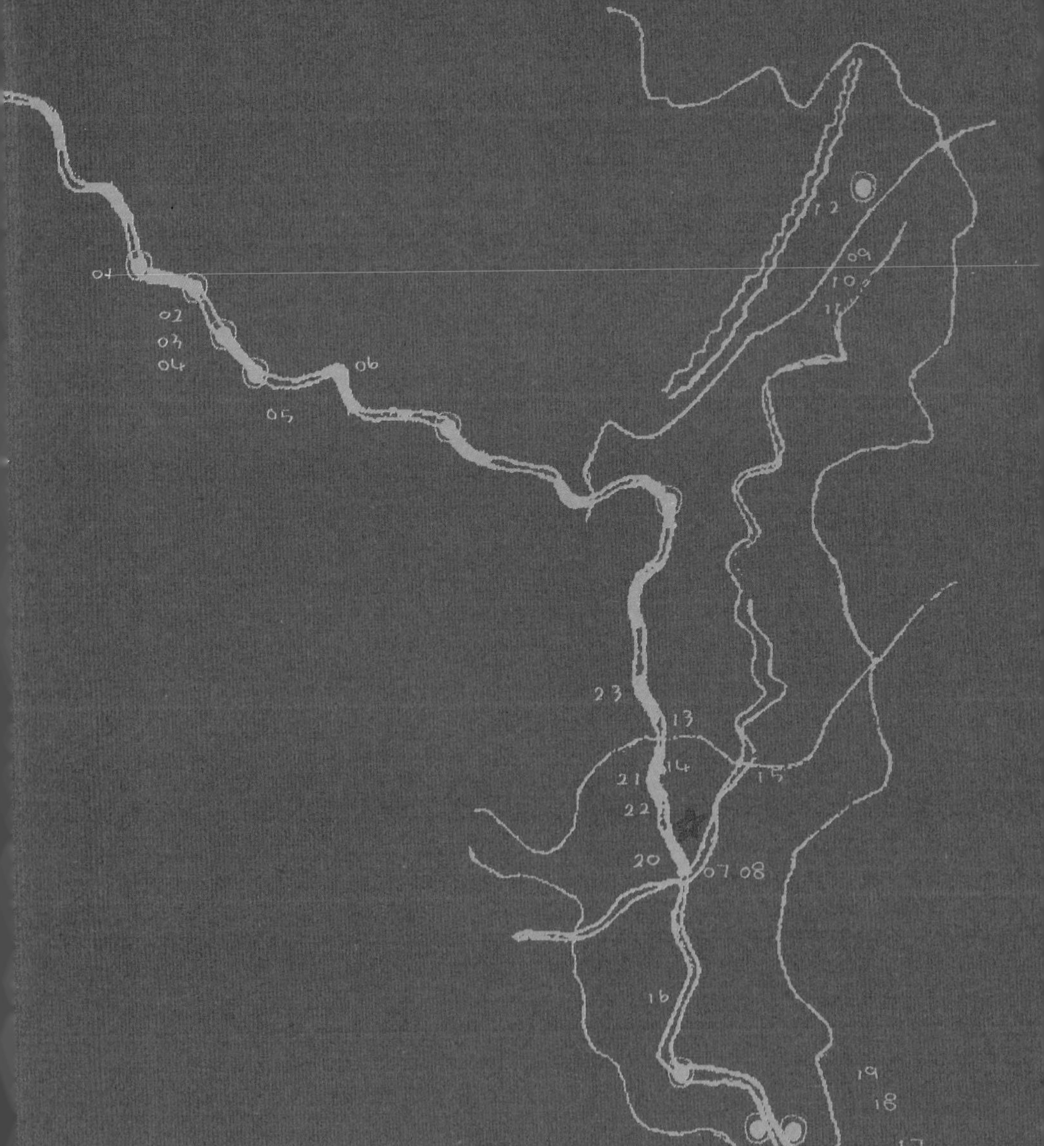

01
02
03
04
05
06
12
09
10
11
23
13
21
14
15
22
20
07 08
16
19
18
17

목차

目錄

引子

我相信事實是這樣的。

一九四八年，偉大的英國作家喬治・奧威爾（George Orwell）寫下《一九八四》（*Nineteen Eighty-Four*）這部經典的文學作品。奧威爾虛構了一個令人恐怖的極權國家：大洋國（Oceania）。大洋國中，領袖老大哥（Big Brother）的個人崇拜登峰造極，以他為首的核心黨員（Inner Party），虛構過去，統治現在；嚴格監控所有外圍黨員（Outer Party）與無產階級（Proles），任何異端，均予殘酷鎮壓。

同年，一座巨大的「《一九八四》主題公園」在東北亞建成。兼飾老大哥角色的公園管理員，由金氏家族終身世襲，迄今已逾三代。金日成（김일성）、金正日（김정일）與金正恩（김정은），父承祖業、子承父業。主題公園雖然長期經營不善，但是他們與出演核心黨員

的名為勞動黨（로동당）的管理團隊們卻從未想過放棄，主題公園嚴格忠實於小說既定情節的運營理念也從未發生過改變。並且，他們堅信，「它將永遠存在，永遠是那個樣子。」❶

這座主題公園，以「朝鮮」的名字對外營業。

已將四月，中國的東北依然寒意襲人，清晨的時候，呵氣成霜。

站在丹東清晨的寒冷中，我卻感覺到興奮。因為將要去朝鮮，我有一張公園門票。

❶ 喬治·奧威爾：《一九八四》，董樂山譯，上海：上海譯文出版社，二〇一二年，第一七八頁。

01 丹東

「以前朝鮮實際上是不允許旅遊的，我們都是以考察團的名義，曲線救國，不打點不行呀。」丹東旅行社經理無奈地說。

旅行社

丹東，與朝鮮新義州（신의주）隔鴨綠江水相望。

得地利之便，丹東是中國與朝鮮之間的主要陸路通道。在朝鮮的慘淡經營之中，佔比例極大的對中國貿易，其中又有八成經由丹東口岸完成。鴨綠江上，連接朝鮮與中國的鐵路公路兩用橋——中朝友誼橋——貿易之外，也是閉塞的朝鮮與這個世界相聯繫的主要通道。

得口岸之便，中國經營朝鮮旅行的旅行社，大多都在丹東開辦。不過，卻並非每家旅行社都有「出境組團社」的資質。於是各家旅行社間私下有約定，將所有招徠至丹東的散客均交由資質旅行社，一併組團出境。

我所聯繫的這家丹東旅行社，恰巧就是最終負責組團的資質旅行社。通過網絡，與他們的業務人員聯繫，得知原來獲得一張朝鮮旅行的門票其實非常簡單。

不過，這種簡單只針對中國公民。因為在相當長的一段時間，中國曾經運營着同樣的一座主題公園。朝鮮針對中國公民的特別照顧，可以算作是同業優惠。

簡單到只需要提前一周把幾項基本的資料，比如姓名、工作單位、護照號碼等資料通過電子郵件發送給旅行社即可。護照是否有問題，或者工作單位是否真實，完全無所謂。百分之百能獲得簽證，絕無拒簽。旅行團團費大約三千元人民幣，朝鮮看重的是這些。只要不是偽鈔，其他一切都好說。

如果是外國公民參加旅行團，那麼不僅費用更高，而且審批也相對麻煩，不過總還是能通過的。還是那句話，只要不用偽鈔。

資料提交以後，即可準備旅行了。甚至不用先付款，只要在成行當日，提前前往旅行社繳費即可。如果沒有偽鈔的話，八點準時前往丹東口岸，等待通關前往朝鮮。

我從北京搭乘前夜的火車，次日清晨到達丹東。站在旅行社裏，時間還早。驗鈔以後，有足夠時間聽旅行社經理向我們說明朝鮮旅行的相關事宜。其中有些內容，相當重要，若有違反，可能將會有被踢出朝鮮的後果。畢竟那座公園的主題並不輕鬆。

朝鮮海關明確規定，不得攜帶移動電話入境，這是

赴朝鮮旅行的第一禁忌。❶與之意義相同的禁忌，還有禁止攜帶任何「全球衛星定位系統」（GPS）的導航儀器或者相關功能模塊組的電子產品，包括筆記本電腦及其他平板電腦。

因此，一旦進入朝鮮，也便意味着真正地與世隔絕。「但是你們住宿的酒店裏可以撥打國際長途，」為了消解罹患信息焦慮症的遊客，旅行社經理說明道，「就是比較貴，十七塊錢一分鐘。」

電子產品之外，印刷品也是朝鮮海關嚴格查控的物品，力度甚至在電子產品之上。內容不得有礙風化，有違社會主義意識形態。更重要的是，不得帶有美國與韓

❶ 二〇一三年一月二十一日，北京《環球時報》，《朝鮮允許外國人帶手機入境無國際漫遊信號》文稱：自二〇一三年一月七日起，在朝鮮海關填寫登記表格之後，朝鮮將允許外國人攜帶移動電話入境。但是外國移動電話 SIM 無法在朝鮮使用，通話服務必須購買使用朝鮮本地 SIM 卡。朝鮮提供外國人使用的 SIM 卡分為臨時卡與長期卡，臨時卡按有效期分為十四天、一個月、兩個月三種，售價分別為五十歐元、七十五歐元和一百歐元。通話實行雙向收費，本地通話接打均為每分鐘 0.2 歐元。

國這兩個朝鮮的敵對國家的任何國家標誌物，比如國旗、國徽之類。

如果說在海關查到違禁電子產品，最多只能算作有犯罪動機的話，那麼查到違禁印刷品，則約等於犯罪未遂——如果僥倖逃脫海關檢查，攜帶進入朝鮮便是犯罪即遂——未遂犯罪也是犯罪。「會有麻煩的。」旅行社經理概括道。

可以攜帶入境的數碼照相機與攝像機倒是未做特別說明，甚至是長焦鏡頭。旅行社經理一律大而化之地說沒有關係，儘管帶着，只要你能拍得着。

他果然洞若觀火。在朝鮮的日子，時時刻刻都有朝鮮方面人員陪同。他們嚴格管控照相機的使用，並且還會在離境時檢查照相機內所拍攝的內容。所以儘管帶着吧，朝鮮有信心讓它們成為擺設。

我卻遇着問題了。

我一直使用膠片相機拍攝，因為膠片內容不可立即檢查，有悖於朝鮮嚴防遊客拍攝負面影像並將其攜帶出境的宗旨。這令我感覺不安，萬一朝鮮海關本着寧可錯

殺不可不殺的原則全部予以曝光，那我豈非枉作冤死鬼？

退一步來說，即便不是在出關時錯殺，只是在入關時不予攜帶，我也會將慘遭同樣結局。所以，這成為我最為關切的問題，反覆向旅行社方面詢問。

為我辦理簽證的工作人員說不可以，旅行社經理則凡事無所謂，有公園股東的派頭，一迭聲說「完全沒有問題」。但我還是心存疑慮，我擔心旅行社經理如此輕鬆，只是因為他還沉浸在沒有偽鈔的喜悅中。

在通關之前，我始終心存忐忑。

因為丹東有多家旅行社共同攬客，客人再各自去招攬到自己的旅行社驗鈔，所以我們將要前往朝鮮的旅行團團員並不都是等候在我所在的旅行社中。

這家旅行社只另外招攬到三位遊客。

其中兩位來自四川攀枝花的退休工人，是結伴旅行的老朋友。一位高瘦，一位矮胖。矮胖者寸步不離高瘦者，雖然他並不抽煙，但他還是陪着高瘦者站在旅行社外的路旁，凍得瑟瑟發抖。他們從南方來，似乎不知道

冬末春初的東北或者朝鮮有多麼寒冷，只穿着一身藐視氣溫的夏衣，而且行李簡單。

另一位是名戴眼鏡的大學生。總是皺着眉頭，彷彿時時刻刻都有着難解的心事。坐在旅行社的辦公桌前，他愁思許久，忽然向旅行社經理發問，說他隨身有一本時尚類雜誌，不知道能不能攜帶入境？我覺得當時只要是不說「不給錢能不能去」，旅行社經理可以代朝鮮答應所有事情。一本雜誌，絕無問題。

可是這句「絕無問題」，卻在隨後給我們帶來不小的問題。

旅行社經理而立之年左右，穿着與修飾得體，眼望着便是精明的生意人。經理說自己本來應當作為旅行團的中方領隊隨團入朝，可是那天他卻不得不改變行程。「唉，忙呀！」他說。我們自然要詢問，「您這是有何貴幹？」他隔着旅行社的外窗，指着停在路旁的三輛家用轎車，「看見沒有？這幾輛車都是要拿來送禮的。」是要送給朝鮮經辦國際旅遊業務的相關領導，「生意不好做呀！」旅行社經理說，汽車出關手續辦理結束，他

再趕往瀋陽，搭乘朝鮮航空公司的班機，趕赴平壤。

朝鮮旅行的簽證貌似簡單，實則流程複雜。旅行社需要提前六天把入境旅行人員名單發給平壤的朝鮮國家觀光總局，由國家觀光總局將名單轉送至朝鮮外務省，外務省簽章後再發給朝鮮駐丹東領事處並附簽證指示令，丹東領事處見到簽證指示令後正式簽發有效期為四天的團體簽證。

如此繁瑣的流程，把握着朝鮮旅行簽證簽發的朝鮮要害部門，不時常以重禮疏通打點，怎會有如此順暢的可能？

「養成習慣了，」旅行社經理無奈地說，「以前朝鮮實際上是不允許旅遊的，我們都是以考察團的名義，曲線救國，不打點不行呀。」

直到二〇〇九年十月，中國與朝鮮才在平壤正式簽定了《關於中國旅行團隊赴朝鮮民主主義人民共和國旅遊實施方案的諒解備忘錄》。第二年四月，朝鮮正式成為中國公民出境旅遊目的地國家。在那之前，所有赴朝鮮旅行的中國旅行團，實際上都是非法的。非法卻得到

朝鮮官方默許，自然中國旅行社是要為這種默許付出代價的，比如丹東大街上的三輛中國汽車。

「救國」成功，「曲線」卻拉不直了。

因為不能同行，經理把旅行團團體簽證、體檢合格表等資料全部交給了我，由我暫充領隊。除了文件之外，旅行社經理提醒我注意其中一個封口的信封。「交給朝鮮導遊。」他囑咐我。後來我好奇心作祟地對着陽光看了看，紙封裏夾着兩百元人民幣。

旅行社在辦理簽證時，只有我們提交的護照號碼，所以簽證也並不是直接粘貼在護照之上。發放的所謂團體簽證，只是一張紅色的普通紙張，上面有旅行團團員的照片與朝鮮字基本信息。只有領隊是一張藍色紙張的單張簽證。看起來不像是嚴肅的國家簽證，倒真像是參加公園遊園活動的報名表。除了鋼印，沒有任何防偽措施。

當然，誰也不會想要偷渡去朝鮮。

丹東口岸

將近八點，旅行社經理領着我們前往丹東口岸。有汽車，卻是要送給勞動黨官員們的，我們沒有汽車，我們步行。丹東經營朝鮮旅行的旅行社，大多都在通關的丹東口岸附近，所以路程也近，步行足矣。

丹東已經蘇醒，公路上車來人往，紛亂嘈雜，這是熟悉的中國的城市。直到走近丹東口岸，路旁的景色才漸漸有些陌生。

許多大型載重卡車泊滿丹東口岸外的公路兩側，陌生的不是卡車，陌生的是卡車上滿載的物資。有許多重新塗刷黑漆，但依然難掩斑駁的老舊貨運敞車。沒有車輪，幽靈一樣漂浮在眼前，實在是很難看見列車車廂呈現如此狀態。

「對，大部分是援助給朝鮮的。」旅行社經理回答我們的疑問。「也有和朝鮮做生意的外貿公司發的貨，不過和朝鮮做生意太危險了，他們時常賴賬，或者拿其他物資折價抵賬，」經理指着一些載滿橡膠輪胎的卡車

丹東口岸院內，中國援助朝鮮的軍用物資。

中國援助朝鮮的軍用物資。

和我們說，「丹東很多和朝鮮做生意的外貿公司都被拖垮了。」又是一聲長歎，經理很有些感同身受的無奈。

丹東公路口岸，是在中國與朝鮮接壤的所有口岸中，唯一可以通行第三國人員的口岸。一九五五年，由中國與朝鮮商定開放。一九六六年，隨着中國與蘇聯交惡，中國與朝鮮之間的關係也日漸緊張。勞動黨批判處於「文化大革命」中的中國，左傾機會主義、教條主義、大國沙文主義等各種主義氾濫，紅衛兵小將們則直接把批判金日成為「修正主義」與「赫魯曉夫門徒」的大字報貼在了北京的大街上。良言逆耳，朝鮮反應激烈，與中國徹底決裂，丹東口岸也隨之關閉。

丹東口岸這一關閉，便是十五年時間。直到一九八一年，實行改革開放的中國逐漸從左岸的懸崖邊返回，丹東口岸才又重新開放。

數十年的丹東口岸，聯檢場地擁擠狹窄。當我們在約定通關的八點鐘趕到時，許多等待通關的邊民，甚至讓我無法在聯檢大廳內落足。

「邊民」，旅行社經理如此稱呼他們。事實上，能夠擁有合法的出國權利，顯然他們並不是普通的朝鮮邊境居民。

非富即貴，只是簡單地從衣着外貌上來看，便能得出這樣的結論。聯檢大廳內的許多朝鮮人，穿着已經與中國人並無太大的不同，身旁堆滿大包的行李，「這些都是做生意的。」

經理眼見聯檢大廳淪陷於朝鮮人之手，無奈只能讓我們站在大廳之外的門廊等候，「邊民優先通關，我們要等在他們之後。」

門廊中有幾位裝束與商人迥然不同，只有隨身提包的朝鮮人聚在一處抽煙。他們彷彿是洗劫了金正日的衣櫥，穿着款式完全相同的卡其色夾克衫與卡其色直筒褲，寬大的褲腳下，隱約露出小小的皮鞋腳尖。彼為富，此即為貴，朝鮮執政黨勞動黨官員無疑。他們神情嚴肅，倨傲地打量着往來眼前的朝鮮邊民。

他們所有人，手中都拿着一本與酒紅色中國護照顏色迥異的藍色朝鮮護照。在朝鮮，那一定是能夠震懾普

通人靈魂的身份象徵。

參加旅行團的所有團員由各自報名的旅行社工作人員帶至口岸聯檢大廳，陸續到齊，沒有遺漏，沒有偽鈔。於是在大廳門外等待的氣氛輕鬆愉快，彼此招呼、熟絡。只有我們旅行社經理還在陪同等候，耐心向其他團員重新講解朝鮮旅行的注意事項，並時不時回答一些令人震驚的問題，比如：「到朝鮮能吃得飽嗎？」

不像是一團遊客，倒像是一團發配寧古塔充軍的囚徒。

朝鮮邊民的通關還沒有開始，旅行團的通關自然遙遙無期。我已經身為旅行團的領隊，自然是知道在朝鮮肯定吃得飽的，索性自己在口岸內四處遊蕩，東張西望。我也不用擔心錯過時間他們會棄我而去，簽證在領隊手裏。

在丹東口岸之內，聯檢大廳只佔去一隅。九成的面積，都是貨場，露天的以及大型倉庫。貨場內泊滿了與口岸之外同樣的載滿各種物資的重型卡車，以及一些可以自我運輸的物資，比如近百輛嶄新的軍綠色塗裝汽車。

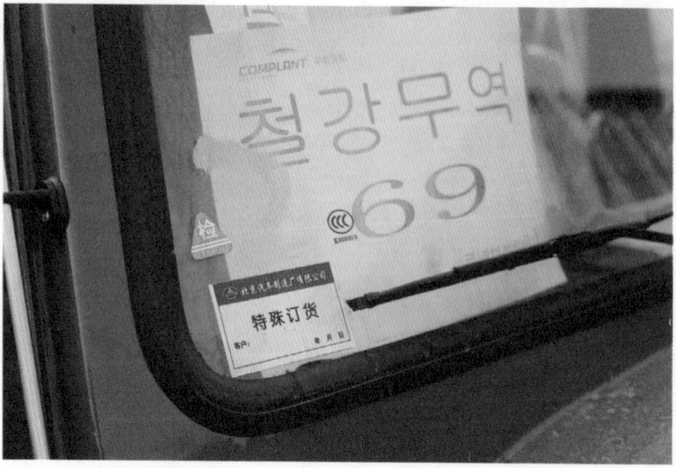

丹東口岸院內，中國援助朝鮮的軍用車輛的出口標籤。（右）
中國援助朝鮮的民用物資。（左）

初進口岸，乍見着如此之多的軍用汽車，直令我們嘖嘖稱奇。旅行社經理不以為然，「這才幾輛？」他明顯覺得我們沒見過甚麼世面，「就是昨天，還有成百上千輛這樣的汽車，幾乎停滿了整個丹東。」

軍車停滿丹東的大世面沒有見到，軍車停滿丹東口岸的小世面總算沒有錯過。所有軍車都是由北京汽車製造廠生產的「戰旗」牌越野車，就是同廠仿造美國吉普（Jeep）生產的老款北京二一二吉普車的改進車型。這款越野車在中國已經停產，在汽車的前擋玻璃右下角貼有「特殊訂貨」的標籤，看來雖然國內停產，生產線卻為某些特殊生產而保留。

除此之外，玻璃內側另貼有一張普通白紙打印的標籤。正中是朝鮮字的「鋼鐵貿易」（철강무역）以及車輛編號，經辦商「中成國際」的標識也打印其上。中成國際，全稱「中成國際運輸有限公司」（COMTRANS），是一家經由中國原外經貿部批准的一級國際貨運代理公司，隸屬於中國成套設備進出口（集團）總公司（COMPLANT），前身即是負責中國援外運輸的專門機

構，自一九五九年起便承擔中國政府對外經濟技術援助項目物資的全部運輸工作。

所以，如此大批量的軍用汽車，全部為援助物資無疑。身為中國納稅人，我盤算着如果這些援助汽車可以多到停滿整座丹東城的話，那至少有一顆螺絲釘是由我個人出資援助的。

朝鮮如今奉行「先軍政治」，這一政策理念，簡而言之，即是「在國家事務中，一切工作以軍事為先，以軍事為重」。

世界對朝鮮的援助，大體是朝鮮最缺乏甚麼，世界便優先援助甚麼，比如糧食。但是中國對朝鮮的援助，除此之外，還有一層就是勞動黨需要甚麼，中國也援助甚麼。糧食之外，總還要有配菜。軍需物資，在「先軍政治」的朝鮮肯定不是最為缺乏的，但卻肯定是勞動黨最為需要的。

所以，丹東口岸內的援助物資，軍車為第一大宗。軍車以外，才有部分民用拖拉機，十數輛而已。不過誰也沒有規定拖拉機必須民用，這最多只能算作是我個人

的良好願望。

基於這種良好願望，如果有人徵詢我的援助意見，我會說：「請把我援助的螺絲釘安裝在拖拉機上，而不是安裝在軍用汽車上。」

當然，不會有人問我。

02

신의주

新義州

「他們的長期封鎖導致我們吃不飽、穿不暖。」
導遊講解着「美帝國主義」的「邪惡」。

秉承「絕不會有人想要偷渡去朝鮮」的監管理念，丹東口岸對於中國遊客的檢查極其寬鬆。對照簽證名單，瞄一眼護照，然後蓋章放行。輕鬆得不像是出國，出院都比這手續複雜。還不是旅遊旺季，我們旅行團全體團員也才十幾名而已。不過同時通過聯檢大廳的，還有一隊人數眾多的旅行團。「新義州一日團」，他們的女導遊這樣稱呼他們。

新義州一日遊，是丹東旅行社經營的另一項朝鮮旅行業務。免簽入境，僅限中國公民參團，早去晚歸，滿足那些對朝鮮的興趣只在淺嘗輒止間的遊客。一輛朝鮮牌照的客車停在聯檢大廳對側門外，是一日遊團的旅行客車，同時也作為我們前往新義州朝鮮口岸的擺渡客車。

緩緩駛上中朝友誼橋，擺渡客車左搖右晃，把新義州一日團女導遊的講解搖晃得磕磕巴巴。中朝友誼橋實在太過老舊，老舊得就如同中朝之間的友誼。

丹東與新義州之間，中國與朝鮮兩國的界河鴨綠江上，原本有兩座鐵橋相連，鐵橋中線即是兩國國界。鴨綠江江水自東北流向西南，在丹東注入黃海。兩橋依着江水流向，分為上橋與下橋。

下橋先築。時在朝鮮「日帝强佔期」（일제강점기），由朝鮮總督府（조선총독부）鐵道局修築，至一九一一年（大清宣統三年）建成，迄今已有百年歷史。

在下橋上游大約一百米左右的上橋，同樣由日本佔領軍修築。一九四三年（中華民國三十二年）通車，新橋也有七十歲陽壽。

在一九五〇年朝鮮戰爭期間，下橋在朝鮮境內的一半橋面，被「美帝國主義」炸毀，沉入江中。成為斷橋的下橋，中國與朝鮮為使其作為「美帝國主義無法否認的侵略罪證」，未予修復，以供兩國人民憶苦思甜。

修復的，只是較新的並且毀損也輕的上橋。上橋在一九五一年時，將橋上複線鐵路拆去一線改為公路，鐵路與公路平面並存。一九九〇年，中朝兩國在反目成仇又化敵為友之後，商定將上橋更名為「友誼橋」，以象徵中朝兩國之間永恆不變的友誼。中國稱之為中朝友誼橋，朝鮮則稱之為朝中友誼橋（중조우의교）。

在向我們講解兩橋歷史的時候，女導遊指揮着我們

東張西望。斷橋與友誼橋鏽迹斑斑的鋼樑上不時出現的孔洞，「那就是美國飛機打出的彈孔！」她一驚一乍地解說「美帝國主義」的萬惡不赦，他們發動戰爭、他們炸毀橋樑、他們屠殺百姓、他們分裂朝鮮。

「美帝國主義」果然是邪惡的，「他們的長期封鎖導致我們吃不飽、穿不暖」，勞動黨的宣傳與女導遊背誦的講解詞，口徑如出一轍。

一切榮耀歸於黨，一切罪惡歸於「美帝國主義」，政治學簡明扼要。

新義州口岸

朝鮮新義州口岸，橋頭堡一般緊鄰朝中友誼橋而建。友誼橋與口岸之間，沒有過渡，沒有緩衝。

客車出橋停穩，已是在新義州口岸院內。氣氛開始緊張，兩名全副武裝的朝鮮人民軍邊防軍人上車，下馬威般目光冰冷地檢視全車，清點人數，然後默然退回車下，把守車門左右。女導遊大聲命令，新義州一日遊的

遊客安坐勿動，其他則請手持護照，逐一下車接受檢查。

秉承「任何人都想來投奔偉大的共和國」——「偉大的共和國」，勞動黨如此稱呼朝鮮——的監管理念，新義州口岸對中國遊客的檢查近乎苛刻的嚴格。誰也沒有想到下車也是檢查——把護照交給邊防軍人，他反覆比照照片與真人是否相符，目光依然冰涼，護照片刻結霜。

排在我前面下車的大學生，因為戴着眼鏡，邊防軍人示意他把眼鏡摘下。他沒有領會邊防軍人的意圖，轉身便走。邊防軍人身形未動，只是低聲怒喝。站在軍人身旁的一位朝鮮男人忙不迭地快走幾步，把大學生拽了回來，「不要走，他要你把眼鏡取下來。」

「可以了嗎？又不是看不出來。」重新戴上眼鏡的大學生有些挑釁意味地質詢道，看起來很是忿忿不平，喪失理智地想做一名和遇見的兵講理的秀才。

又一把拉開他的朝鮮男人，是我們的導遊。瘦而且高，雖然也是身穿夾克衫，卻是沒有收腰的鐵灰色款式，與金正日式夾克衫迥然不同。衣着完全沒有朝鮮痕迹，果然是往來中國的國際導遊。

年紀在三十歲左右，從業多年，一切熟稔，笑着化解開大學生的不滿，神色始終輕鬆自若。他的身後跟着另一位更加年輕的朝鮮男人，剛畢業的大學生模樣，局促而且中文不甚流利，看起來應當只是一名實習導遊。

正式導遊負責指揮，實習導遊負責跑腿。他從邊防軍人手裏接過所有人的護照，先行進入聯檢大廳，片刻等候，安排妥當。「嚴肅，安靜。有問題，找我們。」再回來領我們進入聯檢大廳的實習導遊叮囑我們。

新義州口岸聯檢大廳，正對着朝中友誼橋橋頭。只有一間普通會議室大小，正中一台輸送帶式安檢X光機將大廳分為左右兩半。與人民軍制服的黃綠色不同，朝鮮海關人員制服是深鐵灰色。相同的是，制服陳舊，邊角已經脫線殘破，蘇聯式大檐帽邊緣滿是污膩油垢。

第一個麻煩，是海關找不到我們旅行團的體檢合格表。表格一直在領隊手中，可是並沒有人向我索要。只是一張薄紙，列出所有旅行團團員姓名，然後備註全部體檢合格——天知道我們甚麼時候體檢來着。

聯檢大廳內有幾間隔板隔開的簡易房間，一位中年富態、領導模樣的海關人員走出來，面有慍色，大聲向等候在出口處的導遊質詢。年輕導遊慌忙跑過來，向旅行團團員打聽表格的下落，團員們紛紛指向領隊。海關領導把表格從我手中惡狠狠地一把奪去的時候，我才感覺假冒旅行團領隊並不是一件甚麼有趣的事情。

安檢 X 光機並沒有打開，所有行李一律由海關人員手工檢查。男女分開通關，因為還需要搜身，所幸金屬探測器這種高科技設備在朝鮮已經普及到海關。所有人都了解勞動黨易怒的性格，所有人在參加朝鮮旅行團前都仔細詢問了勞動黨的禁忌，不敢輕忽。正因為如此，通關檢查雖然緩慢但卻算得上是順利。結束檢查的團員，與導遊一併站在出口處，隔岸觀火地看着我們。

第二個麻煩，又出在大學生的身上，不過這個麻煩卻怪不得他，要怪只能怪我們那位一切大而化之的旅行社經理。那本大學生詢問他是否可以攜帶時他一口咬定沒有問題的雜誌，卻出了大問題。

看見印刷品，而且還是有照片的雜誌，一位一直站

在海關人員身旁，戴着黑框眼鏡，身穿深灰色中山裝形制呢料服裝的中年男人，忽然面色大變。他拿起雜誌，走到窗邊，在明亮的光線下開始逐頁翻看。眉頭緊蹙，如臨大敵。也許是因為這一突發狀況讓海關人員分神，以至於在檢查排隊在大學生身後的我時，心不在焉。

一袋令我始終忐忑的膠捲，還有一支可以歸為竊聽設備的錄音筆，居然沒有細作檢查，輕鬆而過。

前後觀察，朝鮮海關檢查的疏密程度完全因時因人而異。嚴控物品之外，確實也多在兩可之間。因此如膠捲之類可否入境，旅行社工作人員才會有兩種答案。

我們的通關檢查在安檢 X 光機區分開的大廳右側，隨後進入的一隊朝鮮旅客，在大廳左側進行檢查。他們列隊更加整齊，神情與我們同樣緊張。

安檢 X 光機後，正中背靠背擺放兩排座椅，繼續 X 光機充當大廳隔斷的職責。在向着左側的座椅上，正坐着一排朝鮮姑娘。年輕的朝鮮姑娘，穿着同樣的粉色朝鮮民族裙裝，厚底高跟鞋。面容姣好，卻塗抹着與年

齡不相稱的厚厚粉底，張望着我們。

我卻不是第一次見着如此裝扮的朝鮮姑娘。在丹東，在北京，在中國許多城市，在由朝鮮政府經營的朝鮮餐館裏，都會有這樣的朝鮮姑娘充當服務人員。如同在朝鮮一樣，她們負責為客人服務，為客人表演歌舞。北京這樣的餐館名作「牡丹館」（모란관），招牌以朝鮮國旗的紅藍兩色配色，清晰醒目。初去的朝鮮服務員只是粗通中文，服務略久一些的，能打發幾句食客關於朝鮮的問題。但是絕不多說，要小心隔牆有耳，畢竟三年以後，她們還會返回朝鮮。在這三年期間，她們領取極低的報酬，以便為勞動黨儘可能多地賺取外匯。

勞動黨有足夠的自信牽着這些風箏，有足夠的羈絆讓她們不會斷線飛走。

所有團員乃至那隊朝鮮旅客的通關檢查都已經結束，那本雜誌的檢查卻仍然還在進行之中。大學生謹小慎微地站在近旁，不再敢有任何異議。雖然沒有制服，雖然沒有武器，但那位黑瘦的中年男人卻讓人不寒而慄。在新義州口岸，他似乎擁有最大的權力，卻又將這種權

力深藏在他貌似平民的裝束之下。見着猛獸人們可以遠遠躲開，以偽裝色匿身腳下的蟲蛇才真正令人恐懼。

無疑，他是一位負責意識形態檢查的官員。在朝鮮，這樣的官員隸屬於朝鮮國家安全保衛省的內衛部門，權力凌駕於法律之上。導遊也不敢再上前打圓場，只是噤聲在遠處觀望。領隊忽然一念，悄聲和大學生耳語。如果放棄雜誌，不將其攜帶進入朝鮮境內，交由海關保存，豈非一了百了，也省得麻煩——這是我為我的膠捲遇到麻煩時預想的解決方案——大學生依計，請導遊將再也不要那本罪惡雜誌的意思轉述予內衛部門官員。

我們被允許放行。

新義州

換乘擺渡客車進入新義州市區，我們終於得見神秘的朝鮮。朝鮮行政區劃，稱一級行政區為道（도）。除卻平壤直轄市（평양직할시）與羅先直轄市（라선직할시）以外，朝鮮全境共分九道。由西向東、由北向南，依次為：

平安北道（평안북도） 平安南道（평안남도） 黃海南道（황해남도）；

慈江道（자강도） 咸鏡南道（함경남도） 黃海北道（황해북도）；

兩江道（량강도） 江原道（강원도）；

咸鏡北道（함경북도）。

其中北方四道平安北道、慈江道、兩江道、咸鏡北道與中國隔界河鴨綠江與圖們江接壤。

新義州，地處朝鮮西北平安北道西北角鴨綠江入河口處。最初只是一座小漁村，後來漸漸發展為漁港。一九二四年（中華民國十三年），朝鮮總督府將平安北道道府由北側義州郡（의주군）搬遷至此村，並更名為新義州。二〇〇二年，朝鮮又在原新義州市劃出新義州特別行政區（신의주특별행정구），成為與開城工業地區（개성공업지구）、金剛山觀光地區（금강산관광지구）並列的朝鮮三大特區。

如今一般意義上所稱的新義州，即是指新義州特別行政區，由朝鮮政府直轄；原新義州市並未裁撤，與特區共存，由平安北道所轄，並且仍為道府。

在丹東口岸內與運送援助物資的司機閑聊得知，援助物資由中國司機運送至新義州以後，便全部由朝鮮方面接管。想像中，是朝鮮第四大城市的新義州，同樣又作為邊貿口岸城市，似乎應當有不遜於首都的城市基礎設施，畢竟較之政治中心，經濟中心應當更為開放自由。卻不料，因為這假定美好的心理建設，讓我在見到真實的新義州時，心理落差巨大，甚至超過其後得見的朝鮮農村。

蕭條。清冷。

朝鮮標準時間「平壤時間」為東九時區（UTC+9），較之東八時區的北京時間早一個小時。我們原本計劃北京時間八點出境，因為等候朝鮮邊民通關，拖延至九點，即已是平壤時間十點。結束新義州口岸的緩慢通關，進入新義州城區，將近正午。午飯時間，午休時間，城市理應最為喧囂。可是偌大的新義州，冷冷清清。街道寬廣，卻鮮有行人，也不見車輛。難以置信的空曠，乍從嘈雜喧囂的丹東過來，錯愕以為這座城市正在哪裏舉行着一場盛大集會，或者所有人都去了哪裏？

只有零星的行人走在人行道上。鋪有地磚的人行道年久失修，起伏不平彷彿是誰骨瘦如柴的胸脯，但卻是乾淨整潔的。乾淨整潔是初見朝鮮城市時，冷清之外的的另一印象。在敞開於城市視野之中的街道，沒有一片紙屑，塑料袋更是從來沒有見過的。

可惜這種清潔，卻是窮人衣裳洗得褪色發白的清潔。

在物資極度匱乏的時代，一張紙屑都是有用的，又怎麼捨得讓它成為垃圾？於是整座城市看起來，與其說是清潔，不如說是缺少垃圾。

建築形制，整齊劃一。樓房緊鄰人行道修建，三至五層左右，大小與材質相同的窗戶向街而開。沒有用來遮蔽灰塵的紗窗，甚至沒有窗簾，打開的窗戶黑洞洞的彷彿是樓房尷尬地笑着時，嘴裏脫落了牙齒的空腔。

新近有不少美化環境的改善，比如在人行道旁新植了手指粗細的樹苗。還比如，所有樓房都以不同顏色的牆面塗料重新粉刷，可是即便如此，依然難以掩飾樓房糟糕的建築質量。樓房的線條看起來沒有彼此垂直的，牆皮返潮起酥，越近地表處越嚴重，鼓包脫落，露出的

居然是免燒空心磚的牆體。

這種在中國稱為「筒子樓」的，建築成本低廉、盒子式或砌體結構的三至五層公寓樓，因為大量建造於二十世紀六十年代尼基塔．赫魯曉夫（Nikita Khrushchev）執政時期的蘇聯，而被稱為赫魯曉夫樓（Khrushchovka）。為解決住房短缺，赫魯曉夫樓採用廉價省時的預製板結構，六層以內不設電梯，嚴格控制廚房、衛生間、門廳和過道的面積，外形簡陋，設施粗備，在社會主義國家曾經大量建築。

預製板結構，使用預先澆模成型的鋼筋水泥板材作為樓板，積木一般將預製板兩頭搭於承重牆上，層層疊起。赫魯曉夫樓的安全性本已堪憂，如果牆體材料強度再不過關，那樓房實在是危如纍卵。

即便如此，這些單薄的赫魯曉夫樓，居然還是新義州用以遮掩城市住宅真實狀況的粉飾工程。透過樓房與樓房之間的走道，可以看出所有的樓房其實都只在臨街有一排而已。樓房之後，全部是低矮的土坯房或者藍色頂棚的簡易房。臨街的一排樓房，只是勞動黨為新義州

畫在「看起來像是城市」與「看起來還是農村」之間的一道分界線，雖然這道分界線也沒有畫好。

關於朝鮮一切貧窮與落後的傳聞，剎那親眼所見地坐實。

寬闊的公路，十字路口彷彿廣場一般。卻不是那場盛大集會所在的廣場，同樣的冷清，甚至沒有交通警察，甚至沒有一盞紅綠燈。只是在本該有紅綠燈的地方，擺着水泥澆鑄的形如燈塔的物件，燈塔上紅底黃漆地噴繪着：「先軍政治」（선군정치）、「一心團結」（일심단결）的字樣。不知道是不是如同信奉玄學的人們常說的「信則靈」，一心團結地相信先軍政治，便可以在漆黑的夜裏看見燈塔的光芒，不至於迷失了道路吧？

建在十字路口的新義州百貨店（신의주백화점），是在新義州難得一見開門營業的商業機構——其實準確地說，是在新義州僅見着的兩家商場中開門營業的一家，另一家是招牌寫着「清涼飲料」（청량음료），理所應當地在清涼的冬末時節關門歇業——典型計劃經濟體制下的國營商店，透過櫥窗，可以看見昏暗的商店裏有封

閉的櫃枱與貨架。沒看見有顧客在店內，只有一位衣着光鮮的男人，站在門外，酡紅着臉，抽着煙。

客車從冷清的新義州裏悄然駛過，眼前走過的只有一排排別無二致的赫魯曉夫樓。以及樓下街道，寂然走過的行人。忽然，一輛平壤牌照「평양 90-189」的越野車從樓道之間猛衝出來，似乎沒有料到公路上會有大型客車通過，急剎車在人行道上。嶄新的越野車，醒目的雷克薩斯（Lexus）標誌赫現車前。

「喔，GX，一百多萬呢，好車呀！」客車中有團員感慨道，然後所有團員一起回頭張望。我們不是沒有見過好車，我們只是沒有料到在標榜「均貧富」的朝鮮會看見好車。這令人震驚，客車中議論紛紛。我的震驚在於，前一分鐘，我還看見自己一個人的收入可以頂得上十個朝鮮人的收入；後一分鐘，我才看見原來有朝鮮人只是一輛車，便可以頂得上十個我的收入。

看來，朝鮮其實和中國一樣，都是「允許一部分人先富起來」的。

03

압록강 려관

鴨綠江旅館

「你們在朝鮮當導遊，一個月能掙多少錢？」

「七千朝幣。很少。嗯。」

「合人民幣多少？」

「按照朝鮮官方匯率，大約合五百元人民幣。嗯。」

新義州旅館

二十世紀六十年代初，中國與蘇聯分歧公開化。

像是最大的兩個孩子反目，小夥伴們各自選邊站隊。蘇聯膀大腰圓、財大氣粗；中國積貧積弱，連年內鬥不斷、內耗不斷。小夥伴們自然大多緊隨蘇聯。最讓中國焦慮的，是隔壁鄰居家的孩子，比如朝鮮。如果朝鮮也棄自己而去，那自己慘淡經營的隊伍簡直要孤家寡人了。

中國急於「拉攏」朝鮮。

朝鮮覺得時機可趁，有利可圖，於是藉口提出領土要求。朝鮮說，你們家緊臨我們家的這一小片地方，當初我出生的時候搖籃就擺在這裏，不如你送給我吧？也好以後讓我有個念想。

中國答應了朝鮮。

一九六二年，中國與朝鮮在平壤簽訂《中朝邊界條約》。「量中華之物力，結與國之歡心」，將包括吉林長白山天池一半以上，面積將近一千兩百平方公里的中

國固有領土，割讓給朝鮮。[1]甚至，對朝鮮的意願百依百順，將長白山改名為白頭山（백두산）。

從此以後，白頭山成為朝鮮的聖地。「白頭山偉人」金日成主席戰鬥在那裏，「白頭山光明星」金正日總書記出生在那裏。「白頭山革命精神」、「白頭山大國」等標語更是充斥在勞動黨的宣傳中。

在朝鮮處處可見的「偉人」與「光明星」並列的宣傳畫中，最常見的背景，就是白頭山天池。比如在新義州鴨綠江旅館（압록강려관）大堂內的巨幅領袖宣傳畫。「偉人」背手站在畫面左側，身着藏青色西裝；「光明星」掐腰站在畫面右側，身着藏青色中山裝——可以判斷宣傳畫繪製在「光明星」愛上他的卡其色夾克衫之前，身為儲君尚未登基的年代——而在他們的身後，是發出詭異紅色的白頭山與如聚滿血水般的天池。

[1] 沈志華、董潔：《中朝邊界爭議的解決（1950-64年）》，《二十一世紀》（香港）二〇一一年第一二四期。

新義州鴨綠江旅館招牌。

「偉人」大笑着，「光明星」也大笑着，目光慈祥地俯瞰着他們的家國。每位走進鴨綠江旅館的客人，不得不仰視他們，仰視他們的慈祥。自此以後，無論身在朝鮮的哪裏，領袖的目光總是如影隨形。

「老大哥在看着你」。（BIG BROTHER IS WATCHING YOU.）❶

在身前審視着你，在身後尾隨着你。

四層的鴨綠江旅館，是新義州最好的涉外旅館。而且是榮譽的旅館，懸掛在旅館旋轉門上的旅館招牌，清晰標註有「三大革命紅旗」（3 대혁명붉은기）的表彰。

新義州至平壤的列車，下午兩點發車。在此之前，我們旅行團的午餐與等候時間，都將在三大革命紅旗賓館內度過。

因為種種延誤，我們到達鴨綠江旅館時，已過正午。

---

❶ 喬治．奧威爾：《一九八四》，第四頁。

我們平生初遇的朝鮮午餐，已在賓館左手邊向內走到盡頭的大餐廳中，等候多時。

作為平均每日旅行費用將近八百元人民幣的中國旅行團，確實可以在朝鮮吃飽，不必再擔心。只是鴨綠江旅館的午餐實在簡單，菜色不多而且菜量極小，幾隻油炸小魚、與蔬菜同炒的肉絲是僅有的葷菜，其餘三五道皆素。主食是米飯，米是朝鮮本地所產的粳米，米粒短小，色澤微黃，雜夾有些許未脫盡的穀殼。四張圓桌的餐廳為旅行團準備的兩桌飯菜，即便是在中國同等級的餐廳中，所需也絕不會超過一個人的一日團費。

不過所有團員都在極力稱讚，稱讚飯菜豐盛，「在朝鮮能吃以這樣的飯就不錯了。」團員們如是說。為吃飽飯而感覺到的幸福，實在太過卑微。若是如此卑微的幸福，對於朝鮮百姓而言也是久違的，那我們的兩桌飯菜，實在又是太過奢侈。

兩位四川人和那位乍入朝鮮便損失雜誌一本的大學生共坐一桌。與他們同桌的，還有兩位同在俄羅斯莫斯科（Moscow, Russia）學習俄語的留學生，以及一位在越南峴港（Danang, Vietnam）留學的廣西小夥子。一桌人彷彿大學生的聯誼會，只是年輕靦腆，彼此還沒有熟悉。而四川人向來又以專注飲食著稱，飯菜面前，自然沒有工夫閑聊，於是一桌恪守夫子訓：「食不言。」

我這邊廂一桌，人多也熱鬧。

一位來自瀋陽的成功商人，高大魁梧，帶着他的老父親同行。老父親算是故地重遊，他曾經是參與朝鮮戰爭的中國人民志願軍汽車兵。「我們開着卡車，沿着清川江往平壤拉軍需。」老父親追憶往昔時說。對於朝鮮，他是飽含深情的。我能理解，即便無關意識形態，朝鮮也是可以撩起他青春記憶的地方。

人可以忘記政治、忘記戰爭，可是誰又能忘記自己正年輕時的歲月？

一位身材健碩，在齊齊哈爾大學教授拳擊的體育教師，出丹東口岸時，因為彼此不熟悉，沒有人招呼走在最後的他同上擺渡客車，這讓自己尋到車上的他憤怒不已。可惜卻沒有可以發泄的對象，旅行社經理沒有相隨，我反覆表示不知道領隊是誰。結果直到他在我的身旁坐

下，依然滿面慍色。懾於他重量級拳擊手的身材，我再次向他說明旅行團中沒有領隊的危害。

桌上最為活躍的，是一位上唇留着髭鬚，自詡推拿聖手的神醫。「唉呀，沒有我不能治的！」神醫反覆表示醫學體系需要區分門類是從根本上違背科學的，「關鍵是要找到病結，我這手勁大，三分鐘。哎呀，沒有我不能治的病，三分鐘，病結一打開，全好。哎呀。」

從丹東口岸一路過來，神醫始終鞍前馬後服侍着和他同行的一對比他年輕的中年夫妻。神醫帶着自製的藥酒，幾杯下肚，唇舌活絡開來，更加熱情主動。

神醫鄭重其事，向大家着重介紹中年夫妻。「胡主席」，神醫如此稱呼體胖的男人。主席笑而不語，向大家頷首示意。大家愕然不語，顯然沒有料到能有「主席」般位高權重者同行。神醫頗為得意地進一步解釋道，「世界工會，啊，世界……。」「世界工商業聯合總會。」主席代為回答，略有些咬舌的口齒不清。

大家與腹中還沒有來得及消化的粳米一併啞然失笑。

事後才知，神醫如此力效犬馬，是為能在主席個體

經營的「世界總會」中謀得「醫學總會理事」一職，所以這才不惜為主席伉儷出資朝鮮一遊。

除卻飯菜，每桌還有兩瓶丹東生產的鴨綠江啤酒（압록강맥주）。我這桌上，神醫自斟自飲他的藥酒，其他幾人均表示滴酒不沾。既然朝鮮物力維艱，浪費總是可惜，我見另一桌上啤酒已盡，於是自作主張地起身拿起啤酒打算讓於他們。幾番表示絕不飲酒的主席夫人，忽然起身阻止。表示啤酒是我們花錢買來的，還是自己嚐嚐為好。我這邊尷尬又無奈，只好悻悻地再把「我們的」啤酒索要回來。

主席夫人與主席各斟一杯，淺飲一口，然後棄之不顧。

領袖像章

相較於午餐的簡短，午餐之後等候列車進站的時間，無疑是漫長而且乏味的。可以自由活動的區域，只有鴨綠江旅館大堂，僅限我們就餐的左側；只有旅館前院停車場，僅限院門以內。院門彷彿雷池，「千萬不可以走出去，」導遊反覆提醒，「也不可以對着外面的街道拍照。」

旅館大堂左側，一間有英文標識的咖啡廳（Coffee House）引人注目。或者是因為「咖啡」這樣的西式飲料名稱，太過容易令人聯想起「美帝國主義」，所以佔據招牌主體的朝鮮字，只以中性的「茶館」（차집）字樣代替，算是保持住了革命的純潔性。純潔的茶館中，幾張方桌，空無一人。兩名營業員蹲在門內，忙着擦地，打掃衛生。似乎料定中國人不會對朝鮮的咖啡有興趣，所以也沒有招呼我們入內的意思。

而茶館旁的書店的營業員熱情許多，見有生意上門，慌忙從大堂右側的總服務台取來書店的鑰匙，開門迎客。書店狹長，一排玻璃櫃枱與一排書架，所售圖書全部為朝鮮外文出版社出版的中文圖書。看起來中國遊客是鴨綠江旅館書店的唯一主顧，沒有中國遊客上門，自然店門緊鎖。

書有許多，擺滿櫃枱與書架，大多是些「偉人」選集、「偉人」回憶錄、「偉人」傳、「偉人」的故事，

新義州鴨綠江旅館內的咖啡廳。

或者「光明星」選集、「光明星」回憶錄、「光明星」傳、「光明星」的故事等等。而且三代領袖，「日成」、「正日」、「正恩」，父子名中各有一字相同，頂針抬槓般讓人看得目眩神迷，難分彼此。

在小說《一九八四》中的大洋國，有專門的「紀錄司」（Recdep）負責篡改歷史，以保證「老大哥全能，黨一貫正確」。[1]在嚴格忠實於小說的主題公園朝鮮，自然也是如此。所以沒有人購買價格不菲的領袖著作，講述的無非是全能領袖一貫正確，我們都知道——重複一遍，我們也曾有過同樣的主題公園，中國遊客是見過世面的。

玻璃櫃枱上，擺着幾盒作為旅行紀念品的小物件，大多是做工粗糙的鋁製徽章。這些在中國大概也就是論堆買賣的地攤貨，在朝鮮涉外賓館的書店裏，沒有價籤，營業員信口索價十元人民幣一枚。

---

❶ 喬治・奧威爾：《一九八四》，第二四一頁。

明知捱宰，旅行團團員仍舊慷慨引頸就戕，領袖們自我讚美的大義凜然，想來也不過如此。一些具有顯著朝鮮特徵的徽章、國旗之類，幾乎被我們掃蕩一空。買幾枚以示「到此一遊」，總好過見怪不怪的領袖著作。

不過，盛傳朝鮮人人佩戴的領袖像章，卻是絕無銷售。

兼作停車場的旅館前院內，見着一名身穿人民軍黃綠色軍裝的朝鮮男人。胸前佩戴一枚黨旗「偉人」像章，做工精緻，在正午的陽光下熠熠閃光。藉着手中捧着的幾枚新買來的朝鮮國旗徽章，我大膽上前試着與他溝通。比手劃腳，意思是希望能以甚麼交換他的領袖像章。

他連退幾步，斷然拒絕。

一九七二年，「偉人」六十周歲誕辰。在東亞漢字文化圈中，六十歲是人生中極為重要的一個壽辰。為示慶祝，勞動黨開始向黨員分發「偉人」像章。不久以後，全部朝鮮人民都被要求將領袖像章佩戴在左胸略高於心臟的位置，以示忠心。領袖像章由單位分發，不同像章

代表不同身份，不得流通買賣。

在現時的朝鮮，領袖像章圖案主要有三種：「偉人」像、「光明星」像與兩人並列像章。選擇佩戴哪位領袖是個人自由，佩戴哪種徽章卻不是個人自由。以我觀察，領袖像章的背景大有玄機，可以用來區別階級地位。凡有勞動黨黨旗或黨徽圖案的像章，似乎只允許朝鮮勞動黨黨員佩戴。普通朝鮮百姓胸前的徽章，大多只是小型的圓形紅色素底像章。

在朝鮮，沒有佩戴領袖像章，曾經是一件危險的事情。二〇〇一年，美國《洛杉磯時報》（*Los Angeles Times*）記者芭芭拉·德米克（Barbara Demick）被派駐韓國首都漢城（首爾서울）。在韓國工作的五年期間，她採訪了許多生活在韓國的朝鮮脫北者——逃出朝鮮，脫離北韓的朝鮮人——後來綜合訪談，芭芭拉·德米克出版了一本記述脫北者在朝鮮時期生活真相的書：《我們最幸福：北韓人民的真實生活》（*Nothing to Envy: Ordinary Lives in North Korea*）。

書中有一段朝鮮東北咸鏡北道首府清津市（청진시）

宋熙錫（Song Hee-suk）宋太太關於領袖像章的故事：

> 許多婦女不喜歡佩戴金日成襟章，因為它會讓衣服產生破洞，而且鐵鏽也會弄髒衣服，但宋太太可不這麼想。有一天，她在倉促之間換了衣服，忘了把襟章別上便匆匆出門。結果在路上被一名少年給攔住了，從他的臂章可以看出他是社會秩序維護隊的成員，這些人來自於社會主義青年聯盟，負責在街上隨機注意民眾有沒有佩戴襟章。初犯通常必須額外上幾堂意識形態課程，而且會留下不良記錄。但宋太太對於自己忘了襟章一事表現出極為驚恐的樣子，這名少年於是只稍微警告幾句就讓她走了。❶

可是奇怪的是，我們中文流利的導遊並沒有佩戴領袖像章。而且隨後在朝鮮，尤其是平壤，發現沒有佩戴領袖像章的朝鮮人居然數量眾多，這與之前所有關於朝鮮領袖像章的聽聞與書中的記敘大相徑庭。

向導遊詢問原因，他只是支吾而過。朝鮮佩戴領袖像章的制度在現時有所鬆動，至於何種原因，是否是因為領袖像章的生產也已經陷入困頓，難以滿足配給，不得而知。

停車場

再次叮囑我們絕不可走出旅館前院院門以後，導遊坐在泊在前院中的客車裏的司機座位上。用如同老大哥的目光，時刻注視着我們。寸步不離，片刻不離。

陪同我們在鴨綠江旅館用午餐的，只有他一位，另一位在客車將轉入旅館前的十字路口下車，獨自一人去了新義州火車站，協調我們的乘車事宜。

揣測朝鮮方面的用意：火車站人員擁擠，諸事本來面目難以遮掩，實在不適宜如我等外國遊客久留。所以理想的情形是，旅行客車出鴨綠江旅館以後，到達火車

❶ 芭芭拉・德米克：《我們最幸福：北韓人民的真實生活》，黃煜文譯，台灣：麥田出版，二〇一一年，第七一頁。

站時也正是列車進站之時。片刻上車走人，兩下方便。但是這原本並不為難的計劃，卻因為朝鮮列車難以準點運營，變得很是為難。

旅行社也屬於國營單位，卻沒有強力機關的權力，鐵路方面自然不會為旅行社單獨通知列車進站時間。旅行社只好安排兩位導遊分工協作，一位陪同遊客就餐，一位在火車站隨時關注列車時刻，然後彼此再以電話聯繫溝通。

裏足禁行的等候百無聊賴，我們只好給自己開發了參觀鴨綠江旅館停車場的旅行項目。旅館前院泊着十幾輛朝鮮牌照汽車，相較於新義州街頭的冷清，這簡直可以稱作「場面恢宏的汽車博覽會」。

十幾輛車中，有兩輛嶄新的新款俄羅斯拉達（Lada）牌轎車。這種在蘇聯時代享有盛名的汽車，曾經還在二十世紀八十年代短暫作為北京的出租汽車用車，可是現在已經完全退出中國市場，不見蹤影。能夠在朝鮮再見，而且是改良新車，朝鮮與蘇聯直至俄羅斯的聯繫，果然遠較中國緊密。難怪當時為了拉攏朝鮮，中國甚至

屈辱地割土讓地。

另一些生產年代較近的汽車，是朝鮮國產的和平（평화）牌汽車。標誌是一枚倒立的圓角三角，外圈黑色底色，上部是朝鮮字「和平汽車」（평화자동차）商標；內圈藍色底色，兩隻對面展翅的白色和平鴿側面剪影。迥異於常見的其他汽車商標，極易識別。

和平牌汽車名義上是朝鮮國產，其實只是簡單的朝鮮組裝，所有汽車零部件均為進口。最多的是引進中國金杯汽車部件組裝的麵包車，還有引進意大利菲亞特（FIAT）汽車與中華汽車部件組裝的兩種轎車。

如此國產化的商品，是為滿足自己虛妄自尊心的慣用伎倆之一。而且無須顧忌所謂知識產權，總有一天會生產出完全仿製的純粹國產商品，自尊心還可以進一步地虛妄，可以進一步地表現出領袖與黨的偉大。

除此兩種汽車之外，其他汽車大多老舊不堪。

老舊，卻是好車。

旅館門外台階下，一輛上世紀六七十年代生產的紅色奔馳（Mercedes-Benz）汽車，煞是惹眼。朝鮮的老舊

新義州鴨綠江旅館院外，行進中的學生軍樂團隊列；（上）
院內，朝鮮軍裝司機駕駛的老款奔馳汽車。（下）

好車，大多生產自那個時代。那曾經是朝鮮的一段寬裕時期，當時社會主義陣營國家仍然強大，對於依賴外界援助的朝鮮而言，仍然可以過着伸手張口的富足生活。

然後，彷彿瞬間便沒落了，一切都停留在了那個時代。如同敗家的地主，潦倒在床上把玩幾件舊日的珍玩，遙想着祖上榮光的時代。

朝鮮汽車牌照大約只有兩種，一種黑底白字，為軍隊牌照；一種白底黑字，為民用牌照。

軍隊牌照由八位數字組成，前四後四，其中含義，應當屬於朝鮮的軍事機密，無從探聽。民用牌照以車輛所屬「道」或者「直轄市」的朝鮮字兩字縮寫開始，例如紅色奔馳的牌照「평양 74-239」，「평양」即為「平壤」；而新義州本地車牌，前兩位朝鮮字是新義州所屬的平安北道縮寫：「평북」（平北）。

朝鮮字兩字地名之後，是兩位數字，代表牌照所屬單位的行業代碼。再後是分隔符，分隔符之後是最長四位的數字序列號。如此牌照構成，熟悉以後，一望可知所屬地，甚至擁有者的社會地位，着實便於管理或者放任不管。

紅色奔馳汽車的司機，同樣是那名佩戴黨旗領袖像章、戴着眼鏡、身穿人民軍軍裝的朝鮮男人。可是他駕駛的奔馳車卻是白底黑字牌照，加之他所穿着的軍裝肩上也沒有軍銜，所以可以判定，他並非是人民軍現役軍官，而是以那輛奔馳車為座駕的某名高級平壤政府官員的司機。

京官至地方公幹，地方官員自然要盛情款待。在本地最好的賓館酒店中住宿就餐，這是體現官員緊密團結的「基本禮節」。

司機沒有機會在酒宴上作陪，但是僕以主貴，他仍然擁有隨意出入涉外的鴨綠江旅館的權利。

同為司機，另一位民用客車駕駛員則沒有那麼幸運。他或者在自己的客車上休息，或者下車散步打發時間。只是在前院停車場內散步，間或站下來，遠遠地張望着進出鴨綠江旅館的人們，沒有絲毫要走進去的意思。

進出鴨綠江旅館的人們，除了我們這些中國遊客，主要的還是朝鮮人。或者直接是大腹便便的人民軍軍官，或者是便裝但看着頗有身份地位的官員，他們的親友扈從，前呼後擁。我們的午餐餐廳在旅館進門左手一側，朝鮮人的專用餐廳在右手一側。不過，似乎洗手間只在左側有一間，以至不時有酡紅着臉，酒氣熏天的朝鮮黨政軍要員穿大堂而過，穿大堂壁畫中金日成同志與金正日同志的目光而過。

民用客車司機張望着的旅館門廳雨篷上，砌着標語牆，塗刷的大字紅色標語耀眼醒目：「偉大的金日成同志和金正日同志永遠與我們同在」（위대한김일성동지와김정일동지는영원히우리와함께계신다）。

領袖只在賓館酒店裏，與他們同在。

朝鮮元

鴨綠江旅館不大的前院停車場，片刻走遍。其他區域處處是雷池，處處不得擅入。覺得無聊，我們索性也上客車，和坐在客車裏的導遊閑聊。

導遊姓金❶，平壤人，畢業於朝鮮國家觀光總局（국가관광총국）下屬的觀光導遊學校。「平壤旅遊大學」，他如此自稱母校，與丹東旅行社經理在介紹這些導遊時所說的學校稱呼略有不同。

他就職的旅行社，是平壤「朝鮮國際旅行社」（조선국제려행사）。朝鮮國際旅行社是朝鮮唯一具有接待國際遊客資質的旅行社，甚至都有可能是朝鮮唯一的旅行社。畢竟旅行社既不屬於計劃經濟體系中的單位，對於幾乎完全閉關鎖國的朝鮮而言也無須太多。

金導遊中文流利，卻時常會在一句話說完後，短暫停頓片刻，然後再加一聲自我肯定的「嗯」。不知道是確定之前說的中文語法正確，還是確定之前說的中文意思真實。

瀋陽商人的性格與身材一樣豪邁，見着金導遊第一個問題，單刀直入，「你們在朝鮮當導遊，一個月能掙

❶ 為免本書行文對朝鮮導遊造成不良影響，涉及的導遊姓氏均為虛構。

新義州鴨綠江旅館院內，兩名可以出入旅館的朝鮮軍裝司機（上）和始終沒有進入旅館的朝鮮民用客車司機（下）。

多少錢？」

金導遊顯然沒有料到眼前這位中國遊客的好奇心如此強烈，以至於性急地把「天氣不錯、哈哈哈」之類的寒暄都直接省略。有些措手不及，猛嚼片刻口香糖，以示節奏不便打斷，然後坐直了身體說：「七千朝幣。很少。嗯。」

「合人民幣多少？」瀋陽商人興致勃勃地不依不饒。這是大家都感興趣的話題，於是所有人都聚攏過來。

「按照朝鮮官方匯率，十六比一。七千除以十六的話，嗯，大約合五百元人民幣。嗯。」

「哦，那是不多，那是不多。」瀋陽商人沒有再繼續話題。彼此沉默，氣氛略有些尷尬。

尷尬的卻並不是導遊收入確實很少。

之前在飯桌上，我們聊起朝鮮人的收入——導遊有專門的司陪餐，不與我們同桌就餐——參加朝鮮旅行團前，對朝鮮有過深入了解的幾位，都知道朝鮮官方制定的朝鮮元兌人民幣十六比一的匯率，只是朝鮮的自我假設。在朝鮮所有的涉外商店中，商品價格只能以人民幣

與歐元購買結算，但價格標籤上標註的卻是朝鮮元。朝鮮元的標註，根據十六比一的原則計算得出。比如一本書售價二十元人民幣，那麼價籤上寫出的朝鮮元參考價格便是三百二十朝鮮元。

可是事實上，根據那些與朝鮮邊民貿易而熟知朝鮮國情的中國商人所說，早在二〇一〇年初時，朝鮮元兌人民幣的民間匯率已達一千比一。朝鮮元真實的匯率，是讓勞動黨難堪的，也是勞動黨竭力想要隱瞞的，所以外國人不得使用朝鮮元並且不得在朝鮮普通商店內進行交易——也沒有這樣的機會。

金導遊的口徑，自然與官方保持一致。不過從他回答的神態上，我們可以看出他對自己的說法並不自信，似乎也明白眼前的中國人是知道真實情況的。

逼着金導遊說謊，逼着一位我們還不熟悉的，看起來忠厚老實的朝鮮人說謊，這才讓我們感覺尷尬。

朝鮮經濟，積重難返。惡果從立國之初，全面施行計劃經濟開始，已經埋下種子。

一九九一年，那個一直不忘拉攏朝鮮，給予朝鮮最多援助的「大孩子」，膀大腰圓、財大氣粗的蘇聯，忽然死去。失去了最大宗的援助，加之國內向來人禍天災，朝鮮經濟迅速惡化，很快便在二十世紀九十年代末，發生了慘烈的大饑荒。

在一九九七年叛逃至韓國的朝鮮最高人民會議議長、朝鮮勞動黨中央委員會書記局書記黃長燁（황장엽）的回憶錄中，這位前勞動黨高官回憶起那場饑荒時說：

> 進入（一九九六年）秋天，朝鮮的經濟狀況更加惡化，人民的苦痛和不幸罄竹難書。
>
> 一九九六年朝鮮精糧產量不到二百一十萬噸，這些糧食連供應軍隊都不夠。如果到了年末，軍糧斷掉，到時候政府就會將所有居民的糧食供應軍隊，我們這些書記們也要去市場買二百千克的糧食交給軍隊。
>
> 糧食難弄，人們成堆地餓死。只要稍微離開平壤市中心，就能看到餓死的人，往郊外去，更是成堆的屍體。許多人跑到山澗水裏撈魚吃。平壤尚且如此，地方就更無法想像了。
>
> ……
>
> 根據組織部的說法，一九九五年共餓死五十萬人，包括五萬名黨員，今年（十一月中旬）已經餓死約一百萬人。❶

四年饑荒，兩千二百萬人口的朝鮮，如黃長燁所言，餓死人口高達三百五十餘萬。

「一個人的死是悲劇，一千人的死是統計數據。」❷芭芭拉·德米克在《我們最幸福》一書中如是說，她在書中以大部分篇幅替那些脫北者講述了他們經歷與看見的悲劇而非統計數字的死亡。

兩相佐證，可知當時慘況。

「苦難的行軍」，勞動黨以這樣一個帶有光輝氣質

❶ 黃長燁：《黃長燁回憶錄——我看懂了歷史的真諦》，韓國：朝代精神出版社，二〇〇六年。

❷ 芭芭拉·德米克：《我們最幸福：北韓人民的真實生活》，第一六九頁。

的字眼來稱呼這場大饑荒。

北韓人民經常認為自己很強悍——事實上的確是如此。宣傳機器發動新的造勢活動，它虛構了一則故事來喚起北韓人民的民族自尊心。故事發生在一九三八年到一九三九年，金日成領導的一小股抗日遊擊隊「在零下二十度的氣溫下與數千名敵軍作戰，他們勇敢地忍受大雪與飢餓，讓紅旗繼續飄揚在隊伍之前。」他們口中所說的這場「苦難的行軍」，後來成為北韓這場饑荒的隱喻。《勞動新聞》激勵北韓人民以金日成的犧牲精神為鑒，努力對抗飢餓。

世上沒有任何力量可以阻止朝鮮人民在「苦難的行軍」革命精神下朝勝利邁進，朝鮮民主主義人民共和國將永遠是一個強大的國家。❶

❶ 芭芭拉·德米克：《我們最幸福：北韓人民的真實生活》，第九五頁。

對於當時的領袖「光明星」而言，更為嚴重的是，饑荒難以遏止地蔓延進勞動黨與人民軍內，綱紀廢弛，軍心渙散。唯有重振經濟，才能挽狂瀾於既倒，於是朝鮮罕見地着手進行經濟改革。

經濟改革之後，朝鮮市場逐漸繁榮，商品也日趨豐富。可是，嚴重的通貨膨脹、貧富分化以及官員貪污腐敗卻先於經濟好轉而到來。更為糟糕的是，大量載有外部世界信息的光盤也伴隨着貿易往來進入朝鮮。人民忽然發現外部世界的繁華，忽然發現自己的苦難，忽然發現自己從小受到的一切領袖偶像化教育原來只是一個彌天大謊，無異於根根扎向肥皂泡的刺，這令勞動黨感覺恐怖。

經濟改革勢難持續。二〇〇九年十一月三十日，勞動黨忽然宣佈進行貨幣改革。限期一周之內，所有舊朝鮮元必須以一百比一兌換新朝鮮元，且每人最高兌換限額為十萬舊朝鮮元。多餘的舊朝鮮元，逾期全部作廢。或者是因為過於殘忍，勞動黨隨後幾次提高兌換限額，最終大發慈悲地將這一數字定在五十萬元舊朝鮮元。

勞動黨進行這樣的貨幣改革，名義是針對在經濟改革過程中出現的主要問題進行修補，回籠貨幣，減少流通性，以應對通貨膨脹。但實質上，就是通過沒收私產，劫掠財富的方式，打擊那些忠於財富的罪人。

在舊朝鮮允許兌換的一周內，擁有多餘貨幣的朝鮮百姓，瘋狂購物，瘋狂兌換外匯，以期減少損失。但是勞動黨絕不打算給他們眼中的罪人以任何僥倖逃脫的機會，次輪打擊隨之而來。關閉所有市場，實施外匯管制，禁止使用與私藏外匯，任何外匯交易均為違法。違法者最高可處以死刑，並處同時沒收個人所有財產。

在忠於財富的罪人中，部分是貪腐的特權階層，當然他們也是勞動黨的特權階層。勞動黨實施的打擊措施，對他們影響甚微。他們可以提前獲知消息並且做出應對。而且他們只是經濟問題，思想依然是忠於勞動黨的，屬於「人民內部矛盾」，也是可以網開一面的。

而那些「新富的中產階級」，則是罪無可赦。也確如勞動黨所願，這些「新富的中產階級」在貨幣改革中，被一網打盡，傾家蕩產，血本無歸。

但是令勞動黨沒有想到的是，貨幣改革引發了休克

朝鮮第四版朝鮮元（舊幣）

面額	正面	背面
一元	朝鮮歌劇《賣花姑娘》	金剛山、仙女
五元	朝鮮學生	朝鮮人民大學習堂
十元	朝鮮工人、千里馬銅像	南浦港西海攔河大壩
五十元	朝鮮工人、農民、知識分子	主體思想塔山林
一百元	金日成主席	金日成故居萬景台
二百元	金日成花	紋飾
五百元	金日成紀念館	清流橋
一千元	金日成主席	金日成故居萬景台
五千元	金日成主席	金日成故居萬景台

朝鮮第五版朝鮮元（二〇〇九年新幣）

面額	正面	背面
五元	學生、科學家	禮成江青年一號水電站
十元	朝鮮陸、海、空三軍士兵	雕塑「勇往直前」
五十元	朝鮮工人、農民、知識分子	建黨紀念塔
一百元	金日成花	紋飾
二百元	千里馬銅像	紋飾
五百元	凱旋門	紋飾
一千元	金正淑故居	三池淵
二千元	白頭山密營舊居	白頭山正日峰
五千元	金日成主席	金日成故居萬景台

朝鮮元新幣（左）、舊幣（右）。

式的混亂。物價暴漲，新朝鮮元迅速貶值，通貨膨脹比貨幣改革前更為嚴重。勞動黨不得不大量印刷新朝鮮元來應對，再導致更為嚴重的通貨膨脹，如此惡性循環，新朝鮮元形同廢紙，朝鮮百姓重回以物易物的蠻荒時代。

朝鮮施行計劃經濟，糧食由政府低價配給。但是朝鮮經濟惡化已久，配給制度名存實亡，普通朝鮮百姓早已習慣通過經濟改革前的地下市場與經濟改革中的合法市場自給自足。而貨幣改革令所有市場消失，普通朝鮮百姓再次陷入食物匱乏的窘境。

貨幣改革摧毀了那些給勞動黨帶來意識形態危機的市場、貿易與商人。但是勞動黨第二次驗證以後才終於相信一個事實，那就是原來朝鮮百姓不是能夠僅僅依賴勞動黨的宣傳而活下去的。勞動黨依然無力實現配給，無力養活朝鮮百姓，只能被迫由當時的政府總理金英日（김영일）出面，在二〇一〇年二月宣佈貨幣改革徹底失敗。

勞動黨僅僅只用了三個月時間，便乾淨利落地毀滅了自己的經濟。其效率之高，「美帝國主義」也當自歎弗如。

不能再編造一個「苦難的行軍」來掩飾錯誤，這次勞動黨拋出了一隻替罪羊。主導貨幣改革的朝鮮勞動黨計劃財政部部長，時年七十二歲的朴南基（박남기）遭免職，並在次年三月中旬以「作為大地主的兒子，潛入革命隊伍，蓄意置國家經濟於死地」的罪名，在平壤體育館（평양체육관）公開槍決處死。

赴朝鮮旅行之前，知道進入朝鮮以後是無法接觸到朝鮮貨幣的，但是想着總是會有機會見到朝鮮人使用朝鮮貨幣買賣的。為了練就自己可以通過貨幣顏色與圖案分辨貨幣面額這一特殊技能，我在國際錢幣交易市場上，高價購得兩套朝鮮元。

當前朝鮮流通的朝鮮元，是朝鮮的第五版貨幣。從紙幣印刷時間來看，第五版朝鮮元百元以下的小面額紙幣曾經與第四版朝鮮元的大面額紙幣同時流通。

兩版紙幣上手以後，才發現朝鮮紙幣印製之拙劣令人震驚。紙質輕薄，甚至不如普通的打印機用紙張厚實挺括，嶄新的紙幣，在北京乾燥的空氣中居然自娛自樂地蜷作一團。印刷粗糙，好在也還是凹版印刷，但是立體感全無，印面手感平滑。舊版紙幣防偽措施只是水印一種，水印圖案簡略模糊。新版紙幣在水印之外，增加了正背面互補對印圖案，即是正面背面各印圖案的一半，對光觀察完美合而為一。但是朝鮮元的互補對印是無須對光觀察的，紙質過薄，幾近透明，對印圖案確實合而為一，從任意一面即可看出。

第四版朝鮮元在朝鮮經濟嚴重惡化前，最大面額為一百元。其後不斷加印大面額鈔票，最高直至五千元，可見通貨膨脹之嚴重。歎為觀止的是，最初加印的二百元面額紙幣，尺寸居然比一百元舊幣還小，直讓我想起中國古代經濟窘迫時鑄的榆莢五銖銅錢，本來應重五銖的銅錢，減料到不及一銖之重。

臨時導遊打來電話，列車將要進站。

金導遊把守着旅館前院，不便分身，懇請恢復旅行團領隊身份的我去招呼幾位仍然坐在餐廳中把酒言歡的團員，將要啟程。主席頷首微笑表示知道了，主席夫人扶面而起表示不勝酒力，神醫左右張望桌面表示找不着藥酒瓶蓋。

我表示在大堂等候。

站在「偉人」與「光明星」慈祥的目光下，一桌朝鮮酒宴似乎也正散場。

兩位年輕酡紅着臉滿身酒氣的人民軍軍官攙扶着去洗手間，路過我面前時，友好地與我相視而笑。忽然覺得無論甚麼友誼，包括「中朝人民間深厚的友誼」，總還是需要酒精考驗的。更多的親友家眷嬉笑着出門，相扶相攜，只留着一位在服務台前結賬。

他支在櫃枱上的手中，厚厚一摞棕色的五千元面額的朝鮮元。每一張，大約都是金導遊一個月的薪水呢。

04

신의주 청년역

新義州火車站

「在朝鮮，普通百姓是嚴禁自由流動的。任何旅行，都需要事先向當地的人民保安局——警察局——申請旅行許可證明。」

新義州火車站與鴨綠江旅館近在咫尺。只隔着十字路口，鴨綠江旅館在東南，新義州火車站在西北不遠處。

即便只有三五百米的路程，也依然需要搭乘擺渡客車前往。在朝鮮旅行，絕無步行在朝鮮街頭的可能，哪怕片刻即到。彷彿真是身在理想之國，稍有疏忽，行走在街頭的外國人便會潛逃隱匿，從此過上天堂般的生活。

真是替勞動黨心疼他們來之不易的汽油。

鴨綠江旅館門前，通往新義州火車站的公路，是新義州的主幹大道。透過客車的前擋玻璃，可以遠遠望見前方有巨大的紫銅「偉人」雕像。在朝鮮，通往瞻仰「偉人」的朝聖之路，毋庸置疑是這座城市最為氣派的街道。

在朝聖的道路上，密佈標語。

「先軍革命」（선군혁명），「無條件堅決貫徹偉大領導者金正日同志的指示」（위대한령도자김정일동지의 말씀을 무조건 철저히 관철하자）的水泥標語牌矗立路口，是神道上的第一位翁仲。然後是路旁色彩絢麗，

書畫誇張的手繪標語板。口號有切合實際的「以高昂的政治熱情和光輝的勞動成果迎接朝鮮勞動黨代表大會」（조선로동당대표자회를 높은 정치적열의와빛나는로력적성과로），以及不切實際的「讓我們歡呼吶喊的好日子就在眼前」（소리치며 잘 살날이 눈앞에 있다）。

標語板上的手寫體朝鮮字充滿戾氣，背景繪畫的人物群情激昂，讓午後的朝聖路上氣氛焦躁。與之對比鮮明的，是標語板背後，火車站前公園裏等待列車的普通朝鮮百姓，或蹲或坐在地上，三五成群，東張西望。他們只是東張西望地打發時間，沒有人打牌或者有些別的娛樂活動，只是安靜地東張西望。

新義州火車站

等候的人群，一直蔓延到新義州火車站的站前廣場，原來這裏才是讓新義州街頭變得清冷的盛大集會所在。

我們的客車到達站前廣場時，是朝鮮時間下午一點一刻，難得列車準點。從新義州至平壤的列車下午兩點

新義州火車站站前廣場，候車的朝鮮百姓。

的發車時間推斷，往來朝鮮西北邊境重鎮至首都的列車，每天僅此一趟。所以站前廣場上才會有那麼密集的人群，與空曠的新義州街頭形成強烈反差。似乎廣場上不僅僅只是將行與送行的人們，而是聚集着全體新義州市民。

他們聚集在這裏，如同在等待着城市最盛大的慶典一般，在等待着下午兩點那趟列車的到來。

新義州火車站，正式站名「新義州青年站」（신의주청년역）。三層白色候車樓，坐北朝南。同樣蔓延而至的，還有密佈的標語。「偉大領導者金正日同志」（위대한 령도자김정일동지）與「光榮的朝鮮勞動黨萬歲」（영광스로운 조선로동당 만세）分立左右兩側裙樓頂端。

三個月之前，朝鮮主要還是由三部分組成：「偉人」、「光明星」與勞動黨。如果不能同時提及三位，那麼就以所需數量順序引用。

而新義州火車站的候車樓上，只有「光明星」與勞動黨登高望遠，實屬僭制，大逆不道。

客車駛進站前廣場深處，才發現原來公路遠處望見的「偉人」紫銅雕像，並非正對着公路，而是修築在火車站廣場西側更大的一處廣場之上。如此一來，朝鮮三要素終究還是齊聚一處，沒有違制，符合定例。

紫銅「偉人」身後，是「新義州歷史博物館」（신의주력사박물관）。博物館前「偉人」獨舞的廣場，同樣有定例的名稱：「金日成廣場」（김일성광장）。

與朝鮮常見的「偉人」雕像平舉右手向前的造型——這種姿勢與法西斯主義（Fascism）納粹禮（Nazi salute）的唯一區別只在於納粹禮手心向下而「偉人」手心向內——不同，革命史迹館前廣場上的「偉人」雕像右手呈現握拳揮舞的姿態。從站前廣場看過去，逆着刺眼的陽光，看不清「偉人」的面容。看得清的只有「偉人」揮舞右手的輪廓，如果他不是在打倒誰，那麼他就是在向集會發表他的演說。

可是站前廣場上的百姓，顯然更關心他們正在等待的列車。

如同夢想不能給予所有人，一趟列車的車票總是有限。新義州火車站似乎僅發售當日當次車票，從衣着打扮與左右的車輛來看，站在火車站廣場上談笑風生的人們，必然不會是普通的朝鮮百姓。而普通的朝鮮百姓，或者放棄希望在車站旁破敗的小公園裏東張西望，或者正拚命擠在火車站的售票窗口前。

新義州火車站有四個售票窗口，臨近發車時間，打開的仍然只有四號一個售票窗口。窗口狹小，成百上千人努力擁擠向前，彷彿通過那個窗口便可以進入理想之國，而不僅僅只是從那個窗口裏得到一張火車票。

在售票窗口右側，另有一棟配樓，底層懸掛着「旅行社食堂」（려행사식당）的招牌。在朝鮮，「食堂」並非如中國般只是對食堂所屬單位內部營業，而是正式對外營業的飯店。食堂門外泊滿汽車，以在丹東口岸內所見援朝物資中那種軍綠色塗裝的北京吉普為主，平安北道「平北」（평북）牌照為主。看來等候列車的黨政軍低級官員，無權進入或者無力消費鴨綠江旅館這樣的涉外賓館的，就在火車站食堂內解決午餐。

我們客車前進的方向，不是火車站候車樓，而是直奔食堂正門而去。食堂所在的配樓中，應當有特別通道，可以供我們避開普通朝鮮旅客單獨進站。

可是無論我們的客車怎麼鳴噪喇叭，也無法讓廣場上的人群為客車讓出一條前進的道路。客車像是一枚投入水中的石子，漣漪輕描淡寫地散開，然後再迅即地圍攏回來。圍攏在客車周圍的人們好奇地看着客車裏的遊客，金導遊開始緊張。與司機略作商量，客車開動然後全速倒車，折回公路逆行至一處土坡向上，由火車站的貨運入口進站，直停在月台邊緣。

無法再向前，朝鮮旅客已經開始檢票進站，月台與站前廣場同樣擁擠嘈雜。下車，金導遊帶隊，追上客車的實習導遊押隊，在月台上如潮水般的朝鮮旅客中穿行。

隊伍行走匆忙，我們擔心脫隊，導遊更是擔心，前後兩位不時交換位置，藉機清點人數；見着外國人的朝鮮旅客，慌不擇路地讓道，卻時常因為行李沉重，躲閃不及，與我們撞個滿懷；月台上有荷槍實彈、臂佩紅袖章、兩兩結組的人民軍士兵執勤，顯然沒有料到忽然竄出一隊外國遊客，大為緊張，我清楚地看見其中一名年輕士兵已經伸手去抓揹在身後的步槍。

金導遊慌忙上前解釋，人民軍士兵這才沒有上演生

영광스러운 조선로동당 만세!
신의주청년역

新義州火車站候車廳裏的金正日遺像。（左）
站前廣場（右上）和售票窗口前搶購車票的朝鮮百姓（右下）。

擒外國侵略者於月台之上的好戲。終於走進候車樓月台一側的出入大廳，關上玻璃門，彼此懸着的心，才驀然落地。

在月台上與朝鮮旅客錯身而過時，看見了他們手中拿着的那張全力以赴買來的發往平壤列車的火車票。一張薄到幾近透明的紙製油印火車票，蓋着藍色印戳。

月台

赴朝三個月之前的二〇一一年十二月十七日，被山呼萬歲十七年的「朝鮮人民敬愛的領袖，二十一世紀的太陽」金正日同志逝世。我們是在朝鮮為期三個月的國喪之後，最初成行朝鮮的一批中國旅行團。

普通的朝鮮百姓，已經完全看不出有「如喪考妣」的悲痛。飯都吃不飽，死個把領袖真是不容易被放在心上。

也許勞動黨意識到先皇過於速朽，所以在候車樓與隨後無論哪裏的重要場所，總會在一面牆上，佈置紀念「二十一世紀的太陽」與「太陽」盛大葬禮的海報欄。

因為是在與中國接壤的口岸城市新義州，所以火車站的海報欄上，勞動黨再特別加註中文說明，提醒友邦人士：

「金正日同志永遠活在朝鮮人民的心中。」

細看海報欄中張貼的照片，出現最多的是朝鮮新承大統的「最高司令官」金正恩同志。看見刻意模仿「偉人」造型的「最高司令官」，才意識到朝鮮確實已經發生了本質改變。改變的本質在於，朝鮮已經由三個主要組成部分轉變為四個主要組成部分：「偉人」、「二十一世紀的太陽」、「最高司令官」與勞動黨。

在「二十一世紀的太陽」葬禮中的「最高司令官」，表情悲痛，但卻極其堅強，沒有在任何一張照片中流下一滴眼淚。在其他葬禮場景中號啕大哭的朝鮮人，大多也沒有一滴眼淚，或者有眼淚的總是神奇地出現在第一排。

即便只是乾嚎，他們也依然敬業地擦拭着眼淚在物理學上的必經之路。然後表現出無法克制地向前衝撲，卻又極大克制地保持原地不動的矛盾心情。左右彼此糾纏，互相阻攔。或者頓足捶胸，或者匍匐捶地。間或作昏厥狀，痛不欲生。

從二十世紀七十年代的中國到今天的朝鮮，傳承着同樣技藝精湛的「表演體系」。

「金正日同志永遠活在朝鮮人民的心中」，我相信朝鮮人民永遠不會遺忘他，我只是不知道在朝鮮人民的心中，他是永遠活着，還是已如現實般死去？

不過當下，皮膚如嬰兒般細嫩的金正日同志依然活在牆上。目光慈祥地注視着大廳裏的我們，困惑的旅行團，緊張的導遊與守門的火車站女工作人員，還有站在對側小賣部的玻璃櫃枱內，面無表情的售貨員。我們一起張望着玻璃門外，張望着朝鮮人民的火車站月台。

月台上人群熙攘穿梭，穿梭游移於其間的，還有許多警惕的眼睛。青灰色制服的鐵路工作人員、藍色制服的鐵路警察、兩兩結組執勤的武裝人民軍士兵，還有一位中尉軍銜——朝鮮人民軍的軍銜設置與肩章紋案大體與中國人民解放軍相同——他們都有權利隨時叫停往來的旅客，檢查車票，以及更為重要的旅行許可證明。

在朝鮮，普通百姓是嚴禁自由流動的。任何旅行，

都需要事先向當地的人民保安局——警察局——申請旅行許可證明。「旅行法令極為嚴格，光是從郊區進入市區也需要通行證。」❶

北韓為了掌控人民行蹤，費盡苦心建立了一套制度。每個人都有固定的住址與工作崗位，你必須根據這兩項條件才能領到配給——如果你離家出走，你就領不到糧食。民眾不敢在沒有旅行許可的狀況下到鄰鎮拜訪親人。外地來的客人就算只是過夜，也要向人民班報備，由人民班向警方通報客人的姓名、性別、登記號碼、旅行許可號碼與來訪目的。警察固定在午夜時分進行抽查，確保沒有人敢在未經授權下來往各地。民眾必須隨時攜帶「公民證」，這是一本厚十二頁如護照大小的小冊子，裏面記錄了證件主人的完整資訊。這種公民證是仿效舊蘇聯身份證設計的。❷

❶ 芭芭拉·德米克：《我們最幸福：北韓人民的真實生活》，第一一二頁。

❷ 芭芭拉·德米克：《我們最幸福：北韓人民的真實生活》，第二〇九頁。

但是旅行證並不是隨意申請即可得到審批獲得的，要有充分足夠的去往目的地的理由，並且更為重要的是，一定要在政治上清白。

政治清白，理由充分，要想取得平壤、邊境地帶與朝韓軍事分界線這三類地區的旅行證，還是困難重重。所以能夠前往邊境口岸城市新義州的外地人，以及能夠去往平壤的新義州市民，能夠站在我們眼前火車站月台上的朝鮮人，都不會是普通的底層朝鮮百姓。

如果身為一個底層的朝鮮百姓，祖祖輩輩生於斯，長於斯，那麼他的一輩子可能都不會離開他的村莊一步，就那樣老於斯，死於斯。

想起便覺得悲哀。

當然，不管有多麼嚴苛的律法，總還是會有人試圖鋌而走險。比如沒有取得旅行證的旅行，肯定是會有，而且還會有成功的，最大的成功甚至可以偷渡出朝鮮，成為「脫北者」中的一員。

但是，他們肯定會儘量避免搭乘列車出行。那些出

新義州火車站月台。

現在芭芭拉·德米克《我們最幸福》一書中的曾經生活在朝鮮的脫北者反覆說道，「搭乘火車不可行，因為火車的文件檢查比較嚴格。」❶

確實如此，僅是我們眼前所見的一段月台，有檢查證件權利的人員幾乎片刻不停地抽查。邊境新義州至首都平壤的列車將要進站，又是跨州跨道，怎麼能不分外嚴格？

值勤的人民軍士兵身穿棉軍裝，頭戴棉軍帽，看起來有些鬆垮，卻總還是分發不久的新軍裝。身揹的步槍，卻是老舊的朝鮮仿製蘇聯 AK-47 步槍生產的五八式突擊步槍。一把步槍，服役年齡超過兩名人民軍士兵的生理年齡。

月台上不時有列隊走過的現役人民軍士兵，相比之下，執勤士兵無論穿着還是槍械，居然可以稱得上奢侈。

隊列行進中的人民軍士兵，大多由一名高齡士官——因為長期營養不良，平壤之外的朝鮮軍民很難從

---

❶ 芭芭拉·德米克：《我們最幸福：北韓人民的真實生活》，第二五九頁。

外貌準確地判斷年齡——帶隊，他也是唯一有佩槍的。身後跟着一隊士兵，準確地說，跟着一群孩子。

孩子們身材矮小，一百四五十公分左右。黃綠皮的軍裝雖然沒有破損，但也已經洗到褪色。只是一身臃腫的棉衣棉褲加一件內衣，不再有其他任何襯裏衣服。都沒有佩槍，卻依然佝僂着腰前進，因為都有一件與軍裝同樣布料的沉重揹囊，只以一根細繩紮緊袋口揹在肩上。

眼見得一隊士兵貼着玻璃門走過，領隊的士官揹着的居然是一口鍋底炭黑的鐵鍋，身後小兵的揹囊裏明顯是一袋大米，薄薄的布袋上可以清晰地看見米粒細碎的突起。一駝着腰的小兵，轉過頭來好奇張望玻璃門後面的我們。一張孩子的面孔，我們一起回望着他，目送着他離開。

「這能打仗嗎？」旅行團團員中忽然有人自言自語。

沒有人知道答案。

拍攝朝鮮軍人，是在朝鮮旅行的第一禁忌。不過身在大廳玻璃門後，還是按捺不住拍攝的慾望，悄然拿出相機。利用旅行團團員的遮擋，隔着玻璃窗拍攝了一張

月台上值勤的軍人，然後把體積不大的膠片單反相機若無其事地掛在胸前，準備伺機再拍。

隔着幾乎整個旅行團，金導遊瞥見我胸前的相機，迅速走過來。「別人看見了，是會誤會的！」他一把捂住我的相機，順勢拉着我轉身向內，「趕緊收起來。」他低聲和我說，神色嚴肅。

我連聲道歉，沒有任何異議地把相機收起。

忽然，老舊的旅客列車醉漢一般搖晃着進站。列車停穩前，車體之間彼此碰撞，響聲巨大，彷彿是踢碎了家中一屋子的空酒瓶。

是在中國久已不見的綠皮火車，旅行團中一片錯愕之聲。彷彿這趟列車不該屬於現在，而是自過去的某時某地穿越回來，那上面甚至坐着自己的童年。

列車車門打開，月台上候車的朝鮮旅客蜂擁般擠至車門。不過，卻只是擁堵在車前，沒有得到上車的准許，人們便不敢越雷池一步。車門內甚至無須有人值守，顯得有些詭異。人們在無序中極有紀律性，只是在車門前推推搡搡。

或者這些擁擠與推搡才是人們的本性，而那些神色緊張的紀律性，正如人們不得不允許自己的心中活着誰一般，只是不得不。

人們都擁擠向列車，月台上漸漸疏朗。

守在門外的車站工作人員打開玻璃門，示意我們可以通行。我們的車廂在列車尾部，當我們穿過月台與那些擁擠在車門前的人們錯身而過時，他們不再好奇地看着我們。

他們一心只想着能擠上列車，能去往他們的理想之國。

05

평양 열차

平壤列車

五個多小時吧，嗯。

平義線全程兩百多公里，詢問導遊大約需要多久能到平壤，回答如是。

再見越難得，分別也便越難捨。

那些久遠的，關於在火車站追逐列車送別的場景，久違了吧？隨時可以回來，於是離開的時候，我們已經習慣了只是衝着車窗玻璃對面那張熟悉的面孔，淡淡地微笑，淡淡地揮手，然後淡淡地離開。

可是那天，當那天去往平壤的列車啟動的時候，一瞬間，新義州火車站的幾乎整座月台都隨着列車奔跑起來。甚至那個光着脊樑、精瘦黝黑、弓腰揹負着沉重揹囊的年輕人，我以為他只是一個面容愁苦的揹夫，可是他也跑了起來。還有那小兄弟幾個，推開前面的人跑得最快，揮着手。揮着手，可是個子最高的男孩子，跑着跑着，就哭了出來。

彼此卻是安靜的，雖然列車車窗大多是敞開的，或者他們已經習慣於沉默。於是就在沉默中奔跑，在沉默中哭泣，直到月台的盡頭。

在月台的盡頭之後，車窗外片刻的嘈雜隨即散去，然後是如默片一般的沉寂。

默片裏上映着的是冬末的朝鮮，冬末平安北道荒涼的曠野。畫面遍佈劃痕，緩慢的長鏡頭無休無止。

列車出新義州火車站，轉彎的時候，我看見一位母親牽着她的孩子，走在鐵軌旁枯黃的草地上。母親低着頭看着孩子，向前走卻越來越遠。越來越遠，卻忽然綠草繁花，應當是那樣子的吧，就像我們時常在電影裏看見的場景。

綠草繁花的鐵路旁，列車在遠處駛過，捲起一陣風，吹起了母親的裙角，孩子的衣裳。

平義線

遠處駛過的列車，一如來自默片時代般老舊。

全列硬座車廂，通體綠色塗裝。中國的綠皮火車，在車窗上下裝飾有兩道黃漆色帶。而朝鮮的綠皮火車，只保留車窗下一道黃漆色帶以示不同。塗漆經年，黯淡無光，車廂頂部鏽迹斑斑。列車內部塗裝以杏黃色調為主。清漆原木色複合板的車廂，淺檸色的車頂，黃綠色的座椅，深桔色的行李架。這讓列車在朝鮮那個冬意濃重的下午，能

夠聚攏起一些暖意，不似列車外面那樣蕭瑟。

平義線（평의선），是新義州至平壤間鐵路線的名稱。「平」，意指平壤；「義」，則是指在一九〇二年（大清光緒二十八年）鐵路線動工時，在今新義州處的義州郡。當時修築的線路，起點在今韓國首爾，因首爾在「日帝強佔期」名為「京城府」（경성부），故而鐵路線得名「京義線」（경의선）。

在日俄戰爭（1904-1905年）中取得勝利的日本取得京義線所有權，並在一九〇六年（大清光緒三十二年）完成全線施工。京義線通車至今，又是百年。

果然，是來自默片時代的鐵路。

二十世紀五十年代，朝鮮戰爭結束之後，朝韓南北分治。因為京義線絕大部分鐵路在朝鮮境內，所以自朝韓軍事分界線處中斷的京義線鐵路，成為朝鮮國內鐵路。朝鮮將平壤向南至開城的一段稱為平釜線（평부선）——只是在名義上似乎可以直達韓國東南的沿海城市釜山（부산）。

而平壤北上新義州，原京義線中最長也最為重要的

一段，朝鮮將其改名為平義線。

平義線全程二百二十五公里，共設三十個火車站，自北向南，也是自新義州到平壤將要途經的車站依次為：

新義州青年站（新義州站）　南新義州站　樂元站
신의주청년역（신의주역）　남신의주역　락원역
龍川站　龍州站　內中站
룡천역　룡주역　내중역
鹽州站　東林站　晴江站
염주역　동림역　청강역
宣川站　路下站　郭山站
선천역　로하역　곽산역
下端站　定州青年站（定州站）　古邑站
하단역　정주청년역（정주역）　고읍역
雲岩站　雲田站　孟中里站
운암역　운전역　맹중리역

清川江站　新安州青年站（新安州站）　大橋站
청천강역　신안주청년역（신안주역）　대교역
文德站　肅川站　漁波站
문덕역　숙천역　어파역
石岩站　順安站　間里站
석암역　순안역　간리역
西浦站　西平壤站　平壤站
서포역　서평양역　평양역

至於列車途中會停靠哪些火車站，金導遊只是含糊地回答「大概四五個」。在朝鮮，彷彿一切都是機密信息，尤其是當事關領袖的時候。

領袖熱衷於在自己的領土四處巡察，彷彿地主總是念念不忘莊稼的收成。但是領袖更願意出現在自己的人民之中，領袖向人民平舉右手，領袖以此表示自己在百忙之中還是愛着你們的；人民激動得不能自持，向領袖山呼萬歲，以此表示當然我們必須更愛您。然後領袖回到自己的專列，巡察下一站。

如果可以選擇鐵路，「偉人」與「二十一世紀的太陽」都不會選擇飛機。甚至出國訪問，左鄰右舍的中國與俄羅斯有鐵路貫通，領袖們自然搭乘專列前往。似乎領袖們總有或多或少的被害妄想，不論自己的人民看起來有多麼地熱愛自己。

二〇〇四年四月二十二日朝鮮時間午後一點，在緊鄰新義州的龍川郡（룡천군）火車站，即平義線龍川站，忽然發生爆炸。爆炸異常劇烈，幾乎要將龍川郡夷平，數千棟房屋受損倒塌，死傷人數達到令人瞠目的三千人。至於爆炸原因，綜合各方表述，大體是由於兩列運載危險易爆易燃品的列車相撞而引發爆炸。

震驚世界的，是「龍川列車爆炸事故」（룡천렬차폭발사고）慘烈的死傷。而勞動黨則已經超出震驚，幾近恐懼。

結束中國之行的「太陽」，所乘坐的專列就在數小

時前途經龍川車站。勞動黨立即宣佈龍川地區進入「緊急狀態」，隨後切斷所有對外通訊聯絡以防事態擴大。

不知道經過怎樣的調查，勞動黨最終通過朝鮮中央通訊社（조선중앙통신사）承認爆炸確實只是事故。

不過可以想見，即便勞動黨沒有把這場事故上升到造成疑似暗殺的惡劣影響的政治事件，而僅僅只是以嚴重的刑事犯罪論處，便不知道會有多少人因為直接責任與株連，死罪難逃。

事故責任人當然應當承擔責任，但是罪魁禍首，卻似乎是朝鮮惡劣的鐵路系統。平義線實在太過老邁，壽已百年，卻又年久失修。老邁之外，還有衣食無着的落魄。

路基殘破，枕木枕石碎裂後隨路基欹斜，難得鐵軌扭捏着還能保證暢通，不至於斷送了列車的前程。可惜這前程卻不得坦途，列車一路搖擺碰撞，彷彿醉漢又走在瓷器店裏的，再小心也免不了身後一連串叮鈴咣啷。

因為缺乏其他交通工具與燃油，朝鮮九成以上的物資運輸要通過鐵路運輸。中國作為朝鮮最大的援助國——蘇聯「猝死」之後，中國撫養遺孤般承擔起援助

朝鮮的責任，卻不想朝鮮罹患疾病，永遠無法成年，發育停滯在令人難堪的青春期，所需越來越多卻又越來越叛逆——丹東作為朝鮮最大的貿易口岸，連接丹東的平義線自然承擔着最為繁重的鐵路運輸任務。不堪重負，各種事故自然難免。

調度事故導致列車相撞爆炸畢竟罕見，但是因為電力供應緊張，全線改造為電氣化鐵路的平義線因斷電而致列車停駛晚點則是每天都在發生。

平義線全程兩百多公里，詢問金導遊大約需要多久能到平壤，「五個多小時吧，嗯。」金導遊回答。

我們都懷疑聽錯了。旅行團中有人表示如果能借給他們兩輛自行車，他們可以比我們早到平壤。我們紛紛勸阻，我們相信他們可以早到只是勸他們不要太累了。

平義線改造為電氣化鐵路了，但是我們的列車卻仍然是燒煤的內燃機車。在月台上送行的人們開始奔跑前，我聽見列車拉響的汽笛，發令槍聲一般。

出站不遠我就在鐵路旁看見了那對如在默片中的母子，再過不遠就是龍川火車站。列車沒有停靠，緩慢通

過。能看到龍川站已經修復如新，沒有半點慘烈爆炸的痕迹。月台上有幾名荷槍實彈的人民軍士兵，還有與途經的所有朝鮮火車站同樣形制的候車樓。

候車樓上，「偉人」以照片的形式出現，「二十一世紀的太陽」以標語的形式出現。

就在三個月前，專列上躲過龍川列車爆炸事故的「二十一世紀的太陽」，卻沒有在專列上躲過自己的心臟。在勞動黨的官方報道中，聲明偉大領導者金正日同志在搭乘專列視察地方途中，因急性心肌梗死並發心源性休克猝逝。

在朝鮮，「偉大領導者」的心臟，成為了唯一敢於忤逆「偉大領導者」的生物。

上級一百

通常，勞動黨為了最大程度避免外人接觸到普通朝鮮百姓，中國旅行團會搭乘旅遊專列或者單獨包用一節

新義州至平壤列車，「上級一百」車廂車門上方懸掛的領袖畫像。

封閉車廂往來新義州與平壤。

我們去時，一來因為「太陽」國喪中斷的朝鮮旅遊恢復不久，二來又是在冬末的旅遊淡季，我們居然是那天唯一將要由新義州前往平壤的中國旅行團。

區區十幾名團員，人數遠不足以單獨包用車廂。雖然朝洋之防，茲事體大，可是體大也大不過「虧本買賣不能做」的古訓，所以我們居然破天荒地被安排與普通朝鮮旅客混乘於同一節車廂之中。

當我發現這一事實後，怒放的心花幾乎要撐破老舊的列車車廂。在朝鮮再難有這樣的機會，可以與普通朝鮮百姓如此接近，可以看見他們真實的生活，雖然只是在列車上，但是卻有整個下午。

我忽然覺得，二百多公里的平義線，朝鮮列車行駛全程居然只需要五個小時，開得未免實在是太快了。

新義州至平壤的旅客列車由十餘節硬座車廂編組，我們旅行團被安排在全車倒數第二節車廂的車尾第二道與第三道座位。每道座位，正反兩排座椅相向。

可以與普通朝鮮旅客同乘，卻沒有同座的機會，嚴防的茲事依然體大。金導遊與實習導遊分坐過道兩側，浴簾一般阻隔在旅行團與朝鮮旅客之間。

與導遊一同緊盯着我們的，自然還有朝鮮無處不在、如影如形的領袖目光。「偉人」與「二十一世紀的太陽」的畫像左右懸掛在車廂門上，目光嚴厲，令人望而生畏。

在朝鮮，領袖各有兩組畫像。一組老年，一組中年。老年和藹，笑容可掬；中年肅穆，不苟言笑。藉此以表示領袖恩威並施。不像在宣傳畫中總是老年「偉人」與中年「太陽」恰如父子身份地出現，並列懸掛的領袖畫像中，二位同是中年形象，不似父子，卻如兄弟。尤其是中年「偉人」畫像，眉宇微蹙，目光陰鷙，注視已不再只是令人生畏，而是不寒而慄。

莫非是幾十年前的朝鮮畫工技藝更為精湛，寫形之外更可寫神？

被注視得坐立不安，忽然許多成箱成箱地向車廂內搬運紙箱的年輕中國人轉移了我的注意力。他們搬運的全部是成箱的中國生產的速食食品，方便麵、火腿腸、榨菜之類。層層碼放在車廂尾部最後一道座位上，或者

過道中，座位下面，任何地方。彷彿是打劫了丹東某家大型食品超市，然後畏罪潛逃到朝鮮。

列車將要啟動，他們才搬運完所有紙箱。他們未來數月甚至一年的胃容物坐在他們的座位上，而他們站在過道中。我和他們一樣感到茫然，難道就打算這樣一路站到平壤？

青灰色制服的女列車員、藍色制服的乘警、黃綠色制服的人民軍士兵，陸續從列車最後一節車廂中走出來。列車每次停站啟動，他們都要負責檢查一遍乘客的身份證件與旅行許可證明。任何情況，他們都會向一位身着黑色呢料大衣、戴着金絲邊眼鏡的矮個子中年男人彙報。毋庸置疑，他是一位隨車的內衛部門官員，一如在新義州口岸內遇見的那位。

女列車員看見如山堆起的紙箱，震驚之餘，開始大聲呵斥。食物的主人們雖然不是遊客，但同樣有兩位朝鮮領隊陪同，他們手執所有人的護照，押解在隊尾最後上車。領隊冷眼旁觀列車員的訓斥，列車員回身看見同樣身穿黑呢大衣、金邊眼鏡下面色嚴肅的領隊，立刻想到事情是可

以解決的，態度隨之和藹，以商量的口氣與領隊略作交流後，領隊讓他們把紙箱轉移到最後一節車廂中。

又是一陣忙亂，列車員友好地抵住最後一節車廂通往連接過道的車門，保持車門始終敞開，方便他們搬運紙箱。

透過打開的車門，發現最後一節車廂原來是加掛在旅客車廂編組之後的餐車。格局與中國普通列車中的餐車並沒有甚麼不同，過道兩側相向座位間的簡易桌面更為寬大以作餐桌，車尾一排貨架，兩位朝鮮姑娘坐在貨架前售貨。她們沒有身着列車員制服，應當是不屬於公務員編制的普通售貨員。

在車廂中，其實也有列車售貨員推着手推車向旅客出售商品。神醫有意買兩瓶啤酒來打發時間，但是被金導遊制止。車廂內手推車上的商品，只向朝鮮旅客出售，以朝鮮元結算。如果我們想買些甚麼的話，只能去餐車以人民幣購買。「價格都一樣。」金導遊特別補充道。

在這一點上，朝鮮旅客列車還是相當公道的。朝鮮本地生產的礦泉水，人民幣兩元一瓶；鴨綠江啤酒人民幣七元一瓶。還有咖啡，一種新加坡進口的利樂包（Tetra Pak）包裝的咖啡，也不過每盒人民幣八元。在物資匱乏的朝鮮，列車上出售的商品居然比在中國列車上出售的同類商品價格低廉，我們紛紛感慨中國鐵道部的心狠手辣。

遺憾的是，商品就此幾種而已，而且儲備有限。啤酒是最受歡迎的商品。

雖然列車全車都是由硬座車廂編組，但是我們所在的緊臨餐車的車廂卻是其中最高級別的。一塊寫着「상급 100」的白底紅字標識牌插在車門外，「上級一百，」金導遊和我們解釋，「是最好的，相當於你們的軟座車廂。」

能夠坐在「上級一百」車廂裏的朝鮮人，身份自然也是足夠上級。之前因為可以接觸普通朝鮮百姓的喜悅，瞬間散去大半，原來我們依然看着勞動黨所希望我們看見的朝鮮。

上級朝鮮旅客們衣着得體、面色紅潤，取出的隨身攜帶的食物也足夠豐富。有類似日本飯糰（おにぎり）的朝鮮米糰，類似中國樟茶鴨的滷製禽肉食品，還有直接從餐車買回的啤酒。

沒有自帶食物的旅客，無一例外地會買上一條明太魚佐酒。明太魚是一種生活在東亞海域冷水中的鱈科狹鱈屬魚類，學名黃線狹鱈（Theragra Chalcogramma）。朝鮮人極愛明太魚，列車上出售的是一種便於攜帶的風乾明太魚。可以生食，剝去魚皮，魚肉撕成細絲食用。

十條風乾明太魚簡單裝在塑料袋裏，塑料袋印着漢字。一條中國生產的明太魚，在朝鮮列車上售價十七元人民幣，是列車上出售的所有商品中最貴的一種——其實價格依然算是公道，即便是在丹東，同樣大小的明太魚一條價格也在十五元人民幣左右——我有樣學樣地買來一條，就站在兩節車廂的過道中嚼着吃了，很是美味。路過的金導遊看見，告訴我如果還想吃的話可以請他代買，十一元一條。

心中感激，忽然想起，從包裏掏出二百元人民幣答謝金導遊。當然是丹東旅行社經理請我代為轉交的小費，我甚麼也沒有說，金導遊甚麼也沒有問，彼此心照不宣。

在列車上的大部分時間，我都站在兩節車廂的過道中乾嚼明太魚。吃完一條再買一條，看起來吃明太魚就是我此行朝鮮的主要目的。

我只是想留在過道中，如果瞬間沒有人來人往，我可以伺機拍攝幾張列車外的朝鮮。但這很危險，朝鮮旅客、列車員與警察會忽然從我們所在的車廂或者餐車中走出來。僥倖的是，唯一撞破我的，是金導遊。我有些試探性地故意打開過道一側上下列車的車門，一隻手伸出車外，另一隻手持相機假裝我只是在拍攝那隻手中的明太魚。

顯然這是極為愚蠢的行為，金導遊被嚇壞了，幾乎是撲過來擋在我身前，迅速關上車門，「你這樣被看見就麻煩了！」他低聲訓斥我，面色蒼白。

我也沒有想到的是，車廂連接過道中兩側上下列車的車門，居然是可以隨便打開的。

列車與京義線同樣年久失修，車門原裝的門鎖早已損壞。終至無法修復以後，便電焊上普通的插銷代替門鎖。可即便是那插銷，也只是依樣囫圇着手工做出來的，實在簡陋。

新義州至平壤列車，用以鎖合上下車門的簡易插銷。（上）
平義線，簡陋破舊的朝鮮貨運列車。（下）

旅客列車尚且如此，貨運列車更是破爛不堪。

朝鮮貨運列車部分使用的是中國一九五三年開始製造的載重五十噸的 C50 型敞車，鋼架木幫混合結構。鋼架木幫的意思是主體框架使用鋼構，而側面擋板使用木板代替，以節約鋼材。

C50 型貨運敞車在中國一九七六年便告停產，所以朝鮮鐵路線上此類車體服役已有三十餘年。鋼體鏽蝕得千瘡百孔，彷彿蟲蝕鼠咬的書頁。側面擋板處隨便用些竹條木棍，以至內裏的貨物大有破堤而出的蠢動。

能有副囫圇骨架已經算是不錯，更多的朝鮮貨運車廂，是由集裝箱截去頂部改造成的敞式貨車。在丹東口岸，初見援朝物資中的上世紀八十年代貨運主力 C62 型敞車，還覺得老舊，可堪何用？或者不過是中國方面的搪塞？待到平義線沿途種種所見，才驚覺原來如此。

金導遊拉我到餐車坐下，彼此壓壓驚。

餐車裏氣氛熱鬧，金導遊的面色片刻回白轉紅。當然，也少不了啤酒的功用。神醫與廣西小夥子等幾位熱愛啤酒的旅行團團員，把自帶的食物堆滿餐桌，然後一瓶一瓶地收購朝鮮人民的啤酒。

金導遊與「上級一百」車廂中的上級朝鮮旅客同樣嗜酒，既然中國同志盛情邀請，卻之總是不恭。不知道在進行着甚麼話題，我有些心不在焉，總之中朝人民的友誼在酒桌上是熱烈而真摯的，歡笑聲直令過道中好奇的上級朝鮮旅客開門探看。

不多會兒，再買啤酒時，售貨的朝鮮姑娘無奈地回答：「啤酒，沒有了。」

所幸明太魚還有很多。

我又站在了過道中，和我親愛的明太魚君。

大約是定州站——盡職看守在「上級一百」車廂中的實習導遊，對於列車途經的車站也並不是很熟悉，對我車停何站的詢問回答得含糊不清——總之是在新義州與平壤之間，旅客列車停靠的第一處大站。

「上級一百」以外的普通車廂上下列車的旅客眾多，列車左側的月台熙熙攘攘，上下列車的旅客交錯一處，看起來很是混亂。為了確保安全，並沒有旅客上下的「上級一百」車廂中的列車員、乘警，甚至那位內衛部門官員也都下車參與維護秩序。

見過道中空無一人，賊心又起，悄然打開過道右側車門，斗膽探身車外，拍攝到一張平義線上的大型火車站影像。看得出平義線缺乏維護的現狀，露天的月台地面斑駁，鐵軌下的水泥枕石大多已經斷裂，導致鐵軌略有起伏，而且有輕微的扭曲變形。

所以當列車全速行駛時，站在車廂連接過道的人，顛簸得彷彿是色盅裏的色子。尤其是在轉彎，或者突然提速時，顛簸更為劇烈。作為一個微胖的男人，我甚至有時候都能感覺到自己乳房的存在。

那位身穿黑呢大衣的內衛部門官員，果然警惕性最高。每次路過連接過道時，看見我站在外側車門旁，總是會用質詢的目光打量我一眼。

可能是在定州站前的鹽州站，當我第一次嘗試拍攝車站的時候，他預見到了我的企圖，果斷地將我拉開，然後自己探身擋在車門前。

我在他身後，迅速掏出相機拍下他的背影。摁下快門的一瞬間，他正轉頭。我嚇得腎上腺素如汗雨而下。萬幸他只是轉頭查看右側月台上的情況，而不是轉頭回身。還有萬幸雖然近在咫尺，他也沒有聽見我的相機快門聲。

當即便已經感覺後怕。如此近距離拍攝一位朝鮮安全內衛部門官員，實在太過涉險。一旦被發現，沒收相機全程禁足已經是最為輕微的處罰。在朝鮮禁止拍攝軍人，理由便是有如間諜般窺探機密的嫌疑，更何況拍攝軍人尚且畏之如虎的內衛部門官員。他檢查起「上級一百」車廂內軍便裝穿着的人員證件時，同樣面沉如水，被檢查者同樣噤若寒蟬。

直到那些「打劫」超市潛逃朝鮮的年輕人，站在車廂連接過道裏一邊抽煙一邊與我搭訕閑聊的時候，我的驚魂才安定下來。當然，他們都是好人。他們都是木工，「是去平壤打工的。」和我聊天的年輕人說。

偷拍朝鮮內衛部門官員之後，我的世界觀再受衝擊，我相信朝鮮一如任何國家般缺乏頂尖技術人員，卻沒有想到朝鮮居然會缺乏木工。難道在勞動黨自稱的遙遠到

幾乎無可追溯的朝鮮燦爛的古代文明之中，唯獨不包括木工文明一種？

「他們沒有不缺的。」年輕木工如此回答我的質疑，然後繼續說：「吃的也不好，還貴。唉。」他知道我看見了他們帶着半車廂食品。如果不是覺得不禮貌，我幾乎要脫口而出：「那你們還去？！」

去朝鮮工作，自然是為着賺錢，可是這份工錢賺得實在太不容易。與我們一樣，他們也不能攜帶通訊器材與其他電子產品入境。在朝鮮工作的日子裏，他們將與世隔絕——也許偶爾能有與家人聯絡的機會，如果施工單位提供的話。我想他們既然為着賺錢而去，便不會為每分鐘十七元人民幣的國際長途而浪費血汗錢——而且沒有任何娛樂。

在西洋古代，每逢有人失蹤，大家說：「這人不是死了，就是教書去了。」如今教書早已不至於令人畏之如死，於是再逢有人失蹤時，這句話似乎可以改為「這人不是死了，就是去朝鮮了」。

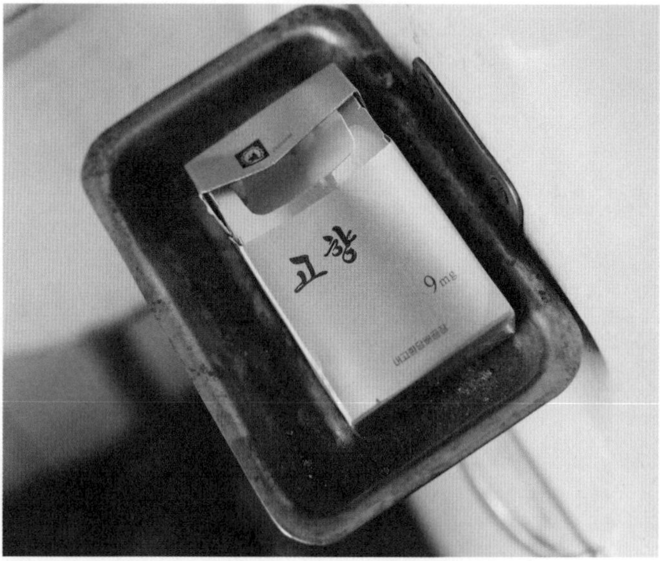

丟棄在列車洗手間內的朝鮮產「故鄉」牌捲煙煙盒。（左）
定州火車站月台（右上）和隨車的朝鮮內衛部門官員（右下）。

其實在車廂連接過道中，並沒有多少可以拍攝的機會。與中國列車的設置相同，車廂連接過道也作為吸煙處，於是像年輕木工一樣的煙民往來不斷。

而且朝鮮男性普遍嗜煙，最起碼在「上級一百」車廂中有經濟能力隨意買煙的上級朝鮮旅客，幾乎是人人抽煙。導遊禁止我們走向朝鮮旅客坐着的那半車廂，我沒有機會仔細看看那些上級朝鮮旅客。令人喜悅的是，他們卻好像知道我的心意，於是排着隊走到連接過道中讓我參觀。同時令人不悅的是，幾站以後，我聞起來已經有熏肉的味道，而明太魚君直接將自己的製作工藝由風乾改為熏烤。

在抽煙的上級朝鮮旅客之中，依然還是可以看出階級差別的。

衣着普通的旅客，大多抽的是一種明黃色硬紙殼包裝的朝鮮「吾鄉捲煙廠」（내고향담배공장）生產的「故鄉」（고향）牌捲煙。後來在平壤的涉外商店裏，看見這種捲煙的標價只有四元人民幣，相當廉價。

而一位精瘦的，酡紅着臉的，打着電話走進連接過道的年輕朝鮮男人，從筆挺的灰色呢料外套口袋裏拿出的，卻是一盒藍色的扁寬煙盒的七星（Mild Seven），一種零售價格大約在二十元人民幣左右的日本生產的捲煙。

他抽出一枝來點燃，然後把煙盒遞向我——這是全世界煙民在吸煙室裏的禮貌，如果他眼巴巴地看着你的煙盒的時候——我有些受寵若驚，慌忙謝絕。也不再讓，他優雅一笑，然後站離兩步，挺胸抬頭，邊抽煙邊以目光巡檢着「上級一百」車廂。年紀輕輕，卻好像來頭不小。

令我沒有想到的，是移動電話在上級朝鮮旅客中普及率之高，幾乎人手一部。而且顯然朝鮮移動電話可以在朝鮮境內漫遊，全無限制。

一如勞動黨所期望的那樣，我們看見的完全是上級朝鮮人有多麼富裕。當朝鮮最初開放移動電話市場時，購買一部移動電話以及入網費用合計高達恐怖的將近一萬元人民幣左右。所以在最初的朝鮮移動電話使用者中，幾乎全部是朝鮮勞動黨人民委員會、人民保安省、國家安全保衛省等政府機關高層幹部。

二〇〇四年平義線龍川列車爆炸事故的後果之一，

就是勞動黨為了防止無線通信網路被利用，從而全面停止了移動電話服務。重新解禁已經是在五年之後，同時對使用者身份與價格也有解禁與放寬。似乎普通朝鮮百姓只要足夠富裕也可以擁有一部移動電話，比如我們的金導遊。

通過我的觀察，另一種外觀可以區分朝鮮旅客階級的，或者說區分所有朝鮮人階級的，是他們所穿着的鞋子。

所有朝鮮人，日常幾乎只穿着三種鞋子：皮鞋、人造革皮鞋與布鞋。

布鞋屬於朝鮮的配給物資之一，每年一雙或者兩雙。藍布、膠底、淺口。這種配給布鞋是普通朝鮮百姓的穿着，無論男女老幼。階級一望可知，最多從布鞋的新舊上看出家庭的貧困程度。

而穿着皮鞋的，非富即貴，或者準確地說，生活總要好過那些穿着布鞋的朝鮮人。

介於兩者之間的，一種人造革皮鞋，是現在的中國不會再見的，在人造革鞋面上軋製出鞋孔與鞋帶的花紋，遠看可以亂真。

鞋子屬於耐用消費品，如果一位朝鮮人的財富只夠買一件體面的服飾，他們肯定會選擇一雙皮鞋。因為我還在近處發現那些穿着皮鞋的上級朝鮮旅客之中，有些人領口中露出的白襯衫衣領並不是一件完整的白襯衫，而只是單獨的衣領，襯在外套領口內側，兩頭以別針固定。在我小時候的二十世紀八十年代，這種被稱為「假領子」的服飾依然還流行在並不富裕的中國人的日常生活之中。

可見即便是朝鮮黨政軍官員，在經濟窘迫的年代裏，也不得不有些權宜之計以應付生活。

06

평안도

平安道

「人都去哪裏了？」

還是下午，農田裏卻一片冷清，不禁讓人有此疑問。

在構建朝鮮社會的「指導性書籍」《一九八四》中，除卻老大哥領導的大洋國（Oceania），世界上還有另外兩個國家，歐亞國（Eurasia）與東亞國（Eastasia）。大洋國永遠與其中一國為盟，與另一國為敵。因此世界永無和平，仇恨永無休止。

而朝鮮則將這種樹立敵對國家，渲染戰爭威脅，從而轉移國內危機，並予強徵暴掠、窮兵黷武以藉口的統治藝術進一步發揚光大。在朝鮮的世界裏，另外兩個國家比歐亞國與東亞國更為可惡，更為邪惡，朝鮮永遠不可能與他們其中任一國家成為任何時候的盟友，他們都是敵人，永無休止的是加倍的仇恨。

他們一國是「美帝國主義」，另一國則是朝鮮與之兄弟反目的韓國。

金導遊特別提醒我們，對於那些朝鮮與韓國稱呼不同的詞彙，一定要注意使用朝鮮式的命名。尤其是在人多眼雜的列車上，以免交談時錯誤使用而產生誤會——看來「上級一百」車廂內的朝鮮旅客，有不少是能夠聽懂中文的。

韓國國名中的「韓」（한）字，源出「韓有三種：一曰馬韓，二曰辰韓，三曰弁辰。」❶「韓」與「朝鮮」在半島歷史上曾經並用，李氏朝鮮王朝（조선왕조）在被「日帝強佔」前的十餘年時間，便曾改國號為「大韓帝國」（대한제국）。

朝韓分治以後，為示仇恨不共戴天，各擇兩名之一為國名。北取朝鮮（조선）、南用韓國（한국）。兩國均以本國為半島唯一合法政權，自然以自己國名為基準來稱呼對方。朝鮮稱韓國為「南朝鮮」（남조선）；韓國稱朝鮮為「北韓」（북한）。

因為兩詞均為漢源詞彙，所以「朝鮮－韓國名稱問題」只是中文的問題。這個問題導致與之相關聯的許多名詞，中文都有朝鮮式與韓國式的兩種稱呼。比如「朝鮮戰爭」（조선전쟁）之於「韓戰」（한국전쟁）、「朝

❶《後漢書》卷八十五，「東夷列傳」。

鮮半島」（조선반도）之於「韓半島」（한반도）。

絕大多數時候，中國人選擇哪種稱呼，只是習慣問題。但是在當事國民來看，尤其是對於政治敏感的朝鮮人而言，會覺得選擇哪種稱呼是具有政治傾向性的，用錯稱呼是極為不尊重的，具有政治挑釁意味的。

我們努力將習慣問題上升到政治問題的高度，但是「朝鮮語」（조선어）之與「韓語」（한국어）這組詞彙，旅行團所有團員都還是在習慣性地錯用。

中國因為參與朝韓兄弟械鬥，長期與韓國處於敵對狀態，因此遲至一九九二年兩國正式建立外交關係之前，中國一直跟隨朝鮮稱呼韓國為「南朝鮮」。不過隨着韓國政治民主化與經濟高速發展，中國與韓國之間的政治、文化、經濟交流日益密切。由「南朝鮮」改稱「韓國」理所應當，而在一九九二年兩國建交之後中國人才接觸到的與朝韓有關的詞彙，無一不是以韓國式稱呼為準，比如「韓語」。

在朝鮮，如果說將「韓國」的稱呼改回「南朝鮮」，對於我們而言還算口熟的話，那麼「朝鮮語」則完全是

清川江上的斷橋橋礅。（上）
行駛在平義線沿途農田上的軍用卡車。（下）

一個我們不懂得使用的陌生詞彙。在旅行團團員無數次詢問「這個韓語甚麼意思」之後，金導遊終於忍無可忍，認真嚴肅地和我們談了正名問題。「朝語，」從餐廳回來，面色也有些酡紅的金導遊激動地說，「我們的三千里江山，所有人民只說朝語。嗯。」

「三千里江山」，或者「三千里錦繡江山」，是朝語——勞動黨說是甚麼就是甚麼——民族對朝鮮半島的稱呼。朝鮮半島南北實際長度一千一百公里，所謂三千里的「里」，是以朝鮮里作為計量單位。一朝鮮里等於三百九十三米，一千一百公里折合兩千八百朝鮮里。四捨五入，或者加上從中國割來的白頭山，恰好三千里。

錦繡江山多山，三千里八成為山地高原。山地高原分佈，又以北多南少，因此朝鮮的耕地面積不足一成半，這實在也是朝鮮糧食總難以自給的原因之一。

朝鮮境內的平原，集中於平義線所在的西部黃海沿岸。平義線列車一路坦途，如果不熟悉朝鮮半島地理，只是搭乘平義線列車入朝，反倒會讓人有朝鮮多沃野良田的錯覺。

平安道

平義線沿途的一路沃野，在朝鮮行政區劃上屬於平安北道與平安南道。北南兩道於一八九六年（大清光緒二十二年）由平安道分立，兩郡基本以清川江（청천강）為界。平安北道道府新義州市；平安南道道府平城市（평성시），平壤原即屬於平安南道。

沃野在仍然寒冷的冬末時節，一片枯黃，沒有半點生機。由新義州至平壤，二百多公里鐵路沿線，在計劃經濟體制下集體協作的朝鮮，處處如此，沒有絲毫不同，也不允許有絲毫不同。一切生產勞動，必須依照「人民經濟計劃」，同行共止。

朝鮮的基層生產單位為「合作農場」，生產單位與基層行政單位合署辦公，其領導機構稱「管理委員會」，管理委員會機構內部設委員長等職位。農場以下再設作業班，每個作業班又有若干作業分組，協作進行農業生產。農民按勞動量記錄工分，再以工分多少進行糧食分配。

以共產主義烏托邦（Utopia）式的按勞分配原則實

行的工分制度，同樣在一九五八年中國開始的「大躍進」運動中以「人民公社」的形式實行。「就是吃大鍋飯嘛。」旅行團中年長的團員總結道。

工分的評定，由生產隊隊長決定。從來權力獨享，便沒有公平正義可言。按勞分配，不如說是按照與領導的親疏遠近分配。或者索性流於形式，平均分配，誰也不得罪。於是幹多幹少，幹好幹壞，工分並無不同。誰也無意於「多勞」，生產力本就低下，生產積極性被打擊到比生產力更為低下，人民公社入不敷出，慘淡經營。

不願意多勞，卻不能少吃。號稱人民公社心臟的公社食堂，大鍋飯迅速消耗殆盡所有儲備糧食。食堂難以為繼，大鍋每日素面朝天。公社食堂成立之初，規定農民從此進入共產主義。既然共產了，自然要斷絕一切為私的念想。家中不得再有糧食，不得私自開伙，一旦違反，抄斬滿門鍋碗瓢盆——如果還有的話，其實也都已經在大躍進大煉鋼鐵的運動中變成廢鋼。

公社食堂斷頓，也直接斷了家徒四壁的農民的生路。餓殍轉瞬遍野，隨後三年，中國進入了令那幾位年長團員至今說起依然歎息不已的慘烈大饑荒。最保守的估計，一千萬以上的中國百姓死於「三年自然災害」——如同勞動黨以「苦難的行軍」來稱呼朝鮮的饑荒，中國的饑荒也有自己的名字，相同之處在於罪魁禍首都是無可追究責任的自然災害。

所幸的是，中國總算不再有這種憑空臆造的計劃經濟體制，而朝鮮卻依然頑固地在執行着。也許昨天的饑荒過去了，但是明天呢？

平安道西臨黃海，許多河流，在此入海。不知名的小河乃至浩浩蕩蕩的清川江。因為水網縱橫，平安道的農田屬於水澆田，以種植水稻為主。朝鮮以米飯為主食，能夠出產水稻的平安道，可以算作是朝鮮的糧倉。

可是糧倉的問題在於，其一，水稻品種不佳，從中午在新義州鴨綠江旅館吃的粗糙米飯中可見一斑。

其二，因為氣候與技術原因，朝鮮水稻一年只能種植一季，產量有限。播種至收穫之外，土地便白白閑置。沒有任何農作物，甚至沒有一棵樹。

平義線沿途朝鮮農田中的穀倉（上）和通往遠處村莊的道路（下）。

二百多公里平義線沿途，最多只能見着些新植的樹苗應景。隨鐵路架設的電線杆，許多用的就是些一握粗的樹幹。剝去了樹皮，露着慘白身軀的樹幹。沒有脫水碳化的處理，也沒有塗刷瀝青防腐。任由那樣聳立在空曠的田野裏，如同一株株枯死的白樺樹。

沒有成年樹木，是因為物資極度匱乏的緣故。沒有鋼材，沒有水泥，沒有燃料，人們無法放過任何一株樹木來代替所需。

而其三，自然是因為匱乏。匱乏，一切都匱乏。肥料、機械設備，甚至人力。推行「先軍革命」的朝鮮，二千萬人口之中，現役與預備役軍人總計高達四百萬，幾乎全民皆兵。

已經冬末春初，平安道農田大多已經翻耕。翻耕土地的，依仗的幾乎全部是人力。偶爾能看見一頭耕牛，在廣袤的農田中像是隻無助的螞蟻。

沒有看見任何機械化耕種設備，僅見着的幾輛汽車，也還是軍用卡車。不過人民軍士兵確實是要參與到耕作中的，如同中國的生產建設兵團，亦兵亦民地從事農業生產。

人民軍底層的普通士兵，他們的生活也很艱苦。在鐵路線旁看見一處他們住宿的營地，一堵土坯矮牆遮擋在營房與鐵路線之間。但是鐵路線路基較高，站在車廂裏可以看見他們的營房。居然就是不足一人高的土坯房，搭着一塊油氈，避雨兼做房門。

營地裏一隊年輕的人民軍士兵，剛才下工的模樣。一些人蹲在地上就着面前的一盆水，洗臉擦身。一位穿着背心的士兵正在把洗好的衣服搭在矮牆後的晾衣繩上，看見路過的火車，他大笑着招呼大家起身來看。

看起來，他似乎並沒有愁苦。

農田隔一段距離，會在靠近鐵路線一側，或遠或近的有一處院落。幾次細看，發現或許是屬於這一片農田公用的穀倉。

穀倉規制大體相同，一間倉庫，以及一座脫穀機房。歇山頂涼亭式的機房中，應當是脫穀機，或者是其他甚麼集體農場必需的機械。

穀倉之外，還有些農田顯得比較特殊。四周以草墊圍擋，而且為數不少。為何如此，我實在不得其解。

金導遊也開始不斷走到連接過道抽煙，面色越發紅潤，目光有些迷離，顯然不勝酒力。神醫走出餐廳的時候，中午打開的一瓶烈性藥酒已成空瓶，卻依然是氣定神閑。兩位在餐廳鑄造出深厚友誼的中朝同志，已經極為熟稔。神醫拍着金導遊的肩膀打趣道：「怎麼一杯白酒就不行了呀？」

難怪，睽違燒酒久矣的朝鮮同志，怎麼能吃得消中國同志密法泡製的烈性藥酒。

韓國人經常飲用的燒酒（소주），在朝鮮是完全看不到的。燒酒在王氏高麗時期（918-1392年，五代後梁至大明初年）即已出現，並非是韓國人的發明。朝鮮不見燒酒，沒有任何政治原因，完全只是因為朝鮮缺乏釀造燒酒所需要的大米。

在朝鮮的《刑法典》中，總計三百零三條罪名，一章「侵害社會主義經濟罪」罪名便多達一百零三條，其中又以「侵害經濟管理秩序罪」佔據最多的七十四條，

可見朝鮮計劃經濟實施的嚴格卻又勉強的現狀。在侵害經濟管理秩序罪名中，有私自釀酒罪的罪名：

第一百五十九條：**機關、企業、團體的私自釀酒罪**。機關、企業、團體的負責人以買賣或者物物交換為目的，非法地生產酒、啤酒、或者用未經認可的原料生產酒、啤酒的，處兩年以下勞動改造。

第一百六十條：**個人的私自釀酒罪**。個人以買賣為目的，非法地生產酒、啤酒的，處兩年以下勞動改造。因前款行為而消耗大量糧食穀物的，處三年以下有期徒刑。❶

歷史與現實中，在別的國家也有釀造私酒罪的罪名。或者是因為政府頒佈有禁酒令，或者私自釀酒涉嫌非常經營或者安全衛生問題等等。但是朝鮮《刑法典》中的

❶ 陳志軍：《朝鮮民主主義人民共和國刑法典》，北京：中國人民公安大學出版社，二〇〇八年，第三二頁。

「個人的私自釀酒罪」，特別規定了從重處罰的情節為「消耗大量糧食穀物」，明確可見朝鮮禁釀私酒的原因，還是因為糧食匱乏。

正規的釀酒企業，縱然有釀酒許可，得不到糧食也是枉然。所以即便是在朝鮮向外國人展示「朝鮮商品極大豐富」的外貿商店裏，我也還是沒有看到有燒酒出售。有密法泡製的高麗參酒，但是神醫看後，明確表示，「哎呀，那比我的藥酒差太多了。哎呀，我的藥酒幾十種名貴藥材。哎呀。」

大多時候，車窗外只能看見農田，卻看不到村落。村落在農田盡處，盡處的山坡上。結束耕作的農民，荷鋤提籃，就沿着田間土路走回去。很少有人擁有自行車，看起來他們的一生將會有許多時間花在路上。雖然哪裏也不能去，但依然有走不完的道路。

標語依然密佈，從城市到農村，從農田中的簡易標語到村口外的永久標語。標識牆修築在土丘上，遠望依然高大清晰。有村民正在爬坡，看起來他不及標語半個

平義線沿途朝鮮農田中的河流。（左）
修築在平義線沿途朝鮮農田中的標語牆。（右）

字高，他看起來那麼渺小。

「前路艱險，笑臉相迎！」（가는 길 험난해도 웃으며 가자！）

標語如此寫着。

我給你以艱險，但你必須回報我以笑臉。

村莊

朝鮮幾近原始的農業生產，餓死人之餘的唯一好處，便是絕少環境污染。那麼清澈的河流，鐵路橋上高高遠遠地望去，彷彿是在罕至人迹的哪裏，連天枯草，連天枯草彷彿沙灘上金色的沙。

你難以想像，這實際上是在朝鮮的糧倉，在理應繁忙耕作的平安道。

就在這樣金色沙灘般的河畔，忽然看見一個小姑娘，側躺在河堤上，支起身子遠遠地向列車揮手。

她穿着有點點紅色的上衣，回望過去像是一隻撲扇着翅膀的小瓢蟲。

我忍不住也向着她揮手，我知道她不會看到我但是我多麼希望她可以。我們從兩個世界相向而來，此生僅此剎那相遇。不會再見，我記着她她卻不知道我。

那應當是在清川江後不遠的某條河流的河畔。

清川江是平安北道與平安南道的界河。列車進入平安南道，停靠的第一站是新安州青年站。新安州站緊鄰安州市（안주시）市區，安州是朝鮮大市。平安道之「平」，取自「平壤」，而「安」即是取自安州。

新安州是安州市政府所在地，新安州火車站是平義線沿途的又一處大站。上下車旅客更多，停車也更久。

不過我卻沒有拍攝的機會了。隨車的那位黑呢外套的內衛部門官員已經注意到我，我實在是吃了太多的明太魚。

列車停靠新安州車站，他具有警告意味地關閉了我身旁上下列車的車門，然後看着我指了指車門上的插銷。也許他是問我能不能做一枚更好些的插銷，但也更有可能是警告我不得再擅自打開車門。我思量許久，覺得後一種可能性較大，於是不敢再冒險。

一段路程下來，我也不再有開始時偷拍他的勇氣，我見識了他的權威。乘警從「上級一百」之前的車廂中帶過來一位穿着看起來並不差的朝鮮旅客，可能是他的車票或者旅行許可證明有些問題，乘警把一張卡片遞給這位內衛部門官員。

他並沒有大聲訓斥那位旅客，只是拉着他的肩打算把他帶進餐廳。旅客顯然嚇壞了，一邊慌亂地解釋，一邊向後閃身不願意進門。無助又恐懼。

最後他們還是進了餐廳，不過問題似乎不大，片刻那名旅客出來，滿頭大汗。隨後而出的內衛部門官員，臉色像他的呢料大衣一樣黑沉。

在平安北道貼近海岸線鋪設的平義線，進入平安南道以後，漸漸折向更靠近內陸的平壤。

在普通百姓只能從事農業生產的計劃經濟體制時代，內陸是要繁華過沿海的。中國如此，朝鮮也是如此。平義線在平安南道更靠近內陸，沿線所見自然也要繁華過平安北道。

當然這種繁華只是相對的，所謂繁華，不過是能夠在鐵路線附近看見更多的村落，不像在平安北道那般荒涼。

村莊，也都是模樣大體相同的村莊。

同樣的冷清，幾乎看不見甚麼村民。從世界人口數量第一的國家進入朝鮮，總會有疑問：「人都去哪裏了？」

還是下午，如果說集體農場與城市工廠遵循同樣的工作時間，那麼他們又在哪裏工作呢？農田裏同樣冷清。唯一能解釋的，就是去參加甚麼非農業的集體勞動了。

因為平安道農田是水田，在鐵路路基與農田之間有引水渠，其實只是在土地中開挖的水溝。春耕準備工作已經開始，水渠需要疏浚，所以一路在車窗下看見許多疏浚工地。乾瘦黝黑的民工赤腳光腿地站在泥水中，開挖淤泥。渠岸上有宣傳隊，拿着白鐵皮做的喇叭在說教着些甚麼。

列車駛過的時候，所有人都停下手中的勞作，直勾勾地仰望着列車。「他們坐着火車去平壤」，我覺得這

是讓他們羨慕的。可惜他們看不到「上級一百」車廂的裏面，有些上級朝鮮旅客的桌面上，還剩着許多吃不下的米糰與滷肉。

「偉人」為朝鮮人民描繪的幸福生活是可以「吃米飯，喝肉湯」。「二十一世紀的太陽」直到「駕崩」前，也在承認自己沒有能夠完成「父皇」的遺願。如今「最高司令官」再次提起，並且「發誓」要讓朝鮮人民早日過上這樣的幸福生活。

幾十年沒有實現，實在是太過艱巨的任務。但是「最高司令官」埋怨之餘更應當感覺萬幸，萬幸父皇的父皇當初沒有誇下更為遙不可及的海口：「頓頓吃米飯，天天喝肉湯。」

米飯與肉湯遙不可及，但是朝鮮百姓總需要食物活着。在遠離村莊的路口，看見有三五位老年婦女蹲在路旁，面前擺一隻竹籃。一位老婦打開竹籃上蒙着的白布，揮手示意過路的行人注意看她竹籃裏的東西。一瞬而過間，我隱約地看見竹籃裏應當是半籃大米，米上有幾隻淺褐色的雞蛋。

平壤郊外，傍晚等候在廠礦路口的班車。（左）
平安南道某座村莊旁疏浚中的河流（右上）和村口（右下）。

那就是朝鮮百姓賴以維繫生命的黑市，在配給不足的時候，百姓可以在黑市中購買糧食。可能使用新朝鮮元，但更多的是以物易物。路口旁幾位老年婦女的黑市是最為簡陋的一種，僥倖她們聚攏在鐵路路口，否則我也無法眼見為實地看見朝鮮黑市的存在。

只要她們在私下交易，她們就是非法的黑市。朝鮮失敗的經濟與貨幣改革以後，重回嚴禁任何私營經濟的計劃經濟體制。現實是百姓仍然需要食物活着，勞動黨難以置信卻又無可奈何，只有默許黑市的存在。

彼此心照不宣的潛規則是，從事黑市貿易的，只能是老年婦女。所以鐵路路口旁竹籃後的無一不是老婦，火車站看見的老婦也總是行李最多最重，大包袋揹在佝僂的身上，很難相信她們能夠賺着多少錢，她們無非只是在勉力維持着家庭的生計。

於是一個尷尬的現實出現在朝鮮普通百姓面前，如果家庭早年失恃，那麼不但意味着失去母愛，同時也意味着失去了部分改善生活條件的機會。

與冷清相同的，還有在平安道所見的村莊都沒有任何水泥或者瀝青道路，只有原始的土路連接村內村外。一旦連續陰雨，朝鮮村莊肯定無法通行車輛，任何依賴車輛運輸的工作也必將停止。

比如建設樓房。難得的是朝鮮村莊普遍有三五層的樓房裝點在村口，多少有些現代生活的氣息。不過在新義州這樣的城市之中看見的樓房質量已然可憂，村莊中的樓房質量看起來更是糟糕。牆體單薄，非常單薄，樓房看起來像是紙板搭建的積木。使用的依然是免燒空心磚與預製板的結構，偶爾有幾棟未完工的樓房，幾乎看不出用來搭建樓板的預製板兩頭有裸露出的鋼筋。

朝鮮並不缺少建築用地，那些遠離鐵路線的村莊，眺望過去也不見有樓房。想來建築在臨近鐵路線旁村莊村口的樓房，應當還是屬於粉飾工程。

還好普通的朝鮮百姓居住的並不是這種樓房，否則安全真是全無保障。雖然安全從來都是勞動黨擔心的主要問題之一，但顯然百姓的住宅安全不在此列。

天色漸漸暗下來的時候，也漸漸看得到水泥公路，有騎着自行車下班的工人，還有等在路口的公交車或者工廠班車，我們知道將近平壤。

列車裏打開車燈，車燈打開以後我們才真正看出平義線鐵路的供電不足。車燈忽明忽暗，或者忽然熄滅。

也許是明滅的車燈有不安的氣氛，列車車廂裏開始陷入沉默，人們沉默地隨車燈明滅。前方不遠處，就將是那座海市蜃樓般虛無的城市：平壤。

車窗外的村莊，在最後一抹夕陽裏，升騰起炊煙。然後在炊煙散去的一剎那，一剎那陷入無邊的黑暗。如蒙昧混沌時代的黑暗，沒有半點燈火。

車窗玻璃上，只映着自己的面孔。忽明忽暗，或者忽然熄滅。

07

양각도

羊角島

「絕對不能離開這座島，否則一旦被發現，
你們整個旅行團的行程都會被取消。嗯。
全部取消，違反的團員還要受到處罰。嗯。」
導遊特別警告。

高音喇叭在播報新聞，語調慷慨激昂。左右旅客紛雜，卻是寧靜的。他們的嘈雜完全被高音喇叭淹沒，平壤火車站的月台，又彷彿一部默片在上演。

是默片，高音喇叭只是與影片無關的背景噪音。

默片上映的時刻，是朝鮮時間十九點四十分。晚點一個小時，列車終於抵達平壤火車站。二百二十五公里的平義線，朝鮮列車全程行駛了將近六個小時，平均時速四十公里。速度慢得甚至不及我們在平壤火車站月台上行軍般的急走。

不及列車停穩，旅行團團員已經隨着朝鮮旅客站起，在經歷平生最為緩慢的列車旅行之後，大家已經急不可待想要下車。實習導遊卻安撫我們坐下，等待朝鮮旅客先行下車。尾隨最後一名朝鮮旅客走出車門的金導遊，在確定他們大多已經出站，月台上不再擁擠之後，這才與實習導遊前後押隊，帶領旅行團以極快的步伐穿越月台出站。

與朝鮮旅客分離的出站通道，沒有檢票。

朝鮮國際旅行社的旅行客車，已經等候在站前廣場。

我們匆忙出站，匆忙上車。幾乎瞬間便從封閉的列車車廂轉移到了封閉的汽車車廂，時間精確，線路周密。

為了儘可能地避免我們與任何封閉空間以外的朝鮮接觸，勞動黨將「有關部門」訓練得異乎尋常的高效。最起碼，異乎於朝鮮鐵路系統的高效。

在進入平壤，在領袖的宮闕周圍，對勞動黨而言，同樣重要的也是要避免拱衛首都的平壤市民與外國人接觸。

「如果他有機會接觸外國人，他就會發現外國人同他自己一樣也是人，他所聽到的關於外國人的話大部分都是謊言。他所生活的封閉天地就會打破，他的精神所依的恐懼、仇恨、自以為是就會化為烏有。」❶

這是會令勞動黨恐懼的。

根據勞動黨的安排，每個外國旅行團，不論團員人數多少，朝鮮方面都將不計成本地安排四名朝鮮工作人

❶ 喬治・奧威爾：《一九八四》，第二二六頁。

員全程陪同。

沒有例外。

一名司機。

一名專業導遊。比如我們旅行團中文流利的金導遊，他將負責我們旅程的全程講解。

一名攝像師。負責全程拍攝旅行團在朝鮮的參觀旅行，如果旅行團全體團員是相親相愛的一家人，那麼他們將會有一份誰也不會缺少的旅行錄像作為紀念。

另一名導遊。中文流利，卻不負責任何講解。只是全程與領隊的專業導遊前後押解旅行團，以防止有團員擅自脫隊，防止團員有未經允許的拍攝。中國遊客猜測他們的身份並不是導遊，他們更像是安全保衛省的特殊工作人員。只是一種可能，但兩名導遊的配置是肯定的，以防一名導遊無法兼顧講解與押解。

「這是我們的司機，」等待我們各自坐定，金導遊開始向我們介紹已經隨車等候的三名朝鮮工作人員。然後他指着坐在車尾的一位身形枯瘦、穿着深色夾克的中年男人說，「那是我們的攝像師。」

攝像師似乎聽不懂中文，完全不知道金導遊正在介紹他的模樣，沒有任何反應。雖然我們一起看向他，但他只是繼續微闔着茶色眼鏡片下的雙眼，仰靠在椅背上，嚼着口香糖。

「這位是尹導遊。」坐在車門旁的女導遊回頭向我們微笑示意，和藹可親。這讓我感覺困惑，以為負責監視的第二名導遊看起來比專業導遊金導遊更像導遊——我知道這句聽起來極其拗口，朝鮮有令人思維混亂的魔力，雖然初踏平壤土地——讓我心生畏懼的反倒是那名攝影師，以貌取人的話，他實在是更像那位負責監視我們的特殊人員。

我有些後悔坐得離他太近。

看着他，目光越過他仰躺在椅背上的身體，就是客車車窗外，懸掛在宏偉的平壤火車站候車樓主體建築正中的「偉人」畫像。

明亮的燈光照耀着領袖的微笑，領袖微笑地眺望遠方，比夜色更黑暗的平壤。沒有燈光，似乎平壤的所有燈光都只在領袖的面龐上。

那名年輕的實習導遊，沒有與我們道別。默默地離開，走進平壤沒有燈光的黑夜之中。

客車也行駛在黑夜之中，同樣沒有燈光。在無盡的黑暗中，隱約可以看見路旁的人行道上，有行人在沉默地行走。並肩行走的，也沒有交談，只是低頭專注腳步。我們張望着他們，在同樣黑暗的客車車廂裏，同樣地沉默着。

有些迷茫，從來沒有經歷過這樣的旅行行程。當下一個目的地出現在眼前時，我們完全不知道下一個目的地是甚麼，在哪裏。

兩次轉折，客車駛過一道鐵橋，然後是一段路燈林立卻沒有一盞路燈點亮的水泥路。車窗外掠過的塗刷着白漆的路燈燈杆，彷彿是曠野中的兩排白楊樹林。還好，路的盡頭不是守林人的小木屋，而是高大卻昏暗的，羊角島國際飯店（양각도국제호텔）。

羊角島國際飯店

一九九五年開業，四十八層，一千餘間客房的羊角

島國際飯店，是平壤可能也是朝鮮、最大可能也是最好的涉外酒店。為顯示社會主義國家的獨特性，勞動黨有自己的酒店等級評定標準。不使用國際通行的星級評等，沒有五星級酒店，只有特級（특급）旅館。

朝鮮僅有三家特級旅館，平壤之外的香山飯店（향산호텔），平壤之內的羊角島國際飯店以及緊鄰平壤火車站的高麗飯店（고려호텔）。絕大多數外國旅行團會被安排在羊角島國際飯店住宿，當然不是因為朝鮮國際旅行社不計成本，完全是因為羊角島國際飯店特殊的地理位置——建築在流經平壤的江面寬闊的大同江（대동강）江心島羊角島（양각도）上。

一座封閉的島，一座封閉的酒店。如牢籠般地形孤立，可以與平壤市民完全隔離。

為了確保這種隔離，金導遊在我們下車前特別警告，「絕對不可以離開羊角島！」他神情嚴肅，每句話都重複強調，「絕對不能離開這座島，否則一旦被發現，你們整個旅行團的行程都會被取消。嗯。全部取消，違反的團員還要受到處罰。嗯。」

金導遊的話是嚴厲的，但是我們沒有任何疑問，甚至沒有抱怨。「行就是行，不行就是不行，沒有那麼多為甚麼。」我們從小所接受的關於服從的教育並不比朝鮮人民為少。所以沒有問題，我們紛紛表示完全不知道有可以離島這件事情，保證不給朝鮮同志添麻煩。

金導遊在賓館前台辦理完入住手續，再次和我們——主要是我——強調各種注意事項與時間安排之後，在第二天旅行開始之前，他不再陪同旅行團。

晚上是我們的自由活動時間，當然自由是僅限在羊角島國際飯店之內的自由。大洋國與朝鮮莫不如此，「所謂自由就是可以說二加二等於四的自由。」❶

金導遊將所有房卡一併交到我的手中，他和旅行團團員仍然篤定地把我用作領隊。負責為旅行團團員安排房間總算是一件小有權力的事情，既然有權力，便可以以權謀私，那我也就看在可以謀私的情份上，勉為其難

❶ 喬治・奧威爾：《一九八四》，第九三頁。

地繼續擔任人民公僕。

在羊角島國際飯店的說明手冊中，賓館客房分為四種。形如星級賓館中的標準雙床房最為普遍，定級為「三等客房」；「二等客房」是改雙床為單床的標準大床房；「一等客房」較「二等客房」更為寬大豪華；而「特等客房」則是擁有餐廳的套間。

我們入住二十九層，「特級旅館」中的「三等客房」。

我看見的可以謀私之處，是我們的旅行團團員總數為奇數，這便意味着有一名團員可以獨享一間客房。沒有漂亮姑娘，誰願意和陌生人同寢？不料還沒有離開前台，在確定可以有一人獨享客房並且無須額外支付費用以後，神醫當即表示自己長期失眠，不單人住宿則難以入睡。既然尊貴的主席攜眷，總是要鴛鴦雙棲的，神醫自然也不用再顧及其他團員意見。我一時語塞，剎那間居然想不出比失眠更好的奪房理由。無奈單獨遞給神醫一張房卡，心中一邊埋怨自己無能，一邊奇怪包治百病的神醫為甚麼唯獨治不好自己的失眠？

彼此住妥，領隊再盡職盡責地招呼大家集體下樓晚餐。金導遊特別提醒過，羊角島國際飯店的大堂是在二層，不要摁錯電梯的樓層按鈕。二樓電梯間通道南側相連賓館大堂，北側走到盡頭，就是羊角島國際飯店三間編號相連的餐廳。一號、二號餐廳在左，三號餐廳在右。我們旅行團晚餐使用的是二號餐廳，「中國菜餚餐廳」，賓館手冊上如此標註。圍繞餐廳紅色基調的牆壁擺放的，是深褐色的木製四人卡座。我們在餐廳服務員的引領下，就坐於餐廳正中的兩排六人餐桌前。

除了中國餐廳裏令人震耳欲聾的嘈雜聲，羊角島國際飯店二號餐廳與普通的中國餐廳別無二致。甚至服務員，也彷彿是培訓自中國餐廳，身着常見的中西合璧式的套裝制服，女服務負責前廳招待，男服務員負責後廚上菜。

入鄉隨俗，中國旅行團也悄無聲息。除了我們，只有兩名人民軍軍官坐在餐廳裏側位置隱蔽的卡座上。桌上的殘羹冷炙間，許多空啤酒瓶。張望着走進餐廳的中國遊客，他們面紅耳赤。

我們的晚餐，仍然談不上豐盛。作為開胃菜的是

平壤羊角島國際飯店，樓層指示牌（上）和二號餐廳（下）。

涼菜兩種，涼拌綠豆芽與朝鮮泡菜，象徵性的，份量很少。主菜是炒雞蛋與紅燒鴨肉，外加一盆肉片白菜湯。主食依然是那種粗糙的有許多未脫盡穀殼的粳米飯。

菜碼並不多，烹飪也顯家常。旅行團團員們依然體諒朝鮮物資匱乏地感覺晚餐豐盛，更重要的是，在平壤最好的涉外賓館，終於供應了我們每桌兩瓶朝鮮最好的「大同江啤酒」（대동강맥주）。

因為產量有限，大同江啤酒在朝鮮屬於特供物資。羊角島國際飯店的晚餐，是我們在朝鮮唯一得享大同江啤酒的機會，涉外商店與餐廳均無零售。

機會難得，很少飲酒的我，也難耐好奇地喝了一杯大同江啤酒。口感清淡，有濃郁的麥芽香味。再加上在朝鮮不用擔心任何朝鮮生產的食物會有可能危害身體的化學添加劑的心理促進，更是覺得大同江啤酒果然是非凡的啤酒。如果以勞動黨的口吻，可以說這是只有在偉大的共和國才能品嚐到的偉大佳釀。

晚餐過半，丹東旅行社經理忽然出現在餐廳。果然如他所言，會從瀋陽搭飛機直抵平壤與我們會合。旅行社經理在朝鮮看起來是有些特權的，可以自由出入，而且無須官方人員陪同。經理酡紅着臉，笑容滿面地與大家寒暄，顯然他的事情處理得非常順利。

「小費已經給導遊了。」我和他耳語，他表示已經知道了，並且感謝我的臨時領隊職責，「明天就再坐飛機回去。」旅行社經理說完，轉身離開。很是羨慕他，朝鮮對他而言只是生意，事情辦妥，自然無須逗留。

再見到他，已經是旅行結束。他拿着我們寄存在旅行社的移動電話與其他電子產品，等候在丹東口岸。

二〇〇一年，加拿大漫畫師蓋．德利斯勒（Guy Delisle）受法國 Protecrea 動畫公司派遣，持着世所罕見的朝鮮工作簽證，在平壤四．二六兒童電影製片廠（조선 4.26 아동영화촬영소，Success Engage Korea, SEK）擔任了為期兩個月的動畫指導工作。

因為嚴禁拍攝照片，德利斯勒每天只能以漫畫的形式記錄下在朝鮮的見聞。工作結束之後，他將畫稿結集成冊，以《平壤——朝鮮之旅》（*Pyongyang - A Journey In*

North Korea）為名出版。

德利斯勒也住在羊角島國際飯店，十五層。繪本旁白寫道：「嘿，這一層有新來的人了。不需要超能力，就知道他們肯定是中國人。他們大開着門，穿着內衣褲看電視，而且直到深夜都還隔着房間大吼大叫。」❶

我們中國人不知節制的大嗓門果然世界聞名。

不過如果德利斯勒看到晚餐後回客房小憩的我們，那麼他將會有更令世人驚奇的關於中國人的故事可以畫在他的繪本中。

主席伉儷在客房裏掛上了「世界工商業聯合總會第六次海外高峰會」的紅布條幅，與神醫彼此站在條幅前為對方拍照留念。意猶未盡的，還要再找我們為他們拍攝合影。把一場旅行附加如此重大的意義，實在超出我們所有人的想像。大家交換眼神表示這實在未免太過丟臉，紛紛藉故趕着搭乘電梯下樓，逕自離開。

❶ Guy Delisle, *Pyongyang - A Journey in North Korea*, New York: Farrar Straus & Giroux, 2005.

德利斯勒繼續他的旁白：「還有一群中國人住在八樓，但他們在這裏樓下工作。酒店的這一部分包括賭場、桑拿、餐廳和迪斯科。在這裏工作的只有中國人。使用外國員工的好處是他們不會說韓語，可以避免他們同本地人接觸，其實這算不上甚麼危險，反正他們也不能離開這個島。朝鮮人是禁止進入這個從澳門引進的小小拉斯維加斯的。想來是為了保護他們不受腐朽的資本主義侵蝕。」❷

十一年後，二〇一二年，在金導遊特別囑咐並不是大堂而是地下室的羊角島國際飯店一層，桑拿與迪斯科（Disco）已經落伍不在，經營異國風味的餐廳似乎也緊閉着大門。仍然沒有倒閉並且開放着的，只有賭場。

說來如同一個反諷，沒想到我平生第一次走進的由政府批准的合法營業的賭場，居然是在閉關鎖國的社會主義國家朝鮮。無疑，這只是為好賭的中國遊客準備的。

❷ Guy Delisle, *Pyongyang - A Journey in North Korea*, New York: Farrar Straus & Giroux, 2005.

朝鮮生產的大同江啤酒。

「為共和國賺取更多的外匯」，成為了勞動黨不擇手段的遮羞布。

我進賭場完全是好奇，片刻離開。可是在越南留學的廣西小夥子，自稱有在越南賭場工作過的經歷。賭興勃發，兌換了大把籌碼，準備挑燈夜戰。神醫失眠，自然也是要在賭場中消磨長夜的。

在餐廳與電梯間之間，有一間僅供外國人持外匯消費的涉外商店。

一條通道，兩排貨櫃。貨櫃後站着兩位將近中年的朝鮮女營業員。能夠在羊角島國際飯店這樣的頂級涉外賓館工作，即便只是普通的服務人員，想必也是經過勞動黨的嚴挑細選。專業技能之外，堅定的政治素養更為重要。

「只要不給他們比較的標準，他們從來不會意識到自己受壓迫。」❶

❶ 喬治・奧威爾：《一九八四》，第二三六頁。

而在涉外賓館內工作，每天都可以看見比較的標準，可以意識到卻又不能意識到自己受壓迫，這樣的工作人員的確很難甄選。

不過一旦通過甄選，她們的工作待遇應當是要比普通平壤市民優渥的。保養得當，皮膚潔白，並且淡施粉妝。身材高挑，穿着淺色系的裙裝制服，得體幹練。如果不是因為她們腳下的厚底魚嘴鞋與肉色絲襪，她們的穿着打扮完全不落伍於朝鮮之外的世界。

陳列在羊角島國際飯店這間涉外商店裏的商品，除了捲煙與高麗參之類的土產以外，其餘吃用，全部是進口商品。

商品仍然使用朝鮮元標價，以「官方匯率」折算後，使用人民幣支付。意料之外的是，朝鮮頂級涉外賓館商店內所有進口商品的售價，均低於同類商品在中國普通商場內的售價。價格只大約等於該商品在中國的稅前價格，或者是中國本地生產的同類商品價格。

兩位莫斯科留學生同在店中，豪買易拉罐裝的喜力（Heineken）啤酒。商店中的價格也讓他們欣喜不已，「八塊錢一罐，太便宜了。同樣的價格在中國買的都是中國生產的合資啤酒。人家這裏賣的是荷蘭原裝進口的。」他們指着易拉罐上印刷的生產地和我說，「而且在中國幾乎還買不到。」

這實在匪夷所思。勞動黨總不至於在涉外旅館以低於進價售賣商品，補貼那些本就是打算賺他們錢的外國人。肯定是有利潤的，要麼就是勞動黨對售價心慈手軟，要麼就是中國對關稅心狠手辣。

兩位富裕的莫斯科留學生拎着半袋啤酒，等電梯打算直上四十八層。羊角島國際飯店的頂層，是巨大的旋轉餐廳。他們打算看看有沒有牛扒之類，吃些真正的好東西，滋潤這一天的枯腸。

我沒有同去，拎着幾瓶售價只有六元人民幣的台灣進口易拉罐裝果汁與一種朝鮮本國生產的礦泉水——神德泉水（신덕샘물），打算出酒店看看平壤的夜。

賓館大堂高大堂皇，瀋陽商人正在緊臨涉外商店的商務中心給家中打電話報平安。

客房床頭櫃上也有一部電話，另有一份電話服務說

明。說明中是可以撥打國際長途電話的，並且詳細列出了世界各國的國際長途區號，其中甚至有「美帝國主義」的，卻唯獨沒有韓國的——勞動黨不承認韓國的存在。

但是我試着撥打，卻發現一分鐘十七元人民幣的國際長途電話服務並沒有開通。我想倒不是因為不允許我們使用，而是我們的住宿費用由旅行社統一支付，額外的電話費不包含其中又無法與我們單獨結算的緣故。

也許是因為主要涉外經營的國際飯店，大堂中居然沒有懸掛領袖畫像，這是在朝鮮難得一見的例外。

不過在正對賓館大門的承重柱上，左右各鑲嵌着一組花朵造型的燈飾，分別代表象徵「偉大領袖」的金日成花與象徵「偉大領導者」的金正日花。

那算是隱匿着的，領袖們注視的目光吧。

賓館大堂外的空場上，江風寒冷。除卻身邊巨大的羊角島飯店，其餘一片黑暗，甚麼也看不到。

純粹的黑暗，雖然星月清朗。

平壤夜景，烏灘江岸大街迄西（上）和北去方向（下）。

客房

入住的客房，乾淨整潔，沒有絲毫異味，這是一件令人愉悅的事情。打開窗簾，看見樓下射燈向上打亮的窗台上，有濃烈的水霧翻騰。

客房窗戶西北朝向，窗外是平壤最為繁華的中區域（중구역）。對岸江畔，高大的金策工業綜合大學（김책공업종합대학）主體教學樓。教學樓內暗無燈光，只有底樓門廊上的巨幅「偉人」在幽冥的光線中獨笑着。

教學樓前是寬闊的烏灘江岸大街（오탄강안거리），沿江北望，建築有許多勞動黨機關總部的大同江東畔，燈火輝煌。

站在平壤的二十九層樓上，才發覺平壤的夜空也是明亮的。可是為甚麼來時路上，卻暗無燈光。那時已經夜深，肯定不是在我們晚餐的片刻，平壤才打開全部的燈。細看下，才發覺那些燈光只是在高大的建築而不是在街道上。又不知道有多少盞燈，照亮的只是領袖們的微笑，而不是百姓們腳下的路。

朝鮮中央電視台播放的領袖電影中群情激昂聆聽領袖演講的群眾。（上）
領袖電影中的金日成（中）和金正淑（下）。

這樣的反差，是令人錯愕的。

之前在賓館大堂的電梯間，居然會看見偶爾有衣着寒簡的普通朝鮮人出入。不知道他們為甚麼會出現在羊角島國際飯店裏，也許入住頂級賓館是勞動黨的一種獎勵，獎勵他們在自己的工作崗位上做出的傑出貢獻。這是作為社會主義同行的我們，唯一能夠想出的解釋。

就像當他們走出電梯間時，局促着腳步左右張望時的那種錯愕。當「比較的標準」忽然出現在眼前的時候，一切都與原來的苦難生活不同，人們無法不感到錯愕。當《一九八四》中溫斯頓．史密斯（Winston Smith）第一次走進大洋國核心黨員奧勃良（O'Brien）奢侈的家中時，表情中一定也會有那種錯愕。你忽然發現，原來並不是所有人都如你同樣困苦，那些高高在上的人們，享受着所有可以享受的榮華富貴。

正如你在高處，才有燈光。

書桌上有一台小電視，可以收到數個國際頻道，中文的中國中央電視台國際頻道與香港鳳凰衛視、日語的

朝鮮「國母」金正淑。

日本NHK電視台某頻道以及俄語的某俄羅斯電視台。朝鮮語的，只有朝鮮那唯一的一家，朝鮮中央電視台（조선중앙방송 / KCTV）。理論上，朝鮮另有一家信號僅覆蓋平壤地區，播出時間僅在周末兩天的萬壽台電視台（만수대텔레비죤），因為時間不湊巧，我是無緣得見。

賓館客房電視可以接收的電視節目，大概也是與電話同樣可以根據入住旅客情況而控制使用權限的。在入住羊角島國際飯店的普通朝鮮人的客房裏，朝鮮中央電視台一定仍然還是他們唯一可以觀看的電視頻道。

朝鮮中央電視台的播出時間與節目幾乎都是固定的，一成不變的。周一到周六工作日播出時間五個半小時，下午五點至深夜十點半，周日公休日播出時間自早上九點開始，結束時間不變。

每天的節目在音樂中開始，依次是朝鮮國歌《愛國歌》（애국가）、《金日成將軍之歌》（김일성장군의노래）與《金正日將軍之歌》（김정일장군의 노래）。歌頌結束以後是節目預告，然後是新聞和當天的報紙摘要。

傍晚是少兒節目，六點以後通常是革命宣傳紀錄片，

七點以後是電視片或者社教節目。七點五十左右會有配樂詩朗誦，沒有朗誦的人而只是一些靜止的風景畫。八點是新聞時間，朝鮮稱之為「報導」（보도），即相當於中國的《新聞聯播》。播音員慷慨激昂，新聞畫面中被採訪的工人農民與知識分子同樣慷慨激昂，並不時配以捶門般——忽然明白了新義州青年廣場上的「偉人」雕像手勢的意義——奮力的手勢。八點半開始通常播放影視劇，直到十點半左右重播新聞，然後結束全天節目。

當我打開電視的時候，正在播放一部朝鮮國產革命電影。電影中的男主角，在不斷的大會小會上，無休無止地喋喋不休，慷慨激昂。他必定是偉大領袖金日成同志，在電影裏他擁有神的力量。每個仰首聆聽得到他喋喋不休的人，原本瀕死的表情瞬間即可轉化，飽含熱淚，充滿希望。然後是如領袖一般激昂，如領袖一般狂熱。

終於，狂熱的人們敬畏鬼神般地寫下了一個名字——還好那時候的朝鮮還沒有嚴厲廢止漢字——金日成。然後，我一直以為的這部拍攝年代久遠的黑白電影，忽然轉化成彩色電影，一剎那我甚至以為我出現了幻覺。

一位漂亮的，非常漂亮的朝鮮姑娘在彩色的世界裏，深情地注視着繼續喋喋不休的領袖。也不知道她是愛上了領袖，還是愛上了喋喋不休，總之後來他們就走到了一起。所以，我想她應當就是其後生下「太陽」的，如今被朝鮮奉為「國母」的「偉人」正室金正淑（김정숙），雖然演員將「國母」美化得全無相似之處。

書桌上方的牆壁上，釘着一本朝鮮掛曆。為了方便作為羊角島國際飯店主要金主的中國人，掛曆以中朝雙語對照印刷。

日曆的紀年，是主體（주체）一百年，「二〇一一」備註在括號之內。朝鮮自一九九七年開始使用的主體紀年，以主體思想創立者金日成出生的一九一二年為元年，以後順序紀年。月日則等同西曆不變，以示為了「永遠傳頌和發揚創立了永恆不滅的主體思想，把革命和建設引向勝利的偉大領袖金日成同志的革命生涯和不可磨滅的業績，繼承並完成金日成的革命事業」。

與中國的日曆相同，節假日以紅色印刷。固定的周末，紅色的卻只有周日，因為在朝鮮仍然實行每周六天的工作制。除卻周日與傳統的春節、元宵、端午、中秋四大農曆節日，西曆日期固定的節日還有：

一月一日：元旦。

一月八日：金正恩誕生日。（這是二〇一二年才開始的新節日。）

二月十六日：光明星節。金正日總書記誕生日。

四月十五日：太陽節。金日成主席誕生日。

四月二十五日：朝鮮人民軍創建日。

五月一日：國際勞動者節。

七月二十七日：祖國解放戰爭勝利節。（一九五三年之朝鮮戰爭休戰紀念日。）

八月十五日：祖國光復節。（脫離日本統治並獲得解放紀念日，日期與韓國「光復節」相同。）

九月九日：朝鮮民主主義人民共和國創建日。

十月十日：朝鮮勞動黨創建日。

十二月二十七日：朝鮮民主主義人民共和國社會主義憲法節。

朝鮮的節日設置，幾乎全部與領袖以及勞動黨相關。重中之重的，自然是祖孫三代領袖的誕辰。日期不僅顏色鮮紅，而且字號明顯加大。

將近四月，將近主席百年誕辰太陽節。那部歌頌「主席」的電影在隨後兩天夜裏，重複播放着。雖然在朝鮮的幾天與世隔絕，但我卻並沒有興趣去看其他電視台關於當下世界的真相。我的興趣只在這個幾乎如同錄像般一成不變的朝鮮電視台，聽他們自說自話自己的幸福，如同他們的領袖一般，喋喋不休。

我甚至不敢把洗澡水開得太大，以免淹沒了電視裏的喋喋不休。

內裏設施頗為現代的浴室，就在客房進門的玄關左側。羊角島國際飯店是在二十世紀八十年代由一家法國公司設計建造，一切衛浴潔具也幾乎全部由歐洲進口。質量可靠，加之保養良好，三十多年過去，依然光潔如新。

唯一是朝鮮本國生產的，只有隱匿在盥洗台底的上下水管，是顏色暗紅的純銅水管。不覺得奢侈，只覺得

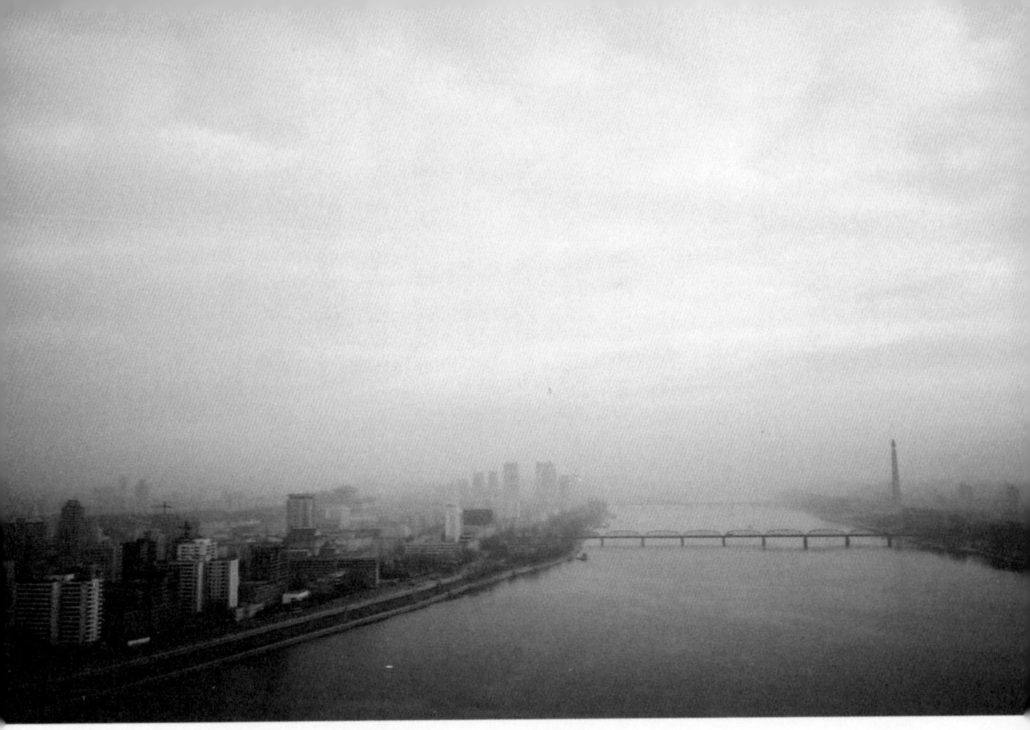

清晨，羊角島國際飯店二十九層樓上俯瞰平壤大同江兩岸。

可惜，作為極有戰略價值的金屬之一，銅似乎應當去做些更有意義的事情，而不是藏在屋角，或者站在街上。

在浴缸放滿了熱水。因為整潔，並且相信朝鮮國際飯店服務人員出於高度政治使命感的責任心，我想浴缸可以放心使用。而且朝鮮飯店浴室內不設地漏，只能在浴缸裏洗澡並且拉緊浴簾，「洗澡水積在地上是要罰款的。」金導遊在囑咐注意事項時特別提到。

雖然是有淋浴噴頭的，但躺在浴缸裏泡個熱水澡，無疑更為誘人。彷彿溫斯頓的情人裘利亞（Julia）幽會時給他帶去的真正的咖啡與糖，是奢侈的誘人。

可是奢侈地躺在浴缸裏的時候，卻忽然想起了來時路上，向着列車揮手的姑娘。

那個倚在黃土的河堤上，灰灰的小姑娘。

羊角島

平壤的夜晚是安靜的，尤其又是在孤立於平壤的大同江羊角島上。

一夜安睡。

唯一的噪音，是大同江裏的採砂船。採砂工人似乎有永遠完不成的生產任務，採砂作業不停不休，挖掘機的馬達噪音同樣陪伴了我們在羊角島的每個夜晚。

清晨，霧氣更濃，窗外如在雲中。

努力將身體探出窗外，在江風清冽的雲端俯瞰平壤，真是那麼美。沒有嘈雜，沒有污染，一切正如朝鮮所希望示與外人的那樣的美。

金導遊為我們制定的作息時間，六點早餐，七點出發。因為初來乍到的興奮，六點下樓到賓館二層的時候，旅行團所有團員都已經等候在大堂。這樣安靜的早晨，卻沒有一個人睡懶覺。門裏門外的，左顧右盼，各處都是新鮮的，只恨不能走遠。

最熱鬧的在賓館大堂正對着前台的休息區沙發上。神醫招呼瀋陽商人躺下，然後以神乎其技的推拿為他治療各種疾病。瀋陽商人表示神醫手下力大無窮，然後暢快的呻吟聲瀰漫在整個大堂。

大家都在大堂內逡巡，都在等待金導遊的安排。直

到見着領隊，這才聚攏過來詢問。

我已經真正把自己當作旅行團的領隊了。

顯然只有我仔細記住了金導遊的每句指示，早餐安排在與昨夜就餐的二號餐廳對門的一號餐廳。沒有餐券，不過門外迎賓的朝鮮服務員也沒有多加阻攔。可以憑口音吃飯的，能夠出現在朝鮮的大隊中國人馬，不是中國人民志願軍，就是中國人民旅行團。

一號餐廳比二號餐廳氣派許多，高大寬敞，擺滿可供十人圍坐的圓型餐桌。

早餐是標準的自助餐，與國內賓館並無二致。也算豐盛，主食米麵俱全，外加西餐麵包。幾道涼菜，之中略點綴些肉葷。有米粥以及牛奶，只不過牛奶喝起來應當是由奶粉沖泡而成。沒有水果。但是各種食物廚房製備的數量充足。同樣數量充足的，還有餐廳裏的服務人員。旅遊淡季，就餐人數有限，所以時常是餐廳裏的服務人員要遠遠多過就餐的食客。

漂亮的朝鮮女服務員們負責接待客人，或者在吧台內銷售非自助酒水。男服務員們穿梭在廚房與餐廳之間，

及時補充着每一種看起來份量不足的食物。

他們的工作是嚴肅的，嚴肅得讓人感覺壓抑，壓抑得讓在餐廳中就餐的中國人忘記了大聲喧嘩的本能。只是默默埋頭吃飯，把面前餐盤中的食物吃得乾乾淨淨——沒有人好意思浪費——然後匆匆離開。

結束早餐，距離旅行團出發旅行還有大半個鐘點的時間。難得在白天能有的空閑時間，可以在羊角島國際飯店之外的羊角島上，「二加二等於四」地自由活動。

能夠被允許的活動地域，只有飯店門前的停車場，這是金導遊預先的指示。中國遊客安分守己，即便在停車場上活動，也只是心照不宣地儘量只在靠近飯店的半側活動，以免走得太遠，讓不知道在哪裏窺探的眼睛誤會我們有擅自離開的企圖。

其實是很難離開的。

羊角島所在，是大同江水南來轉而西去的水灣處，所以羊角島也隨水灣形成由東北向西南的自然弧度。因弧如羊角，才得名羊角島。

有羊角橋（양각교）東西横跨大同江與羊角島。

羊角橋下羊角島，南有羊角島足球場（양각도축구경기장），北是只有在朝鮮兩年一屆的國際電影節時才會開放的平壤國際電影會館（평양국제영화회관），這兩處均不在我們的參觀之列。電影會館再向北，直到羊角島北端盡頭，才是羊角島國際飯店，距離出島的羊角橋已經很是遙遠。

遙遠間的道路絕少行人，除卻兩排路燈，甚至沒有一棵樹木可作遮蔽，坦然得讓人見了便斷了走出去看看的念想。

旅行社客車已經早早等候在停車場。乾淨整潔果然是朝鮮民族的天性，等候在停車場的所有司機們，都在認真仔細地擦拭着他們的汽車，如同就是自己的汽車。

白天裏才發現朝鮮國際旅行社使用的居然是韓國現代牌（Hyundai）客車，這讓我們大為詫異。在極度敵視韓國的朝鮮，不允許我們攜帶任何韓國物品入境，賓館電話簿上甚至不註明韓國這個國家，卻在使用一輛韓國汽車接待我們——而這又是我們在朝鮮期間見到的唯一一輛韓國汽車，並非因為普遍才使用——這實在讓我們每個人都感覺困惑，卻又不好意思詢問原因。

停車場西側是羊角島國際飯店的附屬建築，也是朝鮮工作人員的出入之地，不便靠近。所以貌似隨意，卻又像是故意的，旅行社客車泊在停車場東側。

停車場東側緊鄰大同江，因為羊角島分流，水面不寬。對岸是平壤船橋區域（선교구역），在羊角島北面大同江寬闊水面工作的採砂船，採滿河砂以後泊在東岸裝卸。與夜晚燈火璀璨的大同江西岸中區域相比，大同江東岸顯得荒涼冷清。

大同江，發源於朝鮮北部慈江道，全長四百五十公里。流程蜿蜒，但總體呈東北至西南走向，最終經由南浦（남포）注入西朝鮮灣（서조선만）。

自平壤東北而來，西南而去的大同江，在平壤市區卻是一段幾乎北南徑直的水面。恰可將平壤分為西平壤（서평양）與東平壤（동평양）兩部。

古代平壤，始終位於大同江西岸。所以正如金導遊所言，西平壤是平壤的繁華所在。而東平壤則因為開發

較晚，相對落後。

在羊角島水岸低處，砌有蜿蜒石徑。石徑後一排低矮樹林，其實是難得的休閑去處，可是卻寂無一人。羊角島國際飯店與停車場整體修築在數米高的基座之上，四周以石欄圍擋。

瞥見不遠處的基座之下，兩間平房，應當是清潔人員的庫房，有朝鮮工作人員出入存取潔具。為方便他們往來飯店大堂，在圍擋上開有豁口，鋪以石階貫通。心中竊喜，左右張望，趁人不備，迅速掩身溜下江畔。

在朝鮮第一次脫離眾人視線的單獨行動，雖然緊張可更多的是興奮。金導遊只是說走出羊角島罪無可赦，我總還是身在羊角島上。四面臨水，我也不至於在冬天泅渡大同江只為瞥一眼對岸的平壤。更何況，無所不知的勞動黨應當知道，我不會游泳。

基座之上，是羊角島國際飯店大堂所在的二層，而賭場所在的一層其實並非地下室，只是處在基座平面以下而已。從牆外巨大的抽風機出口可以看出來，建築在一層東側外圍的是賓館後廚。躡手躡腳地從後廚門前走

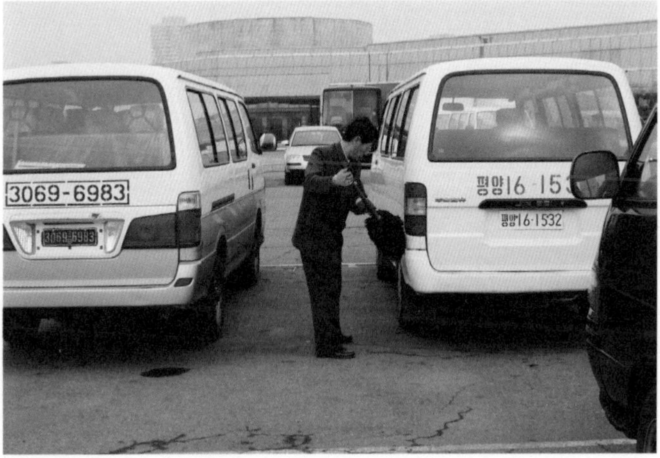

羊角島國際飯店停車場，擦拭汽車的朝鮮軍裝司機。（上）
大同江中的採砂船。（下）

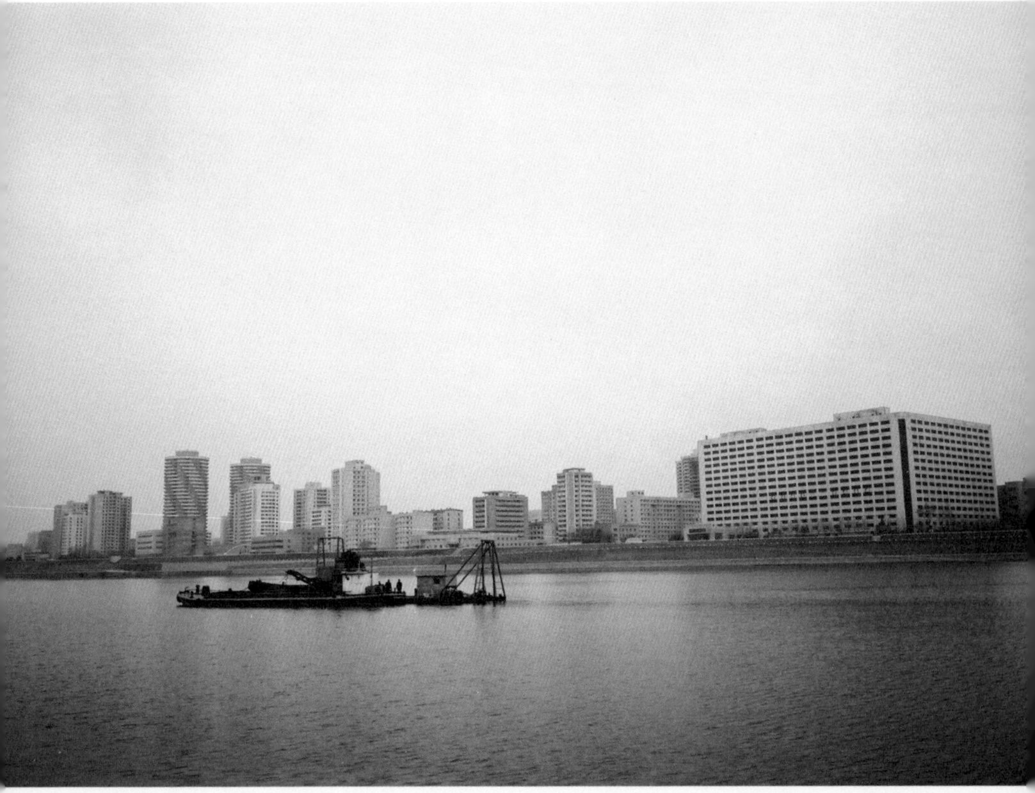

西平壤，烏灘江岸大橋迤西。（上）
羊角島站端北望大同江，遠處大同橋。（下）

過，聽見內裏有歡快的朝語交談聲。

還有撞見的一位穿着清潔工制服的女工作人員，她友善地回報我的微笑，然後繼續着微笑垂首與我擦身而過。相比較起來在餐廳裏與旅客打交道的服務員，在避人的自己的世界裏，這些在涉外賓館工作的朝鮮人才恢復出普通人的本來面目。不再那麼嚴肅，不再不苟言笑。

轉過彎去，羊角島正北，是逆着江水的一片淺灘。江水與江風迎面撲來，遠處是上游的大同橋（대동교），以及大同橋遠處、東岸的主體思想塔。回身再看，才明白羊角島國際飯店建在羊角島盡處的用意。

一百七十米高的羊角島國際飯店以三棱柱體修築，最寬的棱面向南，而迎着江風的，是尖銳的樓體側棱，向兩面伸展開來的高大潔白的樓體，彷彿是巨大的船帆。

羊角島是一艘帆船，逆着大同江水。

忽然，若有若無的廣播聲隨風吹來。雖然聲音微弱，但語調依然激昂而憤怒。一如我們小時候，每天早晨六點半，會準時聽見城市上空有不知哪裏的大喇叭開始播放：「中央人民廣播電台，現在是新聞和報紙摘要時間……」然後是領袖多麼的光榮與偉大，敵人多麼的猥瑣與殘暴。

一切寧靜，蕩然無存。

擔心旅行團將要出發，不敢逗留太久，匆匆返回。淺灘走回江畔石徑的時候，正看見飯店西側的夾道裏，朝鮮工作人員上班。她們排着兩行縱列，整齊地踏步向前，然後在一位背手背身看着她們的領班前，轉入房間。

我也回到房間，收拾行囊，準備在朝鮮第二天的旅行。在枕上留下十元人民幣的紙鈔。朝鮮旅行須知裏有禁止小費的注意事項，但是既然導遊可以慣例收取，如此禁制無非又是一則表面文章。

我是希望飯店裏普通的朝鮮員工可以多一些收入，但還是有些擔心，不知道客房服務的朝鮮員工是會欣然收下小費，還是會鄙夷我這種歧視勞動人民的資產階級行徑。

入夜回去的時候，小費不見了。

08

평양

平壤

「在普通朝鮮百姓的心中，朝鮮只有兩部分：平壤，以及平壤之外。」

已經過了約定出發的時間，張望着來時的道路，我們假想的情境是，導遊與攝影師肯定是搭乘着羊角島國際飯店的員工班車，昨夜「平平安安回家去」，今早「高高興興上班來」。

終於看見他們，大家才驚愕地發現，他們不是從平壤的家中而來，而是從賓館的客房中而來。原來他們昨夜並沒有離開，而是與我們一同入住在羊角島國際飯店。

好吃好住，好喝好玩，既可以替勞動黨賺外匯，又會有中國人給小費，朝鮮國際旅行社的工作，果然是一份油膩的差事。

清點人數，各自坐定，金導遊開始向大家介紹相關旅行事宜，以及新的注意事項。

第一要務，仍然是反覆強調的，沿途嚴禁拍攝，「我們還是有一些落後的地區，如果你們拍攝是不友好的。」金導遊越是這樣解釋，我卻越是想在沿途拍攝。

不過這並不容易，導遊與攝像師在客車上坐成經典的前後押運式——金導遊在第一排過道左側，司機身後；尹導遊在第一排過道右側守門；面色陰鬱的攝像師坐在車尾倒數第二排過道左側，依然仰靠在椅背上，雙眼微闔，讓人難以捉摸他究竟是在看着哪裏。

我們旅行團人數十幾名而已，客車內空着一半的座位。但是導遊與攝像師在隨後幾天的行程裏，再也沒有變換過他們崗哨般的座位。

為了尋找一處可以沿途拍攝的位置，我幾次變換座位，直到坐定在最後一排——攝像師之所以沒有直接坐在最後一排，實在是因為那排座椅既不舒服，而且也太過顛簸——靠窗的位置。雖然側前排的攝像師，眼睛餘光仍然能看見我，但是在他轉身看向窗外，並且導遊沒有回望時，我會有片刻脫離監管的時機。

只是這樣的時機極難把握。在脫離監管的狀態下就會是明目張膽地舉起相機拍攝，而攝像師與導遊卻會隨時轉過身來。一旦在這種狀態下被發現，明知故犯，無可辯解，可能就會被特別關照，徹底失去拍攝的機會。於是這讓我在旅途的大多時間裏，神經都處於高度緊張的狀態。別人與別人的親朋好友旅行，我卻在與我的腎上腺素旅行。

第二要務，就是要求我們在朝鮮的旅行行程中，要

如同朝鮮人民一樣稱呼他們的領袖：

「偉大領袖金日成主席」，

「偉大領導者金正日將軍」，

「最高司令官金正恩同志」。

不可直呼其名，那是不禮貌的。更不可玩笑，不可冒犯，那又是不友好的，是會傷害到朝鮮人民感情的。

我們唯唯諾諾，低聲背誦的聲音開始在客車中瀰漫開來。大家都很認真，生怕觸碰到朝鮮人民那顆與勞動黨同樣敏感而又脆弱的心靈，這讓金導遊很滿意。

一九八六年建成的羊角橋，恰如年歲的老舊。清晨，與我們的旅行客車一起走在老舊的羊角島橋上的，還有許多普通的平壤市民。正是上班時間，他們步履匆匆。

跨越大同江，跨越烏灘江岸大街，在背誦領袖們冗長的聖號聲中，我們已經身在西平壤。

平壤，勞動黨的平壤，領袖的平壤，終於在晨曦中，寂然出現在眼前。

平壤

平壤（평양），字如其意，平坦的土壤，平壤城建在大同江河谷平坦的土壤之上；平壤（Pyongyang），漢源詞彙，音也如其字。

「偉大領袖」更為急不可待地去中國化，在朝鮮，一九四九年起，勞動黨已經嚴禁漢字出現在任何印刷品中。取而代之的「諺文」（언문），由李氏朝鮮王朝第四代國王世宗召集學者人工創製，由音標符號組合的表音文字。

對於西方人而言，「東亞漢字文化圈」國家的文字全部科學地歸類為「天書」。天書國家彼此而言，日本語中因為仍然大量使用漢字，所以中國人與日本人之間，互見彼此文字，多少可以猜測些大意。而對於「諺文」，中國與日本也皆視其如天書，除了夾雜其中的阿拉伯數字，斷沒有認識任何一個字的可能。

還好朝鮮語中漢源詞彙讀音依然彷彿漢語，所以無法識讀卻偶爾可以從讀音中分辨出一些朝鮮單詞，比如

「平壤」。

對於中國而言，朝鮮實在有太深的淵源。

過去如此，現在依然如此。

看着朝鮮的現在，就是看着中國的過去，還有許多彷彿是過去了的現在。

旅行團團員的年齡、籍貫、身份等等，千差萬別，但是前往朝鮮旅行的目的卻大體相似，緬懷自己的過去，或者參看過去。當然，為了籌辦「第六次海外高峰會」的幾位團員除外。

平壤，在勞動黨的行政區劃中，全稱為「平壤直轄市」，由勞動黨直接管轄。對於勞動黨而言，平壤是勞動黨的聖城；對於普通朝鮮百姓而言，平壤同樣是他們的理想之國。

在普通朝鮮百姓的心中，朝鮮只有兩部分：平壤，以及平壤之外。如果有幸成為平壤市民，即便在平壤只是勉強糊口，也依然屬於人上之人。在生活的各個方面，平壤市民都能得到更好的保障。尤其是食物配給，平壤市民的配額最多，最豐富，也最不容易憑空消失。

以消滅階級差別為綱領的社會主義朝鮮，等級森嚴的階級差別卻無處不在。「平壤市民」這一代表朝鮮市民階級最高等級的身份，也便被勞動黨用來作為獎勵或者懲罰的手段之一，恩賜或者褫奪。

能夠成為平壤市民或者繼續居住在平壤，第一要務，是在政治上不能有任何瑕疵。

在忠於領袖，在忠於勞動黨這件事情上，不能有任何瑕疵。而且這種瑕疵不僅僅只是個人的，不僅僅只是個人潔身自好便可以保證不出問題的。在社會主義國家，包括曾經的中國，政治問題是要論「出身」的，是要追溯三代甚至更廣的。

有政治瑕疵的人，或者屬於有政治瑕疵家庭的人，無論如何都沒有居住在平壤的機會。瑕疵越大，允許生活的城鎮鄉村距離平壤越遠。如果被勞動黨認為是政治上的罪人，那麼就將直接發配集中營。

政治忠誠是最重要的，至於刑事犯罪的人，反而不受此限。

在光榮的平壤，必然政治純潔的平壤市民金導遊是

自豪的。他不時提醒我們注意觀看出現在客車左右的宏偉建築，甚至還沒有來得及講解完上一處的「偉大領袖」紀念宮，下一處「偉大領導者」的紀念塔又緊隨而至。

只論城市建築，尤其是那些具有紀念性質的建築，平壤是令人印象深刻的。甚至可以如勞動黨所期望那樣的，看起來像是一座雄偉的城市。

平壤城市中所有重要的建築，無一不是風格強烈的斯大林式建築（Stalinist Architecture），一如斯大林時期蘇聯的各種藝術形式一樣，建築藝術風格也呈現了強烈的意識形態特徵。為「讚美共產主義的理想社會秩序」做出貢獻，這些建築氣勢磅礴，高大宏偉，佈局對稱，裝飾富麗堂皇，以顯示共產主義的革命激情與榮耀。

與正統的斯大林式建築不同，卻與中國民族化的斯大林式建築有相似之處的是，平壤同樣以漢式——繼承自漢式，標準的說法是「朝鮮式」——歇山頂取代了斯大林式建築經典的哥特式尖頂，以此表現「社會主義的內容，民族的形式」。

無數的斯大式建築，無處不在。彷彿是勞動黨向朝

鮮人民展示出的他塊壘的肌肉，不惜工本，極盡奢華。

雄偉又奢華的建築是可以感染人的，金導遊的自豪發自肺腑。的確，如果他只是往來朝鮮與中國的話，如今中國城市中完全風格錯亂的城市建設，實在遠遜平壤。

保持着統一的斯大林式建築風格的平壤，看起來彷彿是二十世紀七十年代的北京。坐在「現代」客車裏，打量着車窗外的平壤，各處都是陌生的，各處又都是似曾相識的。

看着朝鮮的現在，就是在看着中國的過去。

彷彿置身於一座巨大的電影院裏，看着米開朗基羅．安東尼奧尼（Michelangelo Antonioni）在一九七二年拍攝的《中國》（*Chung Kuo - Cina*）。

形似，神也似。

自然而然，金導遊提起中國旅行團久違但卻知道的福利分房制度。來自房價異常昂貴的中國旅行團，必然會對此感慨萬千，許多團員甚至不由自主地讚美起勞動黨，這是金導遊意料之中的效果。

這同樣令金導遊自豪。在社會主義公有制的朝鮮，一切土地屬於勞動黨，土地上的一切房屋同樣屬於勞動黨。所有朝鮮百姓的住房，同樣實行配給制，就是所謂的「福利分房」。

「國家分給我的房子大約八十平米。」金導遊開始仔細講解並且耐心回答聽眾提問，中國遊客的羨慕之情是值得享受的，「在我們朝鮮，只要結婚，國家就會分配住房。因為我結婚不久，還沒有孩子，所以八十平米的房子在平壤是屬於最小的住房了。嗯。」

旅行團中各種驚歎感慨，此起彼伏。金導遊開心地繼續說：「在農村，房子也是國家出錢蓋的。」不僅如此，可能為了加深我們身非朝鮮人的痛苦，金導遊甚至詳盡地向我們介紹平壤市民住宅所需的水、電價格之低廉，「和房租一樣，都只是象徵性的，再窮的人也能付得起。嗯。」金導遊自信地說，「如果以後有孩子了，還可以換更大的房子。」

「當官也能換大房子吧？」旅行團中有人打趣到。

「嗯。國家分房是根據幹部級別的，對國家的貢獻越大，國家就會有更好的福利。嗯。」金導遊巧妙地把當官分大房子這件事情解釋得冠冕堂皇。

就福利分房的話題，旅行團團員與金導遊進行了旅行途中最為熱烈的一次談話。在中朝兩國人民加深了解的談話進行中，仍然興趣在車窗外的我，注意到了金導遊所說的那些福利分房所在。

平壤的居民樓，仍然是赫魯曉夫樓形制。不過臨街的居民樓樓屋都加高在六層以上，而六層以下的居民樓大多都巧妙地隱藏在臨街高大建築的後面。

在金導遊匆忙提醒大家，剛才經過的就是「朝鮮最大的永生塔」時，我注意到在路旁的土坡上，有一棟沒有完工的十層居民樓，不知道甚麼原因，不再有施工的迹象，樓外的腳手架也已經完全撤去。樓體與在平安道朝鮮農村看見的未完工的赫魯曉夫樓居然別無二致，單薄的牆體、單薄的預製板樓板，看不到任何裸露在外的鋼筋。而且不見有電梯間，考慮到朝鮮的電力供應現狀，六層以上的居民樓同樣不予安裝電梯也是意料之中的事情。

勞動黨的福利分房，實在已經力不從心。能夠完成分配，就是天大的功勞。至於房屋建築質量、百姓居住安全，一切其他等等，只能是得過且過了。

如果金導遊以後有了孩子，我倒是覺得他還是住在以前的房子裏比較好些，畢竟在朝鮮，年代越久的東西反而質量越好一些。可惜這只能是我的一廂情願了，在朝鮮房屋的分配安置，一切以勞動黨的意志為轉移，普通百姓是無權處置的。

朝鮮《刑法典》第一百四十九條，有專門的一款「非法轉讓和接受國家住房罪」：通過給予或者收受財物，非法轉讓、收受或者外借國家所有住房的，處兩年以下勞動改造。❶

即便是建成有些年頭的居民樓，建築質量似乎同樣糟糕。與新義州街頭所見相似，大多牆皮鼓包剝落，裸露出的同樣粗糙的免燒空心牆體，看不到幾棟像樣的磚

❶ 陳志軍：《朝鮮民主主義人民共和國刑法典》，第三〇頁。

樓，更談不上甚麼整體澆築。不過，牆體粉飾工程正在整個平壤進行中。當時，「偉大領袖」的百年誕辰將至，那可能將是勞動黨歷史中最為盛大的太陽節。

百年一遇的，必然空前又絕後。

為了這場慶典，平壤到處都在進行粉飾工程。破敗嚴重的牆體外用竹竿搭起腳手架，工人或者人民軍士兵站在高處修補塗刷。城市公共設施，公路護欄之類，也在清洗補漆。在平壤的很多路段，道路兩側看起來煥然一新，隱約有些十八年前「偉大領袖」在世時的模樣。

平壤，一座由高大奢華的斯大林式建築與低矮簡陋的赫魯曉夫樓構築的城市。

一如勞動黨與他的人民。

還有我忘了提醒金導遊，中國以前也是福利分房的。中國人懷念福利分房，但卻沒有人願意再回到福利分房的年代。

那麼封閉，那麼貧困。

公共交通

平壤火車站幾乎就在羊角島橋向西北的延長線上，一公里而已，莫怪昨夜兩地間片刻即到。

平壤建城歷史雖久，但是屢次毀於戰火，新城大體即以平壤火車站為中心再建，平壤火車站自然成為平壤的城市核心區域。

平壤火車站站前廣場，一如來時的新義州火車站站前廣場，人潮洶湧。不過平壤市民等候的，不是火車而是公交電車。

因為地處城市核心，又有榮光大街（영광거리）與蒼光大街（창광거리）兩條城市主幹道在此交匯，平壤火車站也是平壤公交交通系統中最為重要的一站。

在上班的早高峰時，分散在火車站前路旁的每處公交站牌前，都站滿了候車的平壤市民。與我們的旅行客車同時出站的，是一輛擠滿乘客的紅色有軌電車。造型古樸的有軌電車，還是「偉大領袖」健在時的國際援助物資，大約是二十世紀五十年代東歐社會主義國家生產。

「久歷風塵，該慶古稀高壽，可是『苦難的行軍』時期，未便退休。」

電車是平壤地面公共交通系統的主要組成部分。根據勞動黨的官方數據，勞動黨為平壤市民在平壤構建有總長一百五十公里的無軌電車線路，以及總長五十三公里的有軌電車線路。

平壤的公共電車，五顏六色，五花八門。無論是有軌的還是無軌的，很難從中找到相同的兩輛，看起來彷彿是世界公共電車博覽會以及考古展。肯定不是由勞動黨統一購買，而是朝鮮歷年來所得的各國援助物資。朝鮮近年的援助主要來自中國，而中國的城市公共交通系統中，有軌電車幾乎已經絕迹，這直接導致平壤有軌電車的超齡服役。而嶄新的有軌電車，甚至汽油發動機的雙層巴士，因為中國仍然在產，在平壤反倒屢見不鮮。

朝鮮無軌電車最為有趣的是噴繪在車體兩側的紅色五角星。每一顆紅色五角星，代表該輛無軌電車安全無事故地行駛五千公里。有嶄新的電車噴繪着十幾枚紅星，而老舊的電車卻只有三兩枚紅星，看來一旦發生交通事

故，所有的紅星都將會被清零重新積累。

這是對無軌電車安全認證的不錯方法，只是選擇餘地無多，一顆紅星沒有的無軌電車也同樣人滿為患。

有軌電車的軌道鋪設在公路兩側，年久失修，鋪設軌道的路面破碎極為嚴重，以至於有軌電車行駛時噪音巨大。噪音充作無時無刻的鳴笛警示，加之固定軌道的高安全性，也便無需在有軌電車的車體上噴繪紅色五角星。

一處十字路口，恰巧與一輛有軌電車並列停車等候。老舊的匈牙利產有軌電車由前後兩組車廂組成，為了方便乘客上下電車，底盤極低幾乎緊貼路面。

我的窗邊，是一位坐在電車後組車廂車尾，穿着紅衣的朝鮮姑娘。她的懷裏抱着鼓鼓囊囊的書包，學生模樣。我看見她搭在書包上的手裏，捏着一張藍色朝鮮元，應當是用來購買電車車票的票款。幸好在去朝鮮旅行之前，我熟記了新版朝鮮元的特徵。我認得出來，小姑娘手裏拿着的是一張五元的朝鮮元紙幣——新版朝鮮元紙幣中，只有最低面額的五元是藍色。而且可以看見正面印着的圖案為雙人半身像，同樣也是五元面額紙幣的特

平壤，搭乘公交有軌電車的市民。（右）
平壤街頭的計程車（左上）和車裏的乘客（左下）。

TAXI

徵。其他面額或者是三人半身像，或者是風景，或者是大面額紙幣上的「偉大領袖」肖像。

五元新朝鮮元，以真實匯率折算為人民幣，不足半厘。無論是用來買票，還是已經買完票後的找零，都可以看出平壤公共交通系統的票價是極其低廉的。

無疑，平壤公共交通系統同樣是由國家進行補貼的。

平壤的地面公共交通系統，電車之外，還有少量的計程車作為補充。

數量幾乎可以忽略不計的平壤計程車，很少在平壤街道上看見。旅行客車在某座立交橋盤旋而下的時候，看見五六輛計程車停靠在立交橋下的綠化帶旁，司機們就着一小桶水，認真仔細地擦拭着他們寶貝的汽車。

他們的汽車品牌、顏色與新舊程度完全不同，唯一能顯示計程車身份的，只有安裝在車頂的有「TAXI」字樣的頂燈。作為奢侈的交通工具，據說平壤的計程車主要是為外國人服務的，車燈上僅有英文標識似乎也印證了這種猜測。

幸運的是，坐在客車最後一排，又總是東張西望、前後打量的我，居然在平壤的街道上看見一輛正在運營中的計程車。一輛蘇聯生產的拉達牌汽車——八十年代的北京出租車車型——雖然以天藍色油漆重新塗刷，但依然難掩老舊。車體兩側噴繪有黃黑兩色方格圖案，是平壤計程車的另一種識別標誌。

恰巧前方又是一處十字路口，當計程車緩緩停在客車車後的時候，我看得清清楚楚，乘坐在副駕駛座位上的乘客，分明是一位朝鮮市民，他上身穿着只有朝鮮人才會穿着的「偉大領導者」式卡其色夾克衫。

鑒於外國遊客在朝鮮處處行動受限、全無自由的現實，估計只有像丹東旅行社經理那樣在朝鮮有一定特權的商人才會是平壤計程車的主顧。可惜朝鮮失敗的經濟改革，讓平壤的各國商人越來越少，平壤的計程車市場自然也隨之一蹶不振。依靠朝鮮權貴階層照應着，平壤多少還能孑遺些計程車，標本般裝點着平壤的街道。

而更多的平壤市民，正走在人行道上。步履匆匆，或者是趕去地鐵，或者索性直接步行上班。上班的人群中，還有許多手拿紅色與粉紅色紙絹假花——代表象徵「偉大領袖」的金日成花與「偉大領導者」的金正日花——的市民，他們隊列整齊，穿街過巷。

為了迎接盛大的「太陽節」，他們正在趕去哪裏，排練大型團體操表演。

自行車

除了穿越十字路口，平壤公路是僅供機動車輛行駛的。

甚至自行車，也只能在人行道上騎行。不過人行道上的行人完全不用擔心安全問題，偌大的平壤只有很少的自行車在騎行。

如果問朝鮮某樣商品在哪裏最多？答案一定是平壤第一百貨商店（평양제 1 백화점）。那裏有為了表現朝鮮的富足而展示出的各類商品，比如在新聞畫面裏看見的，幾十輛由中朝合資的平津自行車廠生產的嶄新自行車。

作為展示性商店，平壤第一百貨商店以前只有在領

袖誕辰，或者有關勞動黨的重大節日裏，才憑票向平壤市民限量供應商品。失敗的經濟改革之後，平壤第一百貨商店開始正常營業，並且涉外。外國人憑外匯購物，朝鮮人直接使用朝鮮元購物——如果有的話。遺憾的是我們的旅行團並沒有平壤第一百貨商店的行程，所以我也沒有機會見證朝鮮的富足。

沒有在平壤第一百貨商店看見的自行車群相，在一處街旁空場中看見。附近高樓中應當有大型黨政機關，所以空場中設置了專供自行車使用的簡易停車場，停放着四排大約一百輛左右的自行車。所有的自行車形制相似，均是斜樑車架，安裝前筐，以及磨電機與車燈——這是朝鮮自行車的特別之處，哪怕是在白天，車燈也是必須點亮的。同樣的，汽車也是如此，必須開燈行駛，彷彿這個國家不是能源緊缺而是過剩。金導遊解釋說如此是為了安全，匪夷所思。

即便這些自行車全部騎行在路上，相較於三百餘萬城市人口，平壤的自行車保有量還是少得可憐。在西平壤幾處繁華十字路口，自行車數量甚至不及已算川流不

平壤街頭的自行車。

息的汽車。

在沒有私人汽車的朝鮮，看來作為私人財產的自行車，如同計劃經濟體制時代的中國，是普通百姓家庭難以擁有的奢侈品。那個時代，普通中國百姓的月收入大多長期停留在三四十元人民幣的水平，而一輛自行車的售價卻高達一百五十元左右。購買一輛自行車，衣食無憂之後，需要積攢數年時間。更為困難的是，自行車屬於配給商品，限量供應。現金之外，還必須搭配有二十張左右的、專供購買工業商品的工業券。而工業券的發放，又是按照工資比例，大約二十元工資配發一張。總而言之，就是物資極度匱乏，需要想盡辦法將百姓節衣縮食節省下的購買力進一步限制到最低。

在體制相同，經濟情況更糟的朝鮮，購買自行車的難度可想而知。

後來在與平壤金日成體育場一路之隔的月香商店門外，我脫離導遊們的視線，獨自走在平壤街頭。當然不敢走得太遠，卻恰好遇着一位平壤市民，支起他的自行車左右張望，像是在等着誰。

掛着「自行車真不錯，沒見過想仔細看看」的表情，我謹慎地走進他，然後蹲下拍攝他與他的自行車。也許是我多慮了，他對我視而不見，沒有制止。往來的平壤市民同樣對我視而不見，平靜走過。不知道是我蹲下時可以隱身，還是勞動黨禁止朝鮮百姓與外國人接觸，即便是我嘗試着以微笑示意，他們依然只是回報以沉默走開。

他有一輛很高級的自行車，完全不是朝鮮中朝合資工廠生產的那種普通貨色。車架相當別致，應當是進口的高檔自行車。

脫北者——逃離北朝鮮的朝鮮人的稱呼——姜哲煥（강철환）在他那本著名的《平壤水族館》（수용소의 노래，*The Aquariums of Pyongyang*）中提到，當他被以政治犯後代的身份關押在咸鏡南道耀德（요덕）集中營的時候，每個集中營警衛都有一輛朝鮮國產自行車中品質最好的海鷗牌自行車。

集中營的警衛們對於政治犯以及他們的孩子殘忍暴虐，但他們對待自己的自行車卻是「寶貝有加」，因為即便是對他們也算得來不易的自行車，是「身份

的象徵」。❶

所以，他只是推着他的自行車站在那裏，身份已經不言自明。因為那輛高檔自行車，他一定得到過許多讚美與豔羨。所以有外國人拍照，也便不足為奇了。

關於自行車，最大的傳聞是說在朝鮮禁止女性騎行。這居然是事實，在平壤街頭，騎行自行車的，所見到的，無一例外都是男性。

在《我們最幸福》那本書裏，一九七三年出生在清津市市郊，最後同樣成為脫北者的化名為美蘭（Mi-ran）的姑娘，講述了另一個關於朝鮮自行車的故事，關於女孩子騎自行車的故事：

> 在當時的北韓，女孩子不許騎腳踏車。這是一種社會污名——人們認為女孩騎腳踏車不堪入目而且帶有性暗示——朝鮮勞動黨三令五申，想使其在技術上成為非法。美蘭對這項規定視若無睹。她從十一歲起就騎着家裏僅有的一輛二手日製腳踏車前往清津。只要能擺脫村子給她的壓迫，任何地方她都願意去。這段路對一個孩子來說相當辛苦，大約三個小時的上坡路，只有一部分是柏油路面。男人騎着腳踏車試圖趕上她，咒罵她的無恥。
>
> 「你這個蕩婦，」他們對着她叫嚷。
>
> 有時候，一群青少年疾馳到路上想撞倒她。美蘭會大聲斥責他們，對方用甚麼話罵她，她就用同樣的話回罵。最後，她學會不去理會這些人，繼續踩着踏板前進。❷

女性不能騎自行車，是封建社會的男尊女卑的思想作祟。這是落後的文化，是與其認為代表着最先進文化思想的社會主義國家意識形態格格不入的。

不論基於甚麼原因，如果先進的勞動黨要繼續禁止

---

❶ 姜哲煥、皮耶．李古樂：《平壤水族館：我在北韓古拉格的十年》，鍾玉玨譯，台灣：衛城出版，二〇一二年，第一〇二頁。

❷ 芭芭拉．德米克：《我們最幸福：北韓人民的真實生活》，第三四頁。

女性騎自行車，那麼一定要有一個更好的理由。於是金導遊向我們傳達了勞動黨的解釋：因為二十世紀九十年代末，勞動黨高官吳克烈（오극렬）的女兒，在平壤市中心騎自行車時遭遇車禍身亡。「偉大領導者」聽聞以後，「十分痛心」，出於對朝鮮女性的關心與愛護，這才忍痛下達了「禁止女性騎自行車」的指示。

隨後，朝鮮中央電視台還製作了宣傳片，引用醫學專家的分析稱：「女性缺少應對突發事件的『情況處理能力』，瞬間會不知所措，會引發大型事故。」

一樁公案，就這樣由封建餘毒，轉化為了領袖關愛。

在朝鮮，女性被禁止的行為，還有禁止穿着褲裝而只能身着傳統裙裝。可是，從新義州到平壤，所見朝鮮女性絕大多數穿着褲裝，無論老幼。

最先進文化思想的化身「偉大領袖」可是有旨意明確反對的，他曾經說過：「褲子是男人穿的。」

勞動黨為何厚此薄彼，厚褲薄車？

仍是冬末，天氣依然寒冷，穿着褲裝總暖過裙裝；能夠騎自行車上下班，總好過徒步或者花錢搭乘公交車。

可是，像自行車這樣的高科技產品，勞動黨實在無力生產太多。禁止女性騎行，對於自行車的需求自然大為降低，配給額度也便可以理所應當地減少。其實，處心積慮削減生活配給的勞動黨也是多慮了。自行車那麼昂貴，可不比一條褲子。如果一個普通朝鮮家庭中能夠擁有那麼一輛自行車，也就只能給作為頂樑柱的男人吧。

女交警

不多的交通工具，讓平壤的交通警察看起來很是輕閑。輕閑的平壤交警，身着天藍色制服。男交警配有一輛摩托車，負責在城市街道巡邏。站在道口指揮交通的，大多是平壤著名的女交警。

關於平壤的女性交通警察，傳聞甚多。她們年輕貌美，她們出身顯貴。如此猜度，一來是平壤女交警數量有限，而且全部值守在重要的交通路口；二來是社會主義國家的領袖們向來關愛女兵，所以宮鑾禁地的女交警，自然待遇最好。其實仔細看下來，普通的平壤女交警雖

然輕閑，風吹日曬卻是免不了的，所以皮膚大多粗糙，遠遠遜色於涉外賓館的女服務員們。

平壤女交警的形象氣質，與執勤崗位同領袖的距離密切相關。距離領袖最近處，才有傳聞中貌美的女交警。基於中朝兩黨的友好關係，中國中央電視台曾經獲得批准採訪平壤女交警。在他們對朝鮮充滿讚美的節目當中，採訪的是平壤倉田（창전）哨所的女交警。

倉田哨所，顧名思義，是負責倉田街（창전거리）區域交通疏導的交警哨所。倉田街是勞動黨為了慶祝「偉大領袖」百年誕辰，以一年時間加工趕建的形象工程，緊鄰朝鮮政治核心萬壽台（만수대）地區。

電視節目中得知，平壤在一九九四年五月開始招收第一批女性交警，要求身高在一百六十三公分以上，「體貌端正，聰穎健康，品學兼優，多才多藝」，每年從年滿十六歲的中學畢業生精挑細選三十名左右。

我們旅行團看見的平壤女交警身着的天藍色上衣與裙裝制服，是平壤女交警的春秋季着裝。但是從氣溫來看，當時還應屬於冬季。雖然她們都加穿有厚厚的打底褲，但

平壤公交有軌電車與執勤的女交警。（左）

朝鮮表現「偉大領導者」與人民軍在一起的郵票，人民軍主要以女兵形象出現。（右）

是在平壤無遮無擋的寬闊路口，看起來還是顯得單薄。

她們的冬裝制服，是將天藍色裙裝改為褲裝；而夏季制服，則是將天藍色上衣改為白色上衣，類似於中國二十世紀八十年代的警察制服配色。

二〇一〇年以後，因為平壤街道逐漸開始加裝實用的交通信號燈，三百多名原本作為「漂亮信號燈」的女交警已有一半左右遭到辭退。能夠保住交警工作的，要感謝朝鮮糟糕的電力供應，無須用電是「漂亮信號燈」的最大優點。

倉田哨所裏，漂亮的二十四歲大尉警銜女交警盧英美，不想離開交警崗位。不過她身不由己，她漂亮卻將不再有平壤女交警職位所要求的年輕。二十六歲，是平壤女交警的職業終點。而且還只有單身女交警才能工作到這個年紀，之前任何時候結婚都將直接調離崗位。交警職業生涯結束以後，她們可以選擇讀書深造，或就業分配。盧英美戀戀不捨，就算不能再做交警，也希望能夠繼續留在警察隊伍裏，期待能有一名軍人伴侶的她說。

在社會主義國家裏，擁有執法權的警察永遠是最讓人嚮往的工作之一。可是在朝鮮，似乎還有些別的原因。

「很激動，我都哭了。」能夠見到領袖，是讓盧英美最為激動的事情。她笑着說起當「最高司令官」與司令官夫人的車隊在她面前一米處駛過時的心情。

「親生父母也做不到從頭到腳都給做新衣服，可是我們卻有一年四季的衣服。」❶能夠看得出來，她是發自肺腑地慶倖自己能夠成為平壤女交警。

可是聽起來，「新衣服」所代表的物資，似乎才是她們難捨交警職業的真正原因所在。

她總是不忘感謝勞動黨，在鏡頭中，中國人又何嘗不如是如此，感謝黨總是掛在嘴邊。

長時間的宣傳教化，我們都學會了同樣的句式。在這樣的句式中，我們應當感謝黨恩賜我們以一年四季的

❶《朝鮮女交警》，北京：中央電視台新聞頻道，《世界面孔》欄目，二〇一三年二月十日。

衣服，而不是黨應當為無法讓我們的親生父母從頭到腳為我們做新衣服而感覺羞愧與恥辱。

在蒼光大街與千里馬大街（천리마거리）交匯環島，路旁一名交警正俯身在自己的警用摩托車車座上寫着些甚麼，也許是罰單，一名司機站在旁邊，沉默不語，沒有辯解。司機那輛違章的民用牌照客車，拋錨在環島正中的古代城門門樓旁。重檐歇山頂的門樓上，有漢字匾額：「普通門」。普通門（보통문），李氏朝鮮王朝平壤內城的西門，因在普通江（보통강）畔而得名。

雖然古代平壤屢次毀於戰火，但還是有古迹存留至今的。不過旅行團在平壤的所有參觀景點，卻沒有一處古代歷史遺迹。僅見的普通門，也是客車途經偶遇，並沒有停留。我們只得匆匆一瞥，客車即過普通江，東北出平壤，駛向通往妙香山的香山觀光路。

在平壤，顯然勞動黨只願意向世人展示他們自己的歷史。彷彿平壤只是勞動黨的平壤，彷彿平壤只是由勞動黨所創建。

09

향산 관광로

香山觀光路

「如果早一點修建這條高速公路，父親當年從平壤去妙香山就不那麼辛苦了。」

「偉大領導者」無限感慨。

朝鮮北部的蓋馬高原（개마고원），在朝鮮被稱為「朝鮮的屋脊」。妙香山脈，是屋脊向西南挑出的一道飛檐。而妙香山（묘향산），則是懸在檐尖上的一枚風鈴。

平壤是平原，平原北去，妙香山是遇着的萬重群山第一重。又臨清川江，山光水色俱佳處，再得地利之便，妙香山聞名已久。

若論景致，妙香山可稱朝鮮第一勝地。

朝鮮百姓在朝鮮旅行，沒有自由，必需旅行許可證明。勞動黨一視同仁，對於外國人在朝鮮的旅行，基本也是如此限定。

勞動黨制定了專門的《關於在朝鮮境內外國人旅行秩序的有關規定》，在這本具有法律效力的規定之中，禁止外國人未經許可地前往下列區域旅行：

一：連接平壤市祥原郡（상원군）與江原道元山市（원산시）、黃海北道沙里院市（사리원시）與黃海南道信川郡（신천군）一線以南地區。

二：平安北道清川江以北地區，平安南道北倉郡（북창군）以北地區，慈江道地區。

三：軍事分界線及國境沿線地區，東西海岸二十公里以內地區。

四：除此之外的特定地區。

前兩條將外國人可以旅行的區域限定得只在平壤南北一條狹長的地帶上，第三條進一步限定為狹長地帶的內陸地區。再加上第四條隨心所欲的「特定地區」，幾乎從法律上禁絕了外國人在朝鮮旅行的可能。

所以，外國人在朝鮮任何事實上的旅行，都是經過「有關部門」特別批准的。而且還必須要在啟程前四十八小時通報行程，勞動黨不受理加急業務。

將法律制定得儘可能苛刻，然後審時度勢——丹東旅行社經理的三輛汽車屬於良好時勢——靈活執行，這才是其法律的精髓所在。

在獲得了「有關部門」的旅行許可之後，勞動黨體貼入微地進一步規定了外國人旅行時的具體出行線路：

外國人乘汽車旅行時，應利用以下公路。如改道，應徵得外務省和有關部門同意。

一：平壤—香山觀光路——赴妙香山。

二：平壤—元山觀光路——赴江原道通川郡（통천군）、高城郡（고성군）、金剛山觀光地區。

三：平壤—開城高速路——赴板門店（판문점）。

四：平壤—南浦青年英雄路——西海（서해）水閘海水浴場。

五：平壤—開城高速路——黃海南道沙里院市、信川郡（신천군）、海州市（해주시）。

所以我們的旅行團前往妙香山旅行，必須經由香山觀光路。這並不是旅行社的選擇，這是勞動黨的法律規定。

匪夷所思，卻是千真萬確。

香山觀光路

香山觀光路，是連接平壤與妙香山下平安北道香山郡（향산군）的一條朝鮮式高速公路。全程半封閉雙向四車道。半封閉是我自擬的對朝鮮式高速公路的形容，因為與其他國家的高速公路不同，朝鮮式高速公路是不禁止自行車甚至行人使用的。

香山觀光路在平壤至安州一段，基本與平義線鐵路重疊。路上恰遇着當天平壤發往丹東的火車，並行在公路東側。然後，我們眼睜睜地看着我們的旅行客車果斷地把國際列車甩在身後。「那是我們昨天坐的火車嗎？這麼慢？難怪要坐上整整一天。」旅行團的幾位團員紛紛表示對眼前發生的一幕難以置信卻不得不信。

平義線與香山觀光路在安州分別，平義線北上，香山觀光路東北隨清川江而去。會有不少普通朝鮮百姓需要往來平壤與安州兩地之間，他們在公路旁等候長途客車。三五成群地，站在公路兩側在冬末仍然未萌新芽的羸弱稀疏的樹叢後面，小心謹慎地張望着路過的客

車——我甚至懷疑他們究竟有沒有取得旅行許可——有些形迹可疑的，只是在感覺車輛駛近的時候，才走出樹叢探身張望公路。

安州以後，再也不見路旁有等候長途客車的朝鮮百姓。公路修築在清川江河谷中，臨江一側修築起低矮護欄。只是形式上的，行人與自行車仍然可以翻越護欄，在公路上暢行無阻。安全無虞，處處空曠得彷彿蠻荒的夜，汽車寥若晨星。

沿途偶爾遇着的幾輛晨星，大多也是綠色塗裝的黑底牌照軍用汽車。民用客車只見着一輛，老舊殘破，散步般地緩慢行駛在高速公路上。

旅行社的韓國現代客車超車火車都是輕鬆寫意，一輛耄耋汽車更是不在話下。倏忽而過，錯車的瞬間見着車廂裏擠滿了揹着行李的普通朝鮮百姓。為了能夠多搭載些乘客，拆除了最後兩排座椅，靠近車窗的一位婦女被擠得緊緊貼在車窗玻璃上。駕駛員身旁的發動機蓋上也坐滿了人，是幾個孩子，縮着高高的髮髻。

應當就是之前路旁許多人在等候的長途客車吧，他

們之所以仍然等候在那裏，看起來不是錯過長途客車，而是沒有擠上長途客車。

作為攬勝之地的妙香山，海拔五百米左右，高程有限。卻因為自清川江河谷中來，乍起五百米，氣候已是與山下迥異。夏季最佳，山中清涼，一洗一切暑熱。妙香山西南距平壤，不過一百五十公里而已，交通便利。因而在妙香山，這一朝鮮風景最勝處，建有黨政軍高級官員們的療養院，以及領袖們的隱秘別墅，事實上成為了朝鮮本朝「夏宮」所在。

妙香山中有金脈，江畔淺灘，看見不少朝鮮百姓零散地在水中淘金。瀋陽商人問金導遊，那些人淘金是歸自己所有，還是集體所有？金導遊略作躊躇，模棱兩可地回答：「朝鮮不允許個人淘金，所以他們肯定都是為合作農場在工作。嗯。」然後直接無視瀋陽商人的追問，向我們講述了「偉大領袖」與妙香山黃金間感人的事迹。

曾經有勞動黨官員建議將妙香山開發為開採黃金的礦區，但是「偉大領袖」斷然拒絕，並且指示連已經在

朝鮮國際旅行社的韓國「現代」牌客車。

香山觀光路（右），行人與自行車可以自由通行（左）。

開採的金礦也要一併廢止，以防止破壞妙香山的環境。並且指示：「要建設休養與服務設施，讓人民群眾可以在妙香山風景區盡情遊玩。」

在《平壤水族館》裏，姜哲煥記述一九八一年他十二歲的時候，曾被派到耀德集中營營區北邊山丘緩坡上的金礦坑工作了幾周，因為「營區下達臨時動員令，動員令是為了增產國內黃金量，幫金日成累積足夠的外匯」。[1]

對於經濟始終成為問題的朝鮮，在還能獲得前蘇聯提供的六億八千萬盧布經濟援助的一九八一年，尚且如此急迫地渴求黃金，而「偉大領袖」一反常態地指示放棄開採妙香山的黃金，或者只是單純地不願意黃金開採污染了自家夏宮的吉壤吧。

後來客車駛上妙香山盤山公路，路旁溪泉，確實清可見底，環境保護得極好，令我們這些來自嚴重污染的中國的遊客豔羨。卻沒有見到任何「盡情遊玩」的朝鮮

❶ 姜哲煥、皮耶．李古樂：《平壤水族館：我在北韓古拉格的十年》，第一三九頁。

香山觀光路上的道路維護作業。

人民群眾，整條公路一片死寂。

盤山半途，路旁有一座形如金字塔的大廈，就是與羊角島飯店同為特級旅館的香山飯店。金導遊向我們介紹的時候，說本可以下車參觀，但是因為當天正有朝鮮勞動黨與人民軍的會議在此舉行，故而不得停留。身為處在同樣體制下的中國人，我們能夠深刻了解「會議」的各種含義，所以對此「不便」深表理解。

外國遊客尚且會因為妙香山中的種種黨政軍活動而行動受限，何況欲在妙香山「盡情遊玩」的普通朝鮮人民群眾？

坊間有傳言，「偉大領袖」避暑於夏宮，也龍馭賓天於夏宮——一九九四年七月八日，時年八十三歲的「偉大領袖」因心臟疾病搶救不及，猝逝於妙香山別墅。

「主體八十三年（一九九四年）七月八日清晨兩點，金日成在辦公室因病溘然長逝」❶，朝鮮官方出版的《金

❶《金日成傳略》，平壤：朝鮮外文出版社，二〇〇一年。

日成傳略》中如此寫道，既沒有詳註病因，也沒有確指何地。「偉大領袖」駕崩於妙香山而非平壤的傳言，可信度極高。

在香山觀光路兩旁的橋樑與里程碑上，能看到不少「1994」的字樣。一九九四年，不僅是「偉大領袖」賓天的年份，同時也是香山觀光路建成的年份。

可是，「偉大領袖」的心臟並不打算等到香山觀光路——這一原本即是為方便領袖往返平壤與夏宮的高速公路——建成通車之日，逕自停跳。

在朝鮮，「偉大領袖」的心臟，同樣成為唯一敢於忤逆「偉大領袖」的生物。

十七年後，反叛的心臟再次奪去「偉大領導者」的生命，我覺得似乎可以考慮由「領袖的心臟」取代長期佔據最壞敵人排行榜第一位的「美帝國主義」，以示警醒。

香山觀光路建成之後，前往視察的「偉大領導者」無限感慨：「如果早一點修建這條高速公路，父親當年從平壤去妙香山就不那麼辛苦了。」

「永遠地」躺在平壤東北郊外錦繡山紀念宮（금수산기념궁전）裏的「偉大領袖」終於不用再「辛苦」了，可是我們在香山觀光路上卻顛簸得很是辛苦。

香山觀光路一九九四年建成之後數年，朝鮮便進入了最困難的「苦難的行軍」，勞動黨再也無力對香山觀光路進行整體復建大修。

路面破損嚴重，修補的路面又再破損，又再修補。不斷重複地修補，使得香山觀光路的許多路段看起來像是乞丐的百衲衣。

修補主要是填平已經影響到正常通行的坑窪。香山觀光路半程建在河谷，清川江又時有沖毀路面的巨大洪水，香山觀光路的維護工作便不輕鬆。

幾處維護工地，唯一身着制服的，只有負責維持交通的交通警察。其餘人員身着便服，不是甚麼專業的路政人員，只是「義務勞動」的普通百姓。

不論朝鮮普通百姓的工作強度，只是就工作時間而言，是相當漫長的。一周工作六天，還有規定天數的「義務勞動」，以及參加為各種節日慶典而準備的集體活動。

比如當下幾天，平壤街頭為慶祝「偉大領袖」百年誕辰而排練的人們。

不過，表演忠誠的勞動不是義務的，參加者可以免除一定數量的工作或者工分。在朝鮮表演對領袖的忠誠，更像是一種利誘。真正「勞動」的「義務勞動」，則是如假包換的「義務」。

義務勞動是普通朝鮮百姓從青少年時代就被要求必須履行的愛國義務之一。如同維護公路的義務勞動，幾乎將會貫穿他們的一生。

公路維護的工具簡陋而原始，不得不使用數量超乎想像的人力：填補一兩個坑窪，居然需要二三十名工人協同工作。

其中大多數的人，聚攏在路旁熔化瀝青。結塊的瀝青放在汽油桶改造的熔鍋內，油桶下面點燃四處找來的柴草。天寒地凍，柴火熱量有限，瀝青熔化的速度可想而知的緩慢。

尋柴草的尋柴草，攏火的攏火，遮風的遮風。再加上盯着鍋的，打下手的，不知道該忙些甚麼的，以及指

香山觀光路清川江畔路段（右）和途中的西化隧道（左）。

揮與不服從指揮的，一場道路維護工作，看起來更像是山谷江畔間一場野炊。

不過，肯定不是一場有趣的野炊。那麼冷，又沒有食物。

食物

食物，總是朝鮮最大的問題。

就在最近幾年，因為二〇〇八年朝鮮爆發洪水，繼「苦難的行軍」之後，朝鮮再次遭遇大面積饑荒。當年夏天，聯合國世界糧食計劃署（World Food Programme, WFP）對二百五十個朝鮮家庭做過一個抽樣調查，他們發現多達三分之二的朝鮮家庭日常飲食仍然食用野外採摘的野草或野菜作為補充。當計劃署官員讓－皮埃爾·德·馬格瑞（Jean-Pierre de Margerie）詢問他們將在哪兒獲得下一頓食物時，許多朝鮮受訪者只是哭泣。❶

❶ 芭芭拉·德米克：《我們最幸福：北韓人民的真實生活》。

在平壤，雖然平壤市民的體形還能看出飢餓與營養不良的痕迹，但是看不出饑荒的發生。饑荒是任何國家的恥辱，當然會是勞動黨竭力隱瞞的。作為普通的遊客，我以為勞動黨不會讓我看見任何饑荒的蹤迹。可是，饑荒卻總像野草一樣蔓延在平壤以外的朝鮮農村。在需要穿越大片農村的香山觀光路上，勞動黨終有百密一疏。

在安州以北的價川市（개천시）清川江畔，遇着香山觀光路全程僅有的兩條隧道。

兩條水泥銘牌標示名稱西化一號（서화 1 굴）與西化二號（서화 2 굴）的隧道，隧道極短，長度不過百米左右。夾在兩條隧道之間，一段露天公路的中央綠化隔離帶上，居然設置有哨所。簡易的以木板搭建的單人哨所，再用綠漆塗刷上偽裝色。

一個孩子模樣，斜揹着步槍的人民軍士兵，沒有站在哨所裏，而是彎着腰，在哨所旁的綠草地中翻找着甚麼。

下午返回平壤的時候，他還是那樣，身旁卻多了一個普通百姓穿着的男孩子，兩個人一起彎着腰，轉移到山崖邊的灌木叢中繼續翻找，似乎總也找不到他們要尋找的東西。

看見我們的客車從前一條隧道中衝出來，一軍一民兩個孩子略微抬起些身子，目送着我們衝進後一條隧道。在進入隧道前的剎那，我看見他們又彎下了腰。

後來，沒過多久，大約也就是在價川市與安州市交界的某處。

就在路旁，我又看見有個瘦小的姑娘蹲在積滿松針落葉的地上——就在公路旁邊，就在我身旁的車窗下面，我清楚地看見——她一隻手在枯葉下翻揀，然後另一隻手把揀到的東西往嘴裏塞。嘴邊粘着許多雜草。

瞬間，我彷彿看見了在《平壤水族館》裏，與姜哲煥同在耀德集中營的妹妹「美湖」，「灰頭土臉且毫無生氣，令我心痛又愛莫能助」。❶

她居然在吃野地上不知道甚麼植物的果實或者種子。這讓我感覺震驚，是統計數據忽而轉變為悲劇出現

❶ 姜哲煥、皮耶・李古樂：《平壤水族館：我在北韓古拉格的十年》，第一二一至一二二頁。

在眼前的震驚。

我以為四年過去，洪水導致的朝鮮饑荒已經有所改觀，可是就在首都平壤以北不過百公里的地方，還是在朝鮮富庶的平原地區，依然有飢餓的孩子在撿食野果。

至於之前在隧道間值勤的哨兵，顯然也在做着同樣的事情。

「偉大領導者」試圖以「先軍政治」保障朝鮮軍隊的一切需求，無疑已經力不從心。保障只能是自上而下的，作為最底層的普通士兵，那位小哨兵顯然沒有得到足夠的配給。

所以，他也身處飢餓之中。

對於饑荒而言，春天是最可怕的季節。舊的儲備已經在漫長的冬季吃完，整個春季又不會得到任何的收成。看來去年的情況已經很糟，甚至捱不到春來。

冬末，枯水季，清川江江水清淺。清淺江水中，卻有許多巨石。清川江自妙香山中來，巨石是山中岩石，裹脅至山下遠處，可知清川江在雨季時的暴虐。

在我們離開朝鮮之後不久的夏天，清川江再次暴發洪水。

新的洪水直接將香山觀光路沖毀，我是看見丹東旅行社的行程安排通知上知道這件事情的。在朝鮮進行漫長的公路修復工程期間，中國旅行團不再有妙香山之行。改為平壤西南的南浦，參觀修築在大同江入海口的攔海大壩「西海水閘」。

看見通知的時候，我立刻想到了香山觀光路旁的小美湖。

連她撿拾野果的地方都淹沒了，她還能吃些甚麼？

10

국제친선전람관

國際友誼展覽館

「在朝聖旅程結束的時候，他們將會如勞動黨所期待的那樣，知道全世界人民都愛戴着他們的『偉大領袖』，全世界人民都羨慕他們能夠出生在朝鮮這樣有着天堂般福祉的美麗國家。」

國際友誼展覽館

香山飯店繼續上行大約一公里，忽然有一道武裝哨卡。

武裝哨卡之後，是一片松柏山嶺。當然，值得武裝守衛的不是山嶺，而是構築在山嶺山體之間的，國際友誼展覽館。

國際友誼展覽館（국제친선전람관），動工於「偉大領袖」在位並以妙香山為夏宮的一九七四年。

展覽館佔地面積近三萬平方米，建築面積逾五萬平方米，除卻依山崖而築的六層殿宇式配屬建築以外，展覽館主體部分全部隱蔽在人力鑿空的山體之內。

在民脂與民力可以任意使用而無須節制的朝鮮，在朝鮮可以得到大量社會主義陣營國家援助的冷戰時期，國際友誼展覽館工程仍然耗時四年有餘，直到一九七八年八月二十八日方才正式開館。其工程量之浩大，可想而知。

將「國際友誼」這一虛無縹緲的，並非以客觀物質存在的事物進行展覽，不得不承認正如金導遊所言，是專屬於「偉大領袖」的創舉。

冷戰（Cold War）時期，蘇聯老大哥領導下的社會主義陣營國家，只要唯蘇聯馬首是瞻，那麼其不僅可以得到蘇聯這一超級大國的政治庇護，而且如朝鮮這樣的貧窮國家，還能夠獲取蘇聯及其他相對富裕的東歐國家經濟援助。「偉大領袖」在位時期，正當其時，朝鮮的國際生存環境可謂優渥。

舞台廣闊，「偉大領袖」自然長袖善舞，頻繁出訪。客人也多，同病相憐者、同仇敵愾者，來訪絡繹不絕。如此國際交往，賓主之間自然難免互贈禮品。如朝鮮這樣的家國，國即是家，家也是國。於是國禮私禮，一併成為私禮。私禮越聚越多，家中已然不堪容納。綜合金導遊所述大意：某日，「偉大領袖」忽然覺得「獨樂樂不如眾樂樂」，於是在妙香山中建起國際友誼展覽館，陳列世界人民向「偉大領袖」贈送的無數禮品，要讓朝鮮人民知道世界人民對於朝鮮，尤其是對於「偉大領袖」的深情厚誼。

不得不佩服「偉大領袖」這一創造性的發明，將難以量化的唯心的「國際友誼」，通過可以量化的唯物的國禮私禮予以體現，禮品越多，友誼越深。「十幾萬件」，金導遊大略講述起國際友誼展覽館內陳列着的「偉大領袖」收到的禮品數量，於是我在心中試着理解「十幾萬的友誼」究竟該有多少？

盤山公路與山崖之間，東西橫亘着始終與隨山路相盤亘的溪泉。

此處溪泉，水寬且湍急，路在溪北，國際友誼展覽館在溪南。溪上築有石橋，武裝哨卡即設在溪北橋首。旅行社客車只能停泊在武裝哨卡之外的停車場，然後所有乘員下車步行通過石橋。石橋以後，鋪設有水泥甬道連通展館。甬道內臨山崖，外臨溪泉，武裝關卡繼以天然屏障，氣氛真真與「友誼」大相徑庭。

展覽館所依傍開鑿的山樑，東北探向溪泉。如今稱為「主館」或「本館」，即國際友誼展覽館初期主體部分，沿着山樑東緣修建，配屬建築大體呈南北走向。而在山樑北緣，修建有與主館體例相同的「別館」，陳列「偉大領導者」所收到的禮品。別館內部不及主館宏大，建築面積僅兩萬餘平方米，自一九八〇年代動工，工時遷延，直到一九九六年五月方才開館，陳列禮品五萬餘件。

「偉大領導者」形式登基執政於「偉大領袖」駕崩的一九九四年。在那之前的一九八九年，東歐發生民主化革命，原本給予朝鮮以巨大政治生存空間與經濟援助的社會主義陣營國家紛紛「劇變」。一九九一年，蘇聯解體以後，除卻曾經交惡的中國，朝鮮再也無所倚仗。

黃粱夢醒，「偉大領導者」再也不復「偉大領袖」的春風得意，朝鮮變得越發孤獨，越發貧困。

「五萬多的友誼」肯定不及「十幾萬的友誼」深厚，或者是不願意讓我們看見這一代不如一代的窘迫，所以雖然過石橋即與別館相迎，但是大部分旅行團只被允許參觀國際友誼展覽館主體，而別館不入。

國際友誼展覽館主館門樓北向，六層重檐歇山頂，雕樑畫棟，與山比高。

正門兩側，有人民軍士兵值勤，手持漂亮的鍍鉻禮

兵步槍。

正門四扇，以純紫銅鑄就。內側兩扇銅門，中部浮雕高約半人有餘的金日成花，飾以折枝捲草紋案；外側兩扇銅門以內側兩扇圖案縮小回環，精工細作，展覽館建成三十餘年依然銅光璀璨，極盡奢華之能事。

這是參觀國際友誼展覽館遇着的第一可炫耀之處，金導遊講解道，每扇銅門重達四噸，可是由於設計巧思，總重量十六噸的四扇銅工，卻可以由一纖弱女子開啟閉合。

進入展覽館，左手邊是接待處。按規定，必須將所有隨身行李寄存，不得攜帶攝影攝像設備參觀，甚至是任何一片金屬。

安檢極其嚴格，一男一女兩名人民軍戰士持金屬探測器分別負責為男女遊客搜身，而在搜身之前，還必須經過一道金屬探測門。整個流程，甚至嚴格過許多飛機場的登機安檢。一旦發現金屬物品，直接要求回接待處寄存。不容解釋，語言不通，也難以解釋。

與「友誼」格格不入的氣氛，至此達到頂點。旅

行團團員不時因為手錶或者錢包觸發警報而回返重新寄存，開始怨聲載道。而且行動不便，接待處的工作人員分發給每位遊客兩隻碩大厚重的藍色鞋套，在整個展覽館參觀期間，必須穿着。

武裝哨卡、在鑿空的山體內部、十六噸重的銅門、嚴格搜身、嚴禁任何拍攝，以如此描述作為謎面，想來人人都會以政府避難所為謎底，誰能猜出其實只是一處國際「友誼」展覽館？

一九六三年，最初的朝鮮國家禮品館理所應當地修建於首都平壤。後來因為舊館難以容納數量越來越龐大的「友誼」，擇址重建時棄平壤而大費周章地開山修鑿於妙香山。而事實上，國際友誼展覽館確實是可以承受核打擊的，恰巧「偉大領袖」的夏宮又在妙香山中，所以這展覽館的功用究竟如何，不言自明。

天知道在鑿空的山體間，隱藏着怎樣的秘密？

身着朝鮮傳統裙裝的展覽館專職中文講解員，已經等候在中央大廳之中。國際友誼展覽館雖然外觀頗具漢式傳統建築風格，但內部卻依然是地道的斯大林式建築

模式。高大規整，棱角分明，在空間使用上極盡奢侈，以至於太過空曠，使得講解員的每句解說詞都後續以空洞的回音。地面以大理石鋪就，我們既是參觀者，也是擦地人，在日日往來的人體墩布擦拭之下，光可鑒人。

中央大廳的牆壁之上，鑲嵌着展覽館陳列禮品的綜合示意圖。一幅以朝鮮半島為世界中心的世界地圖上，標註着「偉大領袖」一生出訪過的國家以及收到的禮品數量。數字未必準確但清晰而醒目，足可以用來量化「威望」或者「友誼」。

「偉大領袖」一生出訪五十四次、八十七國，接見一百三十六國黨政軍代表團。這些數字已隨一九九四年「偉大領袖」駕崩而停止。但是標註禮品數量的天文數字，卻是永生的，數字仍然在每月每年地增加之中。因為世界人民仍然無時無刻地深愛着朝鮮人民的「偉大領袖」，仍然不斷有各種禮品贈送至朝鮮，增加着「國際友誼」的數量。

參觀從總序館開始，綜合介紹「偉大領袖」的外交

活動，展示具有代表性的貴重禮品。講解員把一切數字與事迹背誦得爛熟於胸。

在朝鮮，勞動黨政治學是所有公民在學生時代最為重要的一門功課，精確到具體日期地背誦領袖光輝事迹，是從上學第一天起便開始接受的訓練。所以當導遊又把這種背誦作為職業的時候，她背誦的速度甚至超過我們觀看的速度。

於是幾件珍貴禮品講解下來，大家各自散開。有興趣的聽講解的自然緊隨導遊，而我便自尋些有意思的物件觀瞧。雖然有展覽館的專職導遊講解陪同，但是旅行社導遊們卻沒有絲毫懈怠，與另一位展覽館工作人員由始至終地押解在我們身旁。

國際友誼展覽館的禮品，分各大洲各國家，分展室展出。

第二次世界大戰結束以後，在蘇聯倡議組織下，蘇聯與東歐主要社會主義國家建立起屬於社會主義陣營的經濟共同體——經濟互助委員會（Council for Mutual Economic Assistance, CMEA）。

對於經濟普遍良好的東歐成員國而言，經濟互助委員會的作用利弊參半。利在其確實可以促進成員國經濟交流；弊端在也使得蘇聯可以以「協調國民經濟計劃」的名義，通過制定指引性的計劃經濟對其成員國經濟進行干預與控制。

而對於以觀察員身份參加的朝鮮而言，經濟互助委員會則是百利而無一害。「偉大領袖」每次對經濟互助委員會成員國的訪問，帶回平壤的無一不是大額的援建合同與援助資金。

如此深情厚誼，自然也在國際友誼展覽館中有充分體現。蘇聯以及以之為首的東歐原社會主義國家的展室所佔比例最多，而且禮品也頗為貴重。蘇聯領導人斯大林與布爾加寧（Nikolai Bulganin）贈送的三輛吉姆（ZIM）防彈轎車，即單獨佔據一室。更有甚者，斯大林贈送的一節防彈列車，數十噸之重的龐然大物，是如何搬運至妙香山半山山洞之中的，實在匪夷所思。

在東歐社會主義國家展室區域，導遊特別介紹的禮品，是羅馬尼亞（Romania）領導人尼古拉·齊奧塞斯庫

（Nicolae Ceaușescu）贈送的一整張包括完整熊首的熊皮。

當然，介紹這件禮品，主要還是可以從中體現出「偉大領袖」的高貴品質。故事是齊奧塞斯庫到訪朝鮮，隨身攜帶有三張親自獵捕剝製的熊皮，他請「偉大領袖」任選其中之一作為禮品——這故事只至此已覺演繹——「偉大領袖」留下作為禮品的是其中最小的一張，「因為如果選擇大的你會不高興的。」講解員充滿敬佩，稱讚「偉大領袖」是多麼地善解人意。

令人難以想像的是，朝鮮在國內經濟向來窘迫的情況下，居然長期堅持援助第三世界國家。據非官方的統計資料顯示，整個二十世紀八十年代，朝鮮對外援助的總金額高達兩億六千萬美元，援助對象以中東和非洲國家為主。如此捨身飼虎般的援助，無疑是朝鮮基於拓展政治空間的需求，有賄買認同的嫌疑。

也正因為這些援助，讓國際友誼展覽館裏的中東與非洲國家展室不在少數。中東國家與其領導人大多還有耳聞，伊拉克（Iraq）前總統薩達姆．侯賽因（Saddam Hussein）贈的刀，利比亞（Libya）前領導人卡扎非（Muammar Gaddafi）送的槍，我和身旁的莫斯科留學生耳語：不知道這算不算是交友不慎？

至於非洲國家展室，大多國家聞所未聞，匆匆而過，興味索然。

國際友誼展覽館內展室為嵌套結構，數間展室相連構成一間大的分展館。分展館首尾相銜，對稱分佈於展覽區域中央通道兩側。分展館正門設在中央通道，但是各自緊鎖，參觀人員只能經由開於分展館首尾連接過道間的側門出入。出一分展館即可入下一分展館，縱向穿越分展館內各展室，倒也便捷。

分展館內展室以一牆分隔，牆上開門，彼此相連。展室內置感應燈，開門進入展室方才有燈光照明。山腹之內，沒有任何自然光線，展室內只幾盞日光燈，未免感覺昏暗。

昏暗燈光下，本已年深日久的禮品，更是顯得黯淡而陳舊。感覺不像是展示禮品的榮光之地，更像是沒落財主窖藏財富的避難之所。

一間展室參觀完畢，講解員進入下間展室引亮燈光，我們再隨押解的旅行社導遊清場離開。身後離開的展室，迅即陷入黑暗，宏大的黑暗，讓人有些許莫名的恐懼。

如果那些禮品上附有魂靈，正該在那無盡的黑暗中蘇醒吧。

我們參觀的只是在展覽區域左側的分展館，出非洲國家展室，已是整個國際友誼展覽館盡頭最深處。由中央通道回返，遠遠望見一隊朝鮮青年迎面走來。

我們隊形散漫，雖然導遊幾次提醒請低聲交談以示尊敬，但是仍然嘈雜。形成鮮明反差的是，對面的朝鮮青年隊伍，列隊整齊，行走同步，隊伍前列的朝鮮青年神情肅穆。

雖然彼此仍遠，但他們的嚴肅依然感染到了我們，我們也安靜下來，期待着第一次與朝鮮普通百姓的擦身而過。可是，他們卻轉入了左側分展館前的連接過道。

對於普通的朝鮮百姓而言，參觀國際友誼展覽館的機會並不容易得到，這時常是被作為一種獎賞。所以對於那一隊當「偉大領袖」駕崩時還只是孩子甚至沒有出

生的朝鮮青年而言，等待着他們的將會是一段令他們長久難忘的朝聖之旅。

在朝聖旅程結束的時候，他們將會如勞動黨所期待的那樣，知道全世界人民都愛戴着他們的「偉大領袖」，全世界人民都羨慕他們能夠出生在朝鮮這樣有着天堂般福祉的美麗國家。

可是勞動黨以為我們也會相信嗎？我們感覺厭倦，幾位嗜煙的旅行團團員已經煙癮發作，焦躁不安。神醫發作的煙癮之外再伴着酒癮，口無遮攔地嚷嚷着不如趕緊出去找地方喝酒吃飯。

返回中央通道起點處，講解員打開一間右側分展館展室，展室正中一圈坐椅，權充休息室。

不知道是旅行社導遊因為我們的抱怨而臨時申請我們休息，還是慣常旅行路線中的一環。畢竟，雖然供休息使用，但它仍然是一間展室。四壁玻璃櫥窗內，擺滿來自中國民間組織與個人贈送的禮品。

國家禮品館中國展室中來自中國共產黨、中國政府與黨政軍領導人的禮品，以民間傳統工藝品居多，瓷玉

書畫之類，雖然不及蘇聯禮品奢華，但總體而言也算精心厚禮。

可是來自中國民間的禮品，輕薄得幾近戲謔。幾件以樹脂造假的仿玉件工藝品，幾幅自以為是的書畫塗鴉，總之哪裏像是國禮館的禮品展櫃，分明是國內小商品批發市場的樣品貨櫃。

從標籤題字落款來看，展室中的大部分中國民間禮品是以敬祝「偉大領袖」九十冥壽（二〇〇二年）為名贈送的，而贈送者大多是邊貿企業或商人。

向來商人最善於把脈人情世故，既然知道「國際友誼」以禮品數量計數，那便也不妨恪守「禮輕人意重」的祖訓，兩相愉悅。

歇息片刻，回到中央大廳，以為國際友誼展覽館義務擦地的工作行將結束。

不料，在講解員的示意下，金導遊讓我們整束衣裝，收斂說笑。

隱約有不祥之感。

講解員鄭重打開大廳中央一扇沉重大門，一尊「偉大領袖」的蠟像赫然站立在內廳盡頭。是「偉大領袖」蠟像館，金導遊引領我們縱列魚貫而入，再兩排橫列，肅立於蠟像身前。

蠟像館內顯然不再吝惜電力，燈火通明，蠟像反射的光芒刺眼。置身於青草藍天的佈景之中，挺腹抬頭，大笑着眺望遠方。一口好牙。

蠟像理論為真人等大，但是理論上應當一百七十三公分的「偉大領袖」，體形卻遠遠高大過我們數位身長在一百八十公分開外的旅行團團員。

講解員略作一番說明，語調與情緒恰如其分地激動，表達了每位來訪者必然會熱淚盈眶、情難自抑的科學性。然後基於我們理所應當會提出希望表達敬意的心情，命令我們向「偉大領袖」的蠟像三鞠躬。

當蠟像館門打開的時候，我已經料想到這種儀式。身為中國人，只感覺是自作孽，不可活。這樣一尊讓中國人不得不卑躬俯首的蠟像，正是出自中國人之手——一九九六年，由中國國際友好聯絡會贈送。

國際友誼展覽館主館露台南眺妙香山山景。

因為製作精良，「比例適當」，蠟像深得「偉大領導者」賞識，於是在國際友誼展覽館中特闢蠟像館，供奉蠟身。

中國與朝鮮兩國政府之間，果然心意相通。

我知道在劫難逃，極不情願地站在後排邊角。依着口令，鞠躬。再鞠躬。三鞠躬。

只是略垂首，彷彿重度腰肌勞損。

斜眼偷窺，朝鮮工作人員與旅行團中上了些歲數的遊客，中規中矩，鞠躬深沉。而忽然發作的腰肌疼痛，卻在年輕人之間普遍傳染開來。

妙香山

國際友誼展覽館主館配屬建築後部的頂層露台，兼作妙香山觀景台。

盤旋樓梯而上，通向露台的展室被闢為商店，售賣些朝鮮傳統手工藝品，紫銅餐具與高麗參、虎骨酒之類。商品包裝簡陋，連帶着人參虎骨之類的高檔補藥也顯得

成份可疑。

商品折算成人民幣的售價卻是毫無可疑的昂貴，完全無法體現出朝鮮與中國人民之間的國際友誼。我們與隨後而至的另一隊中國旅行團在商店裏一番喧嘩，菜市場般一番撿選、一番還價。

開設在國際友誼展覽館內的商店，成為最後詮釋「友誼歸友誼，買賣歸買賣」的註腳。

作為來自準自由市場經濟國家的我們而言，能夠得到露台觀風景的機會，也許正是託了那間商店的福。對於商業旅行社而言，不把購物環節與旅遊行程巧妙或者生硬地安排在一起，簡直是不可想像的。

登上露台，走進商店的時候，我們已經自接待處取回我們隨身攜帶的所有財物。不再擔心我們也許是惡毒的破壞者，畢竟露台與通往露台的道路仍然處在展覽館館體之內。那麼如此自相矛盾的舉動，只能解釋為帶着相機看展覽，與沒有帶着錢包逛商店，都是勞動黨所不能允許的。

無論如何，能夠在乏味的國際友誼展覽館參觀結束

之後，觀賞我們本應為之而來的妙香山風景，還是令人通體舒暢的。

而且，終於又拿回了相機。

露台迤南，群山疊嶂遠去。

有輕霧，山遠處若有若無，只似水盂中一點暈開的淡墨。

山間密生松柏，全不似朝鮮一路來時所見的荒山焦土。風自山谷中來，不覺寒冷，有隱約的松香。妙香山名，可因此而來？

妙香山妙香的山風，自由的風，一掃之前所有的沉悶。

露台上幾排長椅，一方茶几。兩團遊客各自散開，難免嘈雜。若得一人獨自於此靜觀山景，夫復何求？有人可以如此的，「偉大領袖」豈非向來以此為私宅？

講解員將一本留言簿放在茶几上，示意大家寫下參觀感言。當然，是要讚美的。

既然不是像鞠躬那樣被逼無奈，大多年輕遊客敬謝不敏，自顧自地尋風景留影。主席斷然沒有理由放過日

後可以吹噓曾經「指導朝鮮國際友誼展覽館工作」的機會，伉儷兩人坐定在留言簿前，揮毫疾書，並指導神醫從各個角度拍照佐證。

着實有些不堪，我們同旅行團的大多團員選擇遠遠避開。我從右手一隅，走下露台，在檐廊下徘徊。

檐廊轉折處，立着紅色英文「Not Allowed」的禁止標識，不得擅入，遊客只能停留在與露台同側的檐廊下。

近處觀看國際友誼展覽館牆體，才發現原來館體立面上的山花、隔扇、櫺窗等一切仿木鏤空構件，都只是浮雕在牆體表面的裝飾而已。除了供人出入的幾扇門外，整個展覽館完全處於密封狀態，是戰時掩體及避難所的功用暴露無遺。

我獨自佇立在檐廊轉角，並沒有做任何逾軌的行為，心中卻忽然感覺緊張。溫斯頓在日記中寫下的那句「思想罪不會帶來死亡：思想罪本身就是死亡」❶忽然湧上心

❶ 喬治・奧威爾：《一九八四》，第三三三頁。

頭。莫非是因為我發覺國際友誼展覽館一如「友愛部」（Ministry of Love）般無關友誼或者友愛？這是嚴重的思想罪（Thoughtcrime），難道我的罪行已經被無處不在的思想警察（Thought Police）所發覺？

下意識地左右張望，驚覺檐廊外不遠處的山坡草地間，有一雙窺視着自己的眼睛！

在山谷底部以碎石堆砌矮垣，如墳塋一般的，居然是一處地堡。

地堡頂蓋覆以草地偽裝。時在冬末，山間遍地枯枝敗葉，而地堡頂蓋因為打掃過的緣故，裸露出與周遭環境不同的綠色草地，這才讓我可以發覺那居然是一處隱藏的暗哨。那雙窺視着我的眼睛，就是來自於在暗哨中執勤的人民軍士兵。哨兵執槍站在地堡內，只胸部以上經由天窗露出地表。而闢為天窗的那一塊地堡頂蓋，依然覆蓋着草地垂直支起。是處心積慮的防空偽裝，足可以對付一般的高空偵察。

哨兵發現我也看見了他，視線不再游移，始終盯着我，隨我移動。再不似展覽館正門外禮儀性質的哨兵，他荷槍實彈，目光嚴厲，我沒有勇氣繼續注視着他。退回露台深處，在地堡即將被露台欄杆遮蔽的地方，舉起相機假裝拍攝展覽館畫彩的飛檐，在取景器裏將地堡納在左下角。

露台上依然熙熙攘攘，大家渾然不覺自己一直處在嚴密的監控之中。這種不予告之，完全隱蔽的監控最是令人膽寒。

你完全不清楚自己將會在何時何地處於監控之下，久而久之，人會變得膽怯，變得謹小慎微，逆來順受。這正是普通朝鮮百姓給予外部世界的印象，和莫斯科留學生談到這種侵入骨髓的恐懼時，他們說在蘇聯時代，普通蘇聯百姓未經允許地與外國人交談，可能會遭到克格勃（KGB）審查。所以在莫斯科，至今仍然有許多老人不敢隨意與外國人交談。

誰又知道他們正在哪裏監視着我？

在發現監控暗哨之前與之後，心情迴然不同。不再相同的，還有眼前的風景。你站在這裏看妙香山，誰又知道妙香山裏又有多少雙監視的眼睛在看着你？

主館正門內迎送賓客的朝鮮姑娘。（左）
主館露台外的暗哨地堡（畫面左下角）。（右）

這敗盡了我的興致，頹然坐下。

急於擺脫壓抑與沉悶，離開得很是匆忙，我始終走在最前面。在接待處交還鞋套，站在紫銅正門門內身着血紅色朝鮮長裙的迎賓姑娘為我們推開了四噸重的一扇門。導遊與其他遊客還在摘鞋套，既然完全無法得知是否處於監控之中，那也便意味着沒有絕對安全的拍攝時機。索性直接掏出相機，在展覽館門內拍攝了一張隨着銅門開啟而步出展覽館門檻外的迎賓姑娘。

她為我們打開了逃離黑暗的大門，而她將留下，她面無表情。

誰又能為她打開困住她的那扇門，在她依然美麗的年紀裏？

國際友誼展覽館檐廊下「禁止入內」的警示牌。

11

보현사

普賢寺

「在我們偉大領袖金日成主席的提議下，」導遊如是說，「保護人民宗教信仰自由被寫入了共和國憲法。嗯。」

離開國際友誼展覽館，旅行社客車繼續向妙香山深處而去。

林木蓊鬱，透過路旁如障的松柏，隱約可見仍有其他殿宇般的宏大建築藏匿其後。而那些建築，既不見於標註簡陋的朝鮮官方旅遊指南，導遊也絕口不提，或者就是傳說中「偉大領袖」與勞動黨高級官員們的夏宮別墅，也未可知。

良禽擇木而棲，佳宅自然也應擇地而建。雖然旅行團獲准參觀的區域不過是妙香山之萬一，但是目下這一片溪谷，有國際友誼展覽館與許多隱秘殿宇比鄰而建，想來即是妙香山中風景最勝處。

將風景勝處闢為「人民公僕」的療養之地，向來是社會主義國家的慣常做法。在中國屢見不鮮，一切更上層樓的朝鮮更是會有過之而無不及。

我試着詢問金導遊，金導遊甚至沒有循着我手指的方向張望一眼，便果斷回答：「甚麼？哪裏？不知道。嗯。」

普賢寺

在「一切屬於人民」之前，這片溪谷是興建於此的普賢寺院產。普賢寺（보현사），立寺於李氏朝鮮王朝太宗二年（1402年，大明建文四年），迄今壽有六百餘載。

王氏高麗時期，佛教在朝鮮發展迅速，寺院廣擁良田奴婢。僧尼不事勞作而生活富裕，且逐漸形成政治勢力。下為士人所鄙夷，上為官府所忌憚。

至李氏朝鮮王朝時期（1392-1910年，大明初年至大清末年），尊儒排佛成為國策。撤毀寺院，限制出家。同時禁止僧尼入城，以致寺院僧尼不得不退隱山中。正是因此，也才有了妙香山深處的普賢寺。

向來人民愈是窮苦，宗教愈是興盛。封建時代，百姓生活不外乎只能為着溫飽，於是雖然寺院地處偏僻，但是依然廣有信徒，香火不斷。普賢寺至鼎盛時期，「碧海成瓦二十四凡宮」，共建殿院二十四座，計有屋宇二百四十三間。

頂瓦如海，遍佈溪谷北麓山間。

妙香山普賢寺本院景區入口與景區女講解員。

建有殿宇的溪谷北麓群峰，最東至毗盧峰（비로봉），向西依次是圓滿峰（원만봉）、釋迦峰（석가봉）、香爐峰（향로봉）、五仙峰（오선봉）與法王峰（법왕봉）。二十四宮散佈於各峰下探至溪谷間的山樑之上。

普賢寺本院，建在五仙峰樑下溪畔。依着朝鮮官方出版的普賢寺本院與外院諸宮分佈圖來看，與普賢寺本院隔溪曾有一片殿閣名為繼祖庵（계조암），其址大約就在國際友誼展覽館東側，今已不存。由此可知，普賢寺本院其實就與國際友誼展覽館隔溪相對，只是山間地勢起伏，彼此不見。

路程不遠，客車片刻即到。依然是停泊在本院景區入口旁的停車場，轉由普賢寺講解員引領參觀，旅行社導遊押解，攝像師跟拍。

在來妙香山的路上，金導遊已經花費許多時間和我們解說了普賢寺。不過金導遊解說的重點，並不是普賢寺的景致，他的着重點在於向我們介紹朝鮮人民「自由的宗教信仰」。當然，他首先申明的是，朝鮮人民之所以可以擁有「自由的宗教信仰」，需要感念「一貫正確，

全才全能」的「偉大領袖」的恩情，「一切成就、一切勝利、一切科學發明、一切知識、一切智慧、一切幸福、一切美德，都直接來自他的領導和感召。」❶

「在我們偉大領袖金日成主席的提議下，」金導遊如是說，「保護人民宗教信仰自由被寫入了共和國憲法。嗯。」

然後金導遊向我們具體介紹了朝鮮當前的宗教環境。「勞動黨黨員是不允許信仰宗教的。」金導遊和我們解釋，「就像你們中國共產黨黨員也不允許信仰宗教一樣。」過去的中國與現在的朝鮮太過相似，以至很多時候，朝鮮導遊在向中國遊客介紹朝鮮國情的時候，只需要一句「你們知道的」或者「你們也一樣」，即可省略去千言萬語甚至萬語千言也無法言明的解釋。

得遇鍾子期，實在是伯牙的幸事；得遇中國遊客，實在是朝鮮導遊們的幸事。

---

❶ 喬治·奧威爾：《一九八四》，第二三七頁。

按照金導遊的解釋，當前朝鮮人民主要信仰的宗教是天道教（천도교），一種朝鮮半島本土的宗教。李氏朝鮮王朝末期，伴隨天主教在朝鮮的廣泛傳播，鎮壓天主教轉而成為李氏朝鮮的第一要務，甚至放鬆佛禁，不再禁止僧尼入城。時人崔濟愚（최제우）於哲宗十一年（1860年，大清咸豐十年）創辦東學（동학），意與「西學」相對，以抵制西方宗教入侵。天道教糅合民間信仰與儒釋道三家思想，大體代表着東方封建時代的傳統世界觀與價值觀。

「在朝鮮，信仰天道教的主要是一些偏遠地區的農民，人數大概只有百分之一。嗯。」

「不過，偉大領袖金日成主席卻給予了他們參政議政的權利。嗯。」

金導遊所說的是天道教青友黨（조선천도교청우당），是朝鮮主要的「民主黨派」之一，成立於「偉大領袖」執政的一九四六年。

自然，關於「民主黨派」，我們也是「知道的」。

除了天道教，金導遊說其他的宗教信徒人數很少，比如

佛教，自然也無須再予以其「黨派」以示「民主」。只需存留幾座庵堂寺廟足矣。

《舊唐書》后妃傳裏，記載着唐太宗賢良的長孫皇后在病篤時說的一句話。當時，太子承乾希望以度人入道為母后禳解病情，長孫皇后拒絕說：「佛道者，示存異方之教耳，又是上所不為，豈以吾一婦人而亂天下法？」意思是諸如佛道之類宗教，只不過是為了表示國家有保留不同宗教的氣度罷了。「吾皇萬歲」的家國如此，「領袖萬歲」的國家亦是如此。

並無不同，比如普賢寺。

本院

普賢寺本院山門白地墨筆楷書門匾「曹溪門」，以示其為曹溪宗禪林。

曹溪宗（조계종）為朝鮮半島本土佛教流派，源自中國佛教的禪宗。禪宗在新羅末期（唐朝末年）傳入朝鮮，因入唐求法的朝鮮禪師傳承法脈不同，回歸朝鮮以

妙香山普賢寺本院解脱門。（右）

天王殿內：❶ 東方持國天王，❷ 西方廣目天王，❸ 南方增長天王，❹ 北方多聞天王。（左）

①

②

③

④

後各立宗門，計有九種之多，故稱「九山門禪」。九山門禪之中，其中八者繼承自馬祖道一（唐朝開元、天寶時人）「洪州禪」，又因洪州禪源自禪宗六祖慧能，故取六祖道場韶州曹溪山寶林寺（今中國廣東曲江南華寺）之名稱其宗派為曹溪宗。自王氏高麗時期起，曹溪宗在朝鮮半島發展一千餘載不息，成為朝鮮半島最大的佛教流派。而最初以華嚴宗寺院開山的普賢寺，也在曹溪宗興盛以後改作曹溪道場。

「曹溪門」匾之下，另有一方黑地白字木匾，上書「關西叢林斜正門」。「斜正門」字樣我是初見，不知其意。莫非作字面解釋？因為在歷代加建改築之後，曹溪門已不在普賢寺本院中軸線上，其中軸大約東移至景區入口處。相對本院整體，曹溪門在其西路，或者因此而稱「斜正門」？

一如在中國常見的漢傳寺院山門，山門殿內左右各塑一尊金剛力士塑像。不同之處在於，漢傳寺院兩尊金剛力士皆持金剛杵，一舉一平托。而曹溪門的兩尊金剛力士，一持金剛杵而另一持刀。

山門是寺院正門，因此曹溪門也是普賢寺初建時的正門。山門一般開三門，象徵「三解脫門」，也稱三門，意為通往解脫之道的三種法門，即空、無相、無願。後世寺廟山門有如曹溪門般只開一門，即正中山門殿的，仍可稱三門。過三解脫門，可通至涅槃。

普賢寺本院建築格局最為奇特之處在於，在山門之後，天王殿之前，又單獨築有一道「解脫門」。原本供奉於大雄寶殿內的文殊菩薩與普賢菩薩，屈尊於解脫門殿左右。二位菩薩為木雕，體例極小，甚至不及金剛天王。雕工也是拙劣，沒有半點菩薩慈祥模樣，加上形容滑稽的青獅白象坐騎，直欲令人發笑。而且既然此寺名為普賢寺，即應當是普賢菩薩道場，卻不知道怎麼主尊變作了門童，實在匪夷所思。

據朝鮮官方說明，普賢寺毀於朝鮮戰爭時「美帝國主義」的兩次飛機轟炸，燒毀文物無數。後來在「偉大領袖金日成主席的關懷下」，於一九七六年重建本院。所以，也不知道普賢寺本院許多令人費解之處，是本地風土如此？還是戰爭結束二十餘年忽然被關注重建時激動得亂了章法？比如講解員引領着我們，行走的碎石甬道通向解脫門前，而非正門曹溪門前。在解脫門前，講解員向我們解釋了解脫門的含義，一如山門含義的翻版，「走過解脫門，一切得解脫」云云。

莫非是在朝鮮，解脫不易？他處只需一過解脫門，此地需要二過解脫門？

解脫門後天王門。

天王殿內，兩側分塑東方持國天王、西方廣目天王、南方增長天王、北方多聞天王塑像。四大天王塑像高約兩米開外，在普賢寺本院群塑中體例最大。

朝鮮勞動黨熱衷於雕塑，各種領袖與革命雕塑遍佈朝鮮城市鄉村，幾至每寸國土。浩如煙海的朝鮮雕塑，雖然千篇一律，並無藝術價值可言，但終歸精工細作，可以稱為是具有鮮明風格的朝鮮式雕塑，或者直接歸類為蘇聯式雕塑。

所以，我始終以為朝鮮的雕塑技術——不是雕塑藝術——是不凡的。可是這種印象卻在普賢寺被徹底顛覆。原來一切美好的事物，只與領袖或者勞動黨相關，甚至是細枝末節的雕塑。

普賢寺本院雕塑最好的天王殿四大天王，依然彷彿稚子戲作。原本應是四位壯年男子形象的天王護法，卻因為東方持國天王雪白的鬚髮長髯，變得像是農家翁帶着三個兒子出來招搖撞騙。假扮北方多聞天王的幼子，蹙眉凝思：「我道具是不是拿錯了？右手的寶幡呢？哦，在左手。左手的銀鼠呢？在右手？可右手裏怎麼是寶塔？壞了，忘了今天扮的是佛教護法，還以為演的是昨天道教護法托塔李天王的戲碼。」

天王殿後，是萬歲樓。

萬歲樓是普賢寺本院中最具朝鮮本土風格的建築。

萬歲樓面闊五間，進深三間，卻不砌外牆與隔牆，四面完全通透，宛若涼亭。在朝鮮傳統建築之中，如萬歲樓這般構造的亭閣，便於多人席地坐於一處，或作授課傳業，或作講經說法之用。萬歲樓，即是普賢寺本院之中，高僧大德們曾經的講壇。或者也是因為別致，萬歲樓匾額是以草書而非楷書寫就，普賢寺本院僅此一例。

在萬歲樓前後，各有石塔一座。

普賢寺本院萬歲樓與樓前石塔（右），本院萬壽閣（左）。

兩座石塔，才是真正普賢寺舊物。萬歲樓前石塔，四角九級。塔身第一層向南一面開佛龕，曾供多寶佛，故名多寶塔。如今佛龕已空，多寶佛不知仙蹤何處。萬歲樓後石塔，八角十三層，通高三丈開外。八角十三級，每一飛簷簷角均嵌鐵鈎一枚，曾懸銅鈴一百零四枚，今亦不存。

在李家而非金家的朝鮮時代，妙香山中每有香風拂過，普賢寺中，鈴聲必是如鳴珮環吧？哪似現在，一片死寂。

萬歲樓後，是普賢寺本院正殿，大雄殿。大雄殿背臨普賢寺本院後側院牆，已在盡處。曾經普賢寺二十四宮時，本院以後，循山樑東北而上，毗盧峰方向，依次有華藏庵（화장암）、金剛庵（금강암）、下毗盧庵（하비로암）；循山樑西北而上，法王峰方向，依次有普潤庵（보윤암）、佛影庵（불영암）、祝聖庵（축성암）、上元庵（상원암）、能引庵（능인암）。如今這些殿院雖然仍標註在普賢寺本院與外院諸宮分佈圖上，可是自本院眺望，全不無見影蹤，只有漫山松柏。

普賢寺本院其餘建築，均在大雄殿迄東，依後側院牆而建。大雄殿東側是觀音殿，在兩殿後牆基線與後側院牆之間，砌牆闢出別院，別院中建有萬壽閣。萬壽閣地位特殊，李氏朝鮮王朝高宗十二年（1875年，大清光緒元年）初建時，用作國王使臣來謁為祈王室安寧而築祝聖殿時的下榻之處，後為普賢寺住持居所。

我們去時，萬壽閣別院院門緊鎖，未得進入，不知內裏是否果然還有方丈。

觀音殿東，是靈山殿，靈山殿已在普賢寺本院東北盡處。

酬忠祠

參觀並非止於靈山殿，東側院牆上，闢有一門，門匾「忠義門」，是依附於普賢寺本院所建酬忠祠之祠門。

李氏朝鮮王朝宣祖二十五年（1592年，大明萬曆二十年），壬辰倭亂。日本關白（職似丞相）豐臣秀吉引兵入侵朝鮮，朝鮮與其宗主國大明援軍聯手抗敵。歷

經六年苦戰，終以豐臣秀吉病死，日本自朝鮮全線撤兵而告終結。

壬辰倭亂，時年已七十三歲的普賢寺高僧西山大師（서산대사），組織弟子與全國僧侶為兵。自任八道十六宗都總攝（僧兵統領），統帥萬餘僧兵，與敵作戰。為國盡忠，可堪不朽。倭亂平定，西山大師歸隱普賢寺，後以八十六歲高齡圓寂。正祖十八年（1794年，大清乾隆五十九年），為酬忠烈，建酬忠祠，供奉西山大師，以及其弟子泗溟堂（사명당）與處英（처영）。

許多史料，如果沒有預習，講解員的解說聽起來完全不知所云。而且講解員的中文口音頗重，旅行團中饒有興趣聽講的幾位，還需要不時向隊首的金導遊或者隊尾的尹導遊求解。酬忠祠院內一片混亂，進酬忠祠內看展品的，在酬忠祠東南角看碑亭的，以及在院內抱怨「不如趕緊去吃飯」的。嘈雜之中，講解員終於開始了她的結束語：

「我們敬愛的偉大領袖金日成主席曾經來酬忠祠視察，高度讚揚西山大師的愛國主義精神」，然後是人民

如何感動於「偉大領袖」這一發現云云，最後宣告普賢寺參觀結束。沒有再訪山上諸宮的計劃，只是指引可以在本院東南隅一處商店前休息片刻。

信仰

由始至終，偌大的普賢寺本院也只有我們一隊旅行團，甚至在國際友誼展覽館遇着的另一隊中國旅行團也沒有跟隨而來。冷冷清清的普賢寺，只是在牆上開一售貨窗口的商店比普賢寺還要冷清。並沒有甚麼商品，幾件紀念品簡陋得寒酸。倒是窗口外面，幾張石桌石凳，可以歇腳。商店是簡單的平房，房頂出檐，兩根水泥柱撐起，涼棚一樣籠住石桌。小時候學校裏的春遊常會遇着這樣的場景，有類似不起眼的小賣部，如果可以買上一瓶汽水，且喝且憑山風解乏，一定極美。

可惜，普賢寺的商店裏，甚至沒有一瓶汽水。

金導遊留在我們身旁負責翻譯我們與商店售貨員之間的對話，尹導遊與攝像師遠遠走開，站在本院正中的草坪旁聊天。在他們的身後，有一柱經幢。或者經幢太過普通，任何普賢寺旅遊手冊上都不見記載。我詢問金導遊可否走近看看，本以為絕無問題，卻不料被金導遊斷然拒絕。顯然，他不希望旅行團內有任何團員獨自行動，甚至就在視線以內。

不可思議卻又無可奈何。

休整結束，將要離開普賢寺。依然是金導遊領隊，隊伍就與經幢擦肩而過。這也不允近觀，未免豈有此理，索性不再詢問押隊的尹導遊，逕自離隊走到經幢近旁。

經幢六面棱柱，南北兩面，頂部大字陰刻：「佛頂陀羅尼幢」。無論如何，這柱不在參觀行程之內的經幢，卻實實在在是我在普賢寺中所見與佛宗最為密切的信物。其餘一切，只是在「偉大領袖」關懷下，為「示存異方之教」而建。甚至萬歲樓前後的石塔，雖然是舊物，卻未着一字。勞動黨說它們曾在普賢寺，但是誰又能知道它們究竟曾經在哪裏？

這尊經幢卻是實實在在的，即便它曾經不在這裏，那它也與過去的那座普賢寺所信奉的宗教相關——勞動

普賢寺老僧。（左）
遠觀普賢寺本院經幢（右上）；本院大雄殿（右下）。

普賢寺本院經幢。

黨甚至不願意把普賢寺的雕塑做得更好一些，又怎麼會去偽造一柱他們並沒有用以教化的經幢？

我們的旅行團在離開，遠遠地我看見已換作俗世衣裳的普賢寺老僧也在離開。

老僧是我們之前在大雄殿內遇見的，也是我們在普賢寺內看見的唯一一名僧人——或者說，唯一一名曾經身着僧袍的人。當我們穿過萬歲樓時，他已經站在大雄殿門內，垂手肅立，面無表情。

一襲袈裟，一掛唸珠。一副金絲框眼鏡。

大雄殿內供奉三身佛及第二對文殊、普賢菩薩。供桌前有功德箱，金導遊示意我們可以拜佛並且隨喜功德。

老僧轉而面向叩拜佛陀的遊客，其餘身形卻沒有任何變化。垂手無言，不迎不送。

我不拜佛，只在殿外看着老僧。尹導遊與攝像師一如後來般地遠遠交談，金導遊坐在大雄殿外的須彌座上，百無聊賴地抽起了煙。看起來，金導遊是知道老僧與我們之間不會有任何交談的。即便是有，他也沒有打算翻譯的意思。又或者老僧是可以使用中文交談的，旅行團團員間傳言他其實就是由一位秘密的勞動黨特工所扮演的，彷彿《一九八四》裏以貧民區舊貨店店主面貌出現的思想警察卻林頓先生（Mr. Charrington）。他洞悉一切，他深藏不露。

我向金導遊比劃着他與大雄殿內的老僧及遊客，想問他為甚麼不也一同進去，卻一時沒有想好怎樣措詞。正張口結舌間，金導遊似乎已經明白了我的意思，笑着搖起頭來，吐盡了一口煙說：

「我們只相信勞動黨。嗯。」

12

청천려관

清川旅館

「勞動黨卻每每讓落差巨大的現實呈現在眼前，我想他們也是會感覺到尷尬的。」

清川旅館

溪泉蜿蜒下妙香山，注入清川江。流水一路，撿拾些妙香山中泥石，日久年深的，在入江口處，積出一扇平原。以妙香山而名的香山郡，就依此沖積平原而建。自平壤一路而來的香山觀光路，鋪設在清川江西岸，而香山與香山郡在清川江東岸。香山水壩攔江而建，水壩之上鋪設公路橋，東側橋首兩道引橋，右上妙香山，左下香山郡。

自平壤而來的外國旅行團，在結束妙香山的參觀行程之後，幾乎無一例外的，中午都會選擇在香山郡內的清川旅館就餐。

香山郡山水環抱，東面臨妙香山，三面臨清川江。從地圖上估算，整扇沖積平原橫豎也不過一點五公里，可是即便如此局促的面積，對於置郡已然六十年的香山郡而言，依然是綽綽有餘。

旅行社客車下引橋，自東南城角入香山郡。郡東近山處，依然還是農田，荒涼蕭瑟。宛若城市模樣的香山郡，在沖積平原西半臨江處，由三橫三縱形如「田」字、水泥鋪設的城市主幹道構成。

清川旅館，就建在城市縱向中軸線南端。背對清川江，面向寬闊卻清冷的香山郡中軸幹道。清川旅館是朝鮮的二級（2급）旅館，同時也是香山郡除妙香山上的特級旅館香山飯店之外，僅有的兩家涉外旅館之一。

清川旅館我以為的典型「朝鮮式斯大林式建築」——外觀是水泥混凝土的仿木構傳統漢式建築風格，內裏則是高大空洞、規整對稱、形式單一的斯大林式建築風格——仿木歇山頂，三層每層出柱廊。大堂之外建磚混門廳，門廳雨篷前緣粘貼着「清川旅館」的手寫體朝鮮字招牌：「청천려관」——相對於韓國而言，朝鮮更廣泛地使用手寫體而非印刷體朝鮮字，不知道是因為手寫體的朝鮮字看起來更有力量，還是因為製作印刷體文字必備的電腦在朝鮮完全沒有得到遍及的緣故——並加註粘貼英文名稱：「Chongchon Hotel」。以英文雙語對照，這種我們司空見慣的事情，在朝鮮卻是罕見，似乎只有朝鮮的涉外單位才能得到這樣的許可，比如新義州鴨綠

香山郡清川旅館大堂內出納櫃枱。

江旅館招牌同樣加註有「Amnok Gang Hotel」。

一如鴨綠江旅館，清川旅館也有着同樣寬敞的前院，以及隨時關閉的鐵門。不同之處在於，鴨綠江旅館的前院內泊滿了軍方牌照汽車，黨政軍官員們如過江之鯽般在旅館餐廳穿梭；而在清川旅館，院內空空蕩蕩，我們的客車毫不客氣地堵着門廳泊車。招呼我們下車，金導遊站在院內提醒我們以院門為界，不得擅出。

並沒有人打算擅出。

旅行時間倉促，景點轉場間步履匆忙，略逗留些，便需要一路小跑地去追趕前隊。擦地繼以登高，串門繼以拜佛，片刻不休。清川旅館前院站定的時候，時間早已過正午，飢渴交迫。沒有人打算擅出旅館做一個可能食不果腹的朝鮮人，所有人只打算逕入飯店做一個必能酒足飯飽的中國人。

清川旅館的大堂裏沒有開燈，雖然空曠而高大，卻因為旅館整體坐南朝北的關係，採光不佳，昏暗陰冷。

唯一讓人感覺溫暖的，是左手外側的出納櫃枱。櫃

枱枱面上，一束塑料假花，一面用白色有機玻璃自製的標板，標板上粘貼着酒紅色朝鮮語出納「출납」與暗青藍色英文現金「CASH」字樣。文字同樣是有機玻璃材質，看粗糙的邊緣應當是以線鋸手工鋸成，在電腦數控加工工藝之前，這樣的標板遍佈在我童年的記憶之中。

忽然感覺親切。陽光努力穿透旅館粘着內外雙層磨砂貼膜的玻璃窗，背光燈般打亮半透明的塑料花與標板，顏色鮮豔起來。在朝鮮，只有領袖宣傳畫還能有這樣的鮮豔，但卻不似這般真實與溫暖。

出納櫃枱裏並沒有人。

大堂裏，散落着擺放幾處售賣旅行紀念品的櫃枱。東側耳房內是一間書店，這似乎也是涉外旅館的標準配置。清川旅館書店比鴨綠江旅館書店要大上許多，三面牆的書架與兩張展示枱。可是除卻幾張地圖與幾本旅行指南以外，全部都是「偉大領袖」與「偉大領導者」的著作。因為有多種語言版本，所以才讓清川旅館的書店看起來藏書頗豐。果然，領袖思想是充實一切的根本力量。

幾張地圖，仍然是在新義州買到的那種朝鮮地圖。

在鴨綠江旅館書店裏，其實另有一種平壤地圖，可是繪製極為粗糙。想着平壤地圖不如至平壤再買，問金導遊也說羊角島國際飯店內的書店即有，於是作罷。結果羊角島國際飯店書店並沒有，而且清川旅館書店仍然沒有。

在朝鮮的旅行行程，不知道明天去哪裏，不知道那裏有甚麼。唯一可以確定的是，除了入住的酒店，其他地點都不會再回去，甚至可能永遠也不會再回去。所以，想買些甚麼，初見即當入手，否則可能再無機會遇見。

清川旅館書店售貨員還是個小姑娘，卻顯然已經工作有年。知道遊客一路至此，商店書店已經去過不少，既然大家商品別無二致，誰也不會獨把外匯留與清川江。所以遊客進來書店，她也不起身相迎，依舊坐在櫃枱後面，逕自看着她自己的書。

清川旅館建築格式，大體如四合院。四角起樓，彼此相連相通，圈起樓中巴掌大一片花園綠地。穿東側配樓過道——過道旁是房門緊鎖的包廂——盡頭就是我們就餐的大廳。餐廳宏大，足可容納百人山呼萬歲。未加遮擋，完全透明的玻璃大窗，採光極好，可以遠眺清川

江。十餘張圓桌，枱布如雪。朝鮮的賓館飯店，無論設施有多麼陳舊，乾淨整潔總是無可挑剔的。

為我們旅行團準備的兩張餐桌上，擺着三碟鹹菜，三瓶啤酒——朝鮮鳳鶴食品廠（봉학식료공장）生產的鳳鶴啤酒（봉학맥주）。看見不是大同江啤酒，旅行團裏幾位嗜酒的團員又開始抱怨，站在餐廳裏負責與餐廳負責人協調的尹導遊忙不迭解釋，說這也是朝鮮最好的啤酒之一，可是後來那幾位團友的味蕾顯然不同意這一解釋，「淡而無味，」他們說。

菜色普通，令人難忘的仍然是朝鮮粗糙的粳米飯。不過晚食當肉，若不是喝酒的優哉遊哉撐場面，狼吞虎嚥的一票人真是要讓餐廳裏漂亮的朝鮮女服務員們笑話。或者是同情：「他們在中國可能也吃不飽」，也許她們會這麼想。

誰知道呢？

不過，知道的是，當我們就餐的時候，旅行社工作人員沒有一人在場，他們自然在別處吃他們自己的司陪餐。這忽然讓我想到，可以因此而得到片刻自由時間。

於是一碗米飯吞完，未及半飽，便離席而去。

果然，我一個人站在了清川旅館的前院中。

香山郡

朝鮮的行政區劃分為三級，第一級為直轄市、特區、道；第二級為市、郡、區域；第三級為邑、洞、里、勞動者區。「郡」與「市」或者「區域」同屬於第二級行政區劃，相當於中國行政區劃中的市或者縣級市。「郡」下轄「邑」、「洞」、「里」或者「勞動者區」，即類似於「鎮」、「鄉」、「村」或者中國在人民公社時期也曾有的「生產大隊」。

香山郡，上為平安北道所轄，下轄有一邑二十里。清川旅館所在的城區，從行政區劃上嚴格來說，其實即是香山郡所轄的一邑：香山邑（향산읍）。香山邑為香山郡郡政府所在地，故而以郡代邑稱呼。

廣義上的香山郡，面積近五百平方公里，位於平安北道東部邊緣。東北與慈江道接壤，東南與平安南道相

香山郡街頭。（左）

清川旅館餐廳餐桌上的朝鮮產鳳鶴啤酒。（右）

鄰。因為地在三道交匯的妙香山區，故而山多地少。在不多的耕地上，種植玉米、水稻、大豆之類——農業依然是朝鮮絕大多數地區的主要產業。

朝鮮的人口，是勞動黨極力保密的數據之一，資料稀少，且全部「未經官方認可」。至於妙香郡的人口數量，數據有兩種。一是一九九〇年統計，妙香郡人口計有十萬零八百九十三人；二是二〇〇二年統計，妙香郡人口計有三萬二千九百五十二人。

數字總是有出入，但趨勢大體沒錯。「苦難的行軍」時代，實在有太多人掉隊。也正因為如此，站在本應當繁華的香山郡中軸大道路口，卻幾乎看不見甚麼行人。

可以一眼看透香山郡，在中軸線的另一端，是另一棟三層的朝鮮式斯大林式建築。不知道那是甚麼所在，如果有機會站在那裏看回來，我可能不會覺得與在這裏看過去有甚麼不同。

行人很少，自行車更少。只偶爾有年長些的婦人自東向西穿過，推着手推車，車上載着好似裝滿糧食的口袋。而且無一例外的，她們的車輪上都沒有橡膠輪胎，裸露着

金屬車輪，在不甚平整的水泥路面哐啷哐啷地走着。

在「先軍政治」的朝鮮，軍官的生活確實相當優渥。他們居然有摩托車，兩位軍官的摩托車從婦人的手推車前呼嘯而過，婦人已經見怪不怪，甚至沒有回望他們一眼。

當然，最好的是可以有一輛汽車。

中軸幹道兩旁立有簇新的電線杆，不知道入夜以後是否能夠點亮？一側電線杆上，標語縱深懸掛開去。最近清川旅館的一面標語，寫着「建設強盛大國」（강성국가건설）字樣。

建設強盛大國，是屬於「偉大領導者」的政治理念。大約是在一九九八年，「偉大領導者」在慈江道的一次現場指導中，忽然想到這一理念。然後經過理論化，科學地證明朝鮮將會在「偉大領袖」誕辰一百周年之際「打開強盛大國之門」，無論是在意識形態（主體思想）、軍事（先軍）、政治與經濟領域，都將成為真正的「強盛大國」（강성대국）。

站在朝鮮平安北道香山郡清川旅館前院的那天，是二〇一二年三月二十九日，距離四月十五日「偉大領袖」

誕辰一百周年的「太陽節」慶典只有十七天，距離朝鮮成為「偉大領導者」制定的「強盛大國」只有十七天。

也許，十七天以後，我再站在那裏的時候，汽車將川流不息。可是，在十七天以前，我已經不知道在前院站了多久，直到旅行團的團員陸續酒足飯飽地走出來，才有一位人民軍軍官駕駛着一輛中國產老款軍綠色塗裝的北京二一二吉普車經過我們的眼前。

我的膠片定格下這輛軍車，可是我卻沒有拍攝另一輛更值得拍攝的汽車。是傳說中朝鮮以燃燒木柴作為動力的卡車，其實是六十年前蘇聯生產的嘎斯（Gaz）五一型軍用卡車，這種卡車原本的動力是燃燒電石氣——稱作「電石」的碳化鈣與水混合產生的可燃乙炔氣體——如今不知道是否經過改造，在卡車車斗裏置一空汽油桶，內裏燃料不明，冒着藍色的濃煙。

我們聚在一起熱烈討論卡車究竟使用甚麼燃料，曾經做過卡車司機的神醫也是一臉茫然，彷彿難以相信居然還有他也治不了的病。

那時，導遊也已經站在院內，我忽然有些許為他們

感到難堪。他們的職業決定他們必須要按照勞動黨的要求去解說朝鮮。可是，勞動黨卻每每讓落差巨大的現實呈現在眼前，我想他們也是會感覺到尷尬的。

我沒有再拍那輛卡車。

永生塔

香山郡的永生塔，就建在清川旅館院門外，中軸幹線走過來右轉的街角。永生塔（영생탑），是朝鮮所有行政區域內必須修築的建築物，用以紀念未得永生的「偉大領袖」。

永生塔的結構大體相同，由基座與塔身組成。基座四面有各種與「偉大領袖」相關的浮雕圖案，比如香山郡永生塔，遠觀隱約可見基座正面圖案是萬景台——「偉大領袖」誕生的聖地。塔身前後兩面雕刻「偉大領袖金日成同志永遠與我們在一起」（위대한 수령 김일성 동지는 영원히 우리와 함께 계신다）的字樣，這是所有永生塔絕無不同的地方。

위대한수령김일성동지는영원히우리와함께계신다

香山郡街頭的軍車。（左）
清川旅館門外的永生塔。（右）

永生塔的大小不盡相同，最大的永生塔，便是出平壤時在供奉「偉大領袖」肉身的「錦繡山紀念宮」旁所見的那座，通高將近百米。而其餘各地，視行政區域級別，永生塔依比例縮放。

自從新義州進入朝鮮以後，遠遠近近的，永生塔已是見過不少。據說在朝鮮，修築永生塔的最基層行政區劃是「里」，相當於每村一塔。

在新義州至平壤的國際列車裏，不知道是在平義線的哪一段，見着一處正在施工的永生塔。依照勞動黨在平壤建設的永生塔藍本，基座與塔身應當以花崗石雕鑿，而兩面題字應當以紫銅鑄就。可是，我看見的那座永生塔，塔基與塔身是以最廉價的免燒空心磚搭起。塔身一面完工，敷以水泥，題字直接刻在水泥敷面上，看來是要留待日後補漆。奇怪的建築方法，不是自下而上的分段完成，而是立面的左右完工。未完工的一面，仍然裸露着空心磚的塔體，一位明顯不應當是建築工人的婦人正揹着疊摞起的幾塊磚走向工地，不知道是「義務勞動」，還是能給些微薄報酬的有償勞動。

在鐵路與公路旁的能看見永生塔的朝鮮村莊之中，永生塔旁一般會另砌一面形如影壁的畫像牆，上面大體畫着同樣的圖案。「偉大領袖」與「偉大領導者」站在各種地方大笑，山頂上，海灘旁，雨裏雪裏，總之無論甚麼地方都沒有影響他們的笑容。

在「偉大領導者」同樣未得永生之後，永生塔自然不能再由「偉大領袖」獨享。也許是勞動黨終於意識到永生塔不能像領袖畫像那樣，可以輕易地讓全國人民由供奉一幅到兩幅、三幅，為「偉大領導者」再單獨修築永生塔實在無能為力，於是規定在新建永生塔時，將「偉大領袖金日成同志永遠與我們在一起」改為「偉大領袖金日成同志和金正日同志永遠與我們在一起」。但是對於已經建成的永生塔，還不知道該將如何處理。如果需要鑿去題字另刻，那麼勞動黨就要在擔心「懸掛領袖畫像的牆面不夠寬」之餘，再增添一件擔心「永生塔不夠高」的煩心事了。

離開清川旅館，已經是下午兩點。

旅行社客車沒有再回引橋經由香山水壩渡江，而是沿着清川江東岸一路南去。前方總還有橋渡江，雖然許多渡橋非殘即斷。

午後陽光熏暖，客車內滿車乘客，大多昏昏欲睡。甚至坐在我側前方的攝像師，脫下外套搭在椅背上，半側身躺在雙人座位上。

車窗外偶爾閃現一座村莊，村莊多在路遠深處。幾乎所有的朝鮮村莊，都只有土路與公路相連。坑窪崎嶇的土路上，村民往來，頭頂肩扛着那些好似裝滿糧食的口袋。他們大多乾瘦，尤其是那些上了些年紀的老婦，無一例外地佝僂着腰。甚至在平壤，也是如此，顯然是無法獲取足夠的富鈣食品，比如牛奶。

然後，就在公路旁邊看見了那個蹲在地上撿食野果充飢的小女孩，灰頭土臉的美湖。

一瞬而過，難受得回頭去看她，小小的身影片刻不見。轉回頭來，陽光正照在攝像師外套胸口的領袖徽章上。他佩戴的是一枚「偉大領導者」的像章，領導者開心地笑着。

13

6월 9일룡북중학교

六九中學

「好像回到了過去。」
「我年青的時候也畫過這些。」
六九中學裏張貼的大幅手繪政治宣傳畫，
彷彿讓人又看見數十年前中國的街頭巷尾。

六九中學

金日成還需要愛。以鮮豔的海報色彩繪製成的壁畫，畫中的金日成被一群臉頰紅通通、眼神充滿孺慕之情的孩子所包圍，而他對這些孩子投以慈愛的笑容，並且露出他那排珍貝般的牙齒。這幅畫面的背景雜亂放置着玩具與腳踏車——金日成不想成為約瑟夫．史達林（Joseph Stalin），他想成為聖誕老人。他臉上的酒窩使他看起來比其他的獨裁者更容易親近。他被塑造成父親的形象，在儒家傳統中，父親應該受到尊敬與愛戴。金日成想討好每個北韓家庭，使自己成為他們的一分子。這種儒家色彩的共產主義與馬克思預想的世界完全是兩回事，反倒與日本帝國文化更為接近，日本天皇有如太陽，所有的臣民都要匍匐在他面前。[1]

---

[1] 芭芭拉．德米克：《我們最幸福：北韓人民的真實生活》，第六八至六九頁。

站在平壤六九中學（평양 6 월 9 일룡북중학교）教學樓的一樓大廳裏，無法忽視的，正如芭芭拉·德米克在《我們最幸福》裏所敘述的，一幅巨大的描繪着聖誕老人般的「偉大領袖」畫像幾乎佔據去大廳正面整堵牆壁。當然，如同聖誕老人身旁總有形影不離的馴鹿一般，「偉大領導者」也出現在畫面中，和孩子們一起崇拜地看着他們共同的父親。

參觀一所學校，是勞動黨為外國旅行團設定的必選行程，用意是為了向世界人民展示朝鮮「在『偉大領袖』的關懷下，由勞動黨創造的世界最早的十一年義務教育體制」。朝鮮義務教育的十一年，由學齡前一年、小學四年，以及高中六年組成❶。而且，「是全部免費的。」可以聽得出來，與福利分房制度一樣，全民免費義務教

❶ 二〇一三年第二期，平壤《今日朝鮮》，《推動知識經濟時代的普遍的十二年制義務教育》文稱：二〇一二年九月，朝鮮第十二屆最高人民會議第六次會議通過了實行普遍的十二年制義務教育的法令，將十一年義務教育制度中初等教育的小學階段由四年增加為五年。

平壤六九中學教學樓大廳內的領袖宣傳畫。

育制度也是令金導遊真正覺得朝鮮總還有優越之處的地方，「我知道在你們中國上學和買房一樣是很貴的，要花很多錢。在我們朝鮮，是全部免費的。」

戳着了痛處，旅行團團員這次附和的讚美明顯發自真心。孩子已經在上學的幾位，甚至直接開始交流起為他們所支付的花銷，彼此慨歎免費該有多麼的好。讚美「免費」，等於讚美朝鮮「免費」義務教育制度，自然更等同於讚美朝鮮，金導遊掃視大家不語，面孔上浮現着微笑。這一切，正如勞動黨所期望的。

「而且，我們將要參觀的六九中學，不是朝鮮最好的中學。嗯。只是一所很普通的，在朝鮮有千千萬萬這樣的中學。嗯。」金導遊的介紹明顯有些得寸進尺。從妙香山回平壤的路上，當我們得知下午的行程是參觀一所中學的時候，已經有行前功課做足的團友斷言，參觀的必然是六九中學。

所有中國旅行團，被安排參觀的那所展現朝鮮教育「真相」的「普通」中學，幾乎無一例外的都是六九中學。看來六九中學實在是「普通」得恰到好處，既不至抹殺

了勞動黨的偉大成就，也不至給人以刻意拔高朝鮮教育現狀的嫌疑。

平壤六九中學，得名於其建成日期，一九六九的六月九日。在朝鮮，以日期為名的建築物相當普遍，比如平壤市內著名的「四．二五文化會館」（4.25 문화회관）、「五一體育場」（5월1일 경기장）等等。命名機關與建築物名稱的日期，一般與領袖或者勞動黨密切相關，如果不是紀念日，那就是領袖關懷或者視察的日期。金導遊說「偉大領袖」出於對教育的關心，出席了六九中學的落成典禮，所以那一天變得意義不凡，故而師生將日期作為校名以示感念。

金導遊的故事，唯一的邏輯缺陷是，那麼那一天「偉大領袖」參加的其實是一所無名中學的落成典禮。

平壤市區中的大同江段之中，在羊角島以北大約四五公里，當大同江水東北而來，轉而南流的水灣處，正是「五一體育場」所在的綾羅島（릉라도）。綾羅島北岸，是平壤市大城區域（대성구역）。大城區域儼然

是平壤的大學城，擁有朝鮮最為著名的金日成綜合大學（김일성종합대학）與另一所由金日成綜合大學外國語文學院分離創建的平壤外國語大學（평양외국어대학）。六九中學，校址就在這兩所大學之間，僅就地理位置而言，已然不能算作是「普通」。

大城區域地處平壤市區北部邊緣，因區域東北有大城山（대성산）而得名。從平壤東北的妙香山回返，首先進入的即是大城區域。見着人煙不久，過錦繡山太陽宮（금수산태양궁전）——即是更名方才一個月的保存「偉大領袖」與「偉大領導者」遺體的原錦繡山紀念宮——與近旁那尊朝鮮最大的永生塔，不遠處便是六九中學。

六九中學的校門隱藏在一片住宅樓之間，憑藉我神乎其技的空間感與地圖識別能力，才在從體育教師手中借來的繪製簡陋的平壤地圖——他極有先見之明地從新義州鴨綠江賓館買下的——上勉強找到六九中學的大概位置：幾乎緊鄰在平壤外國語大學的西側，顯著的參考是在最後轉折處途經地圖上標註的一所醫院。

朝鮮採用免費醫療體系，這與福利分房、免費義務教育鼎足構成了勞動黨讓人民必須念念感恩的朝鮮福利體系。如果說，福利房屋再簡陋，總可以棲身；義務教育再落後，總可以識字，那麼免費醫療只能算作聊勝於無的擺設。

在丹東口岸出關之前，旅行社經理特意叮囑所有旅行團團員的重要注意事項中，即有一條在朝鮮千萬保重身體，萬一生病，恐怕得不到及時治療。注意飲食，注意健康，進入朝鮮以後，金導遊又再次提醒。朝鮮的藥品同食品一樣極度匱乏，且不論醫生醫療水平如何，只說遍地巧婦卻無米，便可想而知醫療現狀。

教育衛生總是被並列提起，可是卻沒有任何旅行團在朝鮮有參觀醫院的經歷，雖然這不合情理。不過可以途經一所醫院，或者多少也可以管窺一豹。

在那張朝鮮官方出版的平壤地圖之中，整個大城區域只標有兩所醫院。在圖例上以紅十字的大小表示醫院規模，大紅十字所指的是「平壤市第二人民醫院」，而小紅十字卻沒有標註醫院名稱。過錦繡山太陽宮，繼續沿大城區域主幹道西行，再折而向北，轉入六九中學校門前窄巷時，我終於看見了那所醫院。

哪裏像是一所醫院？與左右完全相同的一所居民樓院，只是在院門左右立柱上有紅漆塗繪的水泥字。左側「美成❶區域人民醫院」（미성구역인민병원），右側「赤誠」（정성），紅十字標識隱藏在右側兩字之間。除此之外，再也沒有絲毫特徵能看出那是一所醫院。

明顯是院內居民而非病人模樣的普通百姓往來院門內外，即便院內隱藏着一所醫院，看起來規模也只不過家庭診所大小。這樣規模的醫院居然可以作為地圖上大城區域僅有的兩所醫院之一，要麼是近旁有一所像六九中學一樣隱蔽的大醫院，要麼是朝鮮人民「天賦異稟」，絕少生病。

然後，我就站在了「偉大領袖」慈父般的笑容下，站在了六九中學的教學樓大廳裏。

❶ 音譯，標準漢字寫法不詳。

教學樓

六九中學校園內，三分之二的面積被操場佔據。所謂操場，只是一大片平整的黃土地，邊緣有幾株新植的樹苗，這與六九中學五十餘年的校史實在太不相稱。

操場南側，鄰着校園圍牆建起幾層水泥看台，看台前，幾具單杠。主要的體育運動器械安置在鄰近校門的操場西側，有完整籃球架的黃土籃球場看起來還算不錯，可是卻被闢成了停車場，泊着幾輛簇新的軍車。

黃土操場上遍佈碎石子，一些男學生聚在一起，安安靜靜地、不吵不鬧地踢着足球。將近下午四點，學生們似乎已經放學，教學樓裏也是空空蕩蕩的。

主教學樓是四層的赫魯曉夫樓，坐北朝南，正對着操場。教學樓門前建門廳，門廳雨篷上搭有石板鑿刻的紅色標語：「讓我們爭做偉大領導者金正日的好兒女！」（경애하는 아버지 김정일 원수님의 참된 아들 딸이 되자！）兩側樓體懸掛永久標語「金正日將軍萬歲」（김정일 장군님 만세）等歌頌領袖的口號或者領袖語錄。

六九中學操場。

六九中學教學樓（上）和傳達室（下）。

金導遊翻譯解釋道，這些標語的內容與體例，甚至出現的位置，都是所有朝鮮學校必須遵守的規制，不可輕忽。

教學樓大廳右手第一間教室，對着大廳的牆上開一扇窗口，改作傳達室。見慣了前來參觀的旅行團，傳達室裏伏案寫着些甚麼的值日教師，由始至終也沒有抬起頭來看我們一眼，彷彿我們不存在。我卻處處好奇，踅身轉到教學樓通道裏的傳達室門外，透過門上的玻璃窗，細細打量起因為絕無讓我們參觀的可能而真實存在的傳達室。

傳達室中佈置得彷彿中國北方農村的臥房，搭着半米高的磚炕，只是看不見炕下有沒有燒火取暖的炕眼。炕上鋪着合成革材料的粟黃色炕席，炕桌擺在朝着大廳的窗口下，即使伏案寫東西也不影響傳達教師以眼角餘光把守教學樓門。

炕桌上一部電話，外牆玻璃窗下一台學校廣播的播音器，唯一看起來還有些新世紀氣息的陳設，是牆角矮櫃上的一台淨水器式飲水機。卻並沒有使用，僅有的現代化設備還是多餘的，朝鮮實在是不缺乏潔淨的飲用水，即便流經繁華首都的大同江與普通江，江水也清澈得讓

我們這些深受嚴重環境污染之苦的中國人豔羡。

能有在教學樓大廳裏片刻逗留的機會，是因為將暫充學校導遊的一位中年女教師姍姍來遲。她行色匆匆地走進教學樓來，與金導遊一番耳語，彼此之間似乎已經極為熟稔。

女教師上身着一件磚紅色的呢料外套，穿着經年，已經起了不少毛球，顯得有些陳舊。普通的黑褲與黑色高跟皮鞋，幹練地綰髮髻在腦後，典型的職業婦女打扮。像領袖與高級軍官之外的所有普通朝鮮人，女教師同樣的清瘦，膚色暗淡，這讓她看起來很是嚴厲。

學校確實已經放學，從一樓走到二樓，寂無一人。透過樓梯間的玻璃窗，倒是在教學樓後發現不少忙碌着的女學生。在教學樓後一排彷彿庫房的平房前，碼放着十幾張高低不等的木製課桌——可能是對於高年級學生而言，原本的課桌過於低矮，於是將兩塊木板垂直釘在課桌的桌腿下面以加高。課桌已經不知道將就着使用了多少年，太過破舊，油漆剝落，凹凸不平。

很快就將是「偉大領袖」的百年誕辰慶典，很快就

六九中學教學樓後油漆課桌的學生（上）和閱讀室內課桌上的讀物（下）。

將是朝鮮成為「強盛大國」的日子，平壤街頭處處可見的翻新清洗明顯是一項全民運動，六九中學自然不能例外。女學生們正在一位男教師的帶領下，擦洗課桌，重新油漆。男教師蹲在地上，負責比較危險的工作，將桶裝漆料以汽油之類的溶劑稀釋。擦洗與油漆都是女學生們的工作，擦洗是力所能及的，可油漆明顯是在看起來還只是孩子的她們的能力之外。黃桌身、綠桌面，油漆得深一塊、淺一塊。不過她們顯然非常樂意做這項工作，遊戲一樣的工作讓她們很快樂，說着笑着，難得的孩子們的笑聲，不至於讓陰沉的教學樓裏太過寂寞。

在女教師的帶領下，匆匆忙忙地參觀了二樓的幾間實驗室。實驗室條件簡陋，沒有任何電子設備，更不用說甚麼電腦之類。「不會電腦，怎麼能跟得上時代呀。」旅行團裏已經有孩子的幾位團員，撤回之前的讚美，改而推己及人地替朝鮮學生憂心忡忡。

「啥子都莫得，學得到個鬼喔？」兩位四川人站在我前面，彼此間以川音竊竊私語，「學得到啥子？毛澤東思想噻。」

我跟着他們轉身走進閱讀室，強忍着沒有笑出聲來。

在閱讀室裏結束了我們對六九中學教學樓的參觀，金導遊翻譯女教師的結束語，意思是學校在關注學生們的日常教學之外，也善於培養學生們學習多方面的知識。閱讀室每張課桌正中擺放着一本台曆——台曆模樣的讀物，可模樣實在像極了中國的台曆，而且台曆的日期背面也大多印刷着短小精幹的故事與小知識。

六九中學閱讀室課桌上的台曆，仔細翻看，確實是與台曆全無關係的讀物，因為沒有任何日期。而且格式統一，隨意打開，總是一面印着套紅「偉大領袖」與「偉大領導者」語錄的勞動黨政治宣傳品，一面印着些無關痛癢的小知識。比如，《冬季製作美味泡菜的小竅門》（김치（겨울）의 맛을 돋구려면），「腌製二十至三十小時，四天後加入泡菜水，可避免泡菜失去脆感，並且保持甜頭」❶云云。

❶ 조절임을 20~30 시간 하고 사흘만에 김치국을 해넣으면 질기지 않고 단맛이 빠지지 않는다。

台曆紙張已經泛黃，倒是無須擔心這些理論與知識可能過時，勞動黨的偉大思想與泡菜的醃製竅門都是永垂不朽的。

宣傳畫

六九中學教學樓裏，最吸引我的是幾乎每面牆上都張貼有的大幅手繪政治宣傳畫，色彩豔麗，在昏暗的樓道中格外醒目。

具有強烈社會主義風格的宣傳畫，也曾經遍佈中國的每個角落。對於略有些歲數的中國人而言，這樣的宣傳畫都是似曾相識的，除了標語由漢字改為朝鮮字書寫以外，彷彿又看見數十年前中國的街頭巷尾。時空在瞬間交錯，「好像回到了過去。」旅行團中年長的幾位如此說。追憶過去，也正是許多中國人選擇往朝鮮旅行的主要動因。過去是殘酷的，殘酷並不值得追憶。但當一切過去的時候，追憶的便無關於殘酷，而只是追憶那些與殘酷交織在一起的青春。

「我年青的時候也畫過這些。」神醫面對着樓梯間大幅宣傳畫自言自語，終於這一次不再是無所不能的豪邁，而只是些淡淡的悵惘。

樓梯間對着上下樓的學生們，張貼着最大幅面的宣傳畫，佔據整面牆壁，無法忽略。最大的，自然歸屬於領袖。二樓樓梯間的宣傳畫描繪「偉大領導者」，紅色大字標題：「從金正日時代充滿光輝和意義的戰鬥中汲取力量爭做少年英雄！」（김정일 세대를 빛내이는 보람찬 투쟁에서 청년영웅이 되자！）

少年「偉大領導者」左手持一份《青年前衛》（청년전위）報紙，揮舞右手，高呼口號。通身被招展紅旗與「先軍領導」（선군령도）、「強盛大國」等標語附體環繞。《青年前衛》是金日成社會主義青年同盟（김일성사회주의청년동맹）的機關報，青年同盟類似於中國的共產主義青年團，作為民間組織，實際上是共產黨的青年組織與預備隊。

朝鮮青年同盟由「偉大領袖」創建於一九四六年，原名「朝鮮民主青年同盟」，一九九六年成立五十周年時，「朝鮮民主」被以「金日成社會主義」取代，改名為「金日成社會主義青年同盟」。可憐的「朝鮮民主」。

既然「偉大領袖」作為勞動黨代言人，那麼「偉大領導者」自然作為青年同盟代言人，教化身為朝鮮青年的中學生，理所應當。

一樓樓梯間的宣傳畫描繪「偉大領袖」，「讓我們追隨和學習偉大的金日成大元帥光榮的青少年時期！」（위대한 수령 김일성 대원수님의 영광스러운 청소년 시절을 따라 배우자!）

畫面正中，紅底金字——所有宣傳畫中必須如此處理領袖語錄——的金日成語錄：「在我十二歲的時候，我遵從父親的教導，更加努力地學習我國文字，親眼目睹了祖國的悲慘現狀。懷揣愛國之心，我獨自一人離開八道溝，向着祖國的大地出發了。」❶

❶ 나는 열두살때에 아버지의 말씀대로 우리 나라의 글을 더 잘 배우며 조국의 비참한 현실을 직접 목격하면서 애국의 뜻을 키우기 위하여 혼자서 조국땅을 행하여 팔도구를 떠났습니다 · 김일성

「偉大領袖」一九一二年出生於平壤萬景台（만경대），八歲時隨父親金亨稷（김형직）遷居中國吉林省，後在長白縣八道溝就讀小學。在朝鮮官方出版的《金日成略傳》裏寫道：「一九二三年初，金日成以最優秀的成績在八道溝小學畢業之後，遵循父親要幹革命就必須熟悉祖國的現實這一教誨，回到了祖國。當年三月十六日，他離開八道溝，徒步經過月灘，越過五佳山，途徑和平、黑水、江界、城干、前川、古仁、清雲、熙川、香山、球場，來到介川。從介川搭上火車，於三月二十九日回到了家鄉萬景台。從八道溝到萬景台的千里路程，是金日成了解祖國、熟識祖國人民的『學習的千里路』。」❷

一段慷慨激昂的心理描寫之後，一九二五年初，因為父親又遭佔據朝鮮的日本人逮捕——天知道「偉大領袖」的父親甚麼時候也回到了朝鮮——「偉大領袖」又

❷ 《金日成略傳》，平壤：朝鮮外文出版社，二〇〇一年。

六九中學教學樓內的光榮榜。（左）

二樓宣傳畫：「從金正日時代充滿光輝和意義的戰鬥中汲取力量爭做少年英雄！」（右上）

一樓宣傳畫：「讓我們追隨和學習偉大的金日成大元帥光榮的青少年時期！」（右下）

走上了實際是繼續逃亡的「光復祖國的千里路」——原路回返中國。而他來無影去無蹤的父親，早已在日本人的押解途中神奇地逃脫，如串門歸來一般提前回到了吉林省撫松縣。於是「偉大領袖」隨父定居撫松，就讀於撫松第一優級小學。

一樓樓梯間的宣傳畫，講述的正是「偉大領袖」僅見於勞動黨正史中的神話般的「千里路」。畫面下方繪製着「千里路」的路線，左右連接着平壤萬景台與走在路上的少年「偉大領袖」。

更為神話的是，少年「偉大領袖」並不是一個人走在「千里路」上，在他的身旁居然還畫着少年「國母」與少年「偉大領導者」。千里路上的「偉大領袖」，年方十二歲，直到十七年後，他才迎娶「國母」；十九年後，「偉大領導者」才「天降白頭山」。可是，他們為甚麼會一起走在「千里路」上？

「偉大領袖」就是這麼神秘莫測。

好學生們，照片被張貼在光榮榜裏。光榮榜就在傳

達室旁的牆壁上，斜對着樓梯間裏「偉大領袖」的千里路宣傳畫。

光榮榜是六九中學裏最美麗的一幅宣傳畫，色彩不再是象徵革命的燥烈的血紅，而是平靜的藍綠色。奇怪的感覺，在處處充滿血紅與金黃的朝鮮，反倒是冷色調的藍與綠更覺得溫情脈脈。標題依然是經典的黃底紅字：「榮譽的最優等生」（영예의 최우등생들）。左右配飾是勳章和象徵着掌握未來科技的使用電腦的學生們，雖然在六九中學沒有看見任何一台電腦。

從左向右，以獎項的重要程度順序，張貼着三類獎項獲獎者的照片：「金日成青年榮譽獎／金日成少年榮譽獎獲獎者」（김일성 청년 영예상 / 김일성 소년 영예상 수상자들）、「七・一五最優秀獎獲獎者」（7.15 최우등상 수상자들）與「榮譽的最優等生」（영예의 최우등생들）。「榮譽的最優等生」是學校獎項，大約類似於中國的「三好學生」。每年評選，最後獲獎的一批學生照片規格與照片中他們的穿着整齊劃一。而前兩類則是朝鮮政府獎項，尤其是金日成青年與少年榮譽獎，

是朝鮮青少年所能獲得的最高榮譽獎項。獎項設置至今已逾五十載，六九中學也不過只有八名獲獎者。

政府獎項獲獎者的照片大小不一，黑白彩色不同。與照片中的他們對視，他們很少有笑容，嚴肅地看着我。時光跨越幾十載，有些黑白照片已經模糊難辨，不知道他們當初因為做了些甚麼而得到表彰？希望不是那些我們從小耳熟能詳的捨生取義，犧牲自己的生命去搶救一堆木材、一群羔羊，甚至是在洪水中搶救一幅領袖的畫像。

希望他們都仍然健康地活着，衣食無憂。在朝鮮，你甚至想不出更好的並且切合實際的祝福。

歌舞表演

六九中學教學樓參觀得草率倉促，不像是旅行團，倒更像是一群遲到了卻又尋不着教室的學生。之所以如此，是因為六九中學的學生藝術團早已經等候在學校禮堂，準備為我們進行一場例行的歌舞表演。

學校禮堂在操場的東側，南北走向的兩層斯大林式磚樓。有着穀倉式坡頂的禮堂，看起來建築年代更為久遠。依着朝鮮的表彰制度，禮堂可以算作是六九中學的功勳建築。不過卻沒有榮耀的徽章佩在胸前，只有枯萎的藤蔓滿佈全身。在藤蔓新生與繁盛的春夏，禮堂看起來也許會多些生機，可惜在冬末，一片蕭條。

舞台在禮堂二樓，老舊得任憑怎樣打掃，也不能再顯露出乾淨整潔的朝鮮品質。牆壁灰暗，裝飾舞台的彩幔褪色，彷彿許久沒有清洗。鮮豔的，潔淨的，只有站在舞台上的學生藝術團女團員們。她們努力地繼續着裝飾在面孔上的笑容，歡迎我們的到來。

我感覺尷尬。

當我們開始朝鮮旅行之前，從旅行社拿到的大略的行程安排中，知道會有一所學校的行程，也知道會被安排觀看一場學校學生藝術團的表演。旅行社特別提醒，我們可以準備一些禮物，食品或者學習用具之類，在表演結束後贈予演出的藝術團學生們以示感謝。

當然，在處處講究集體主義的朝鮮，這些禮物雖然

直接交給學生們，但學生們卻不能隨意處置，因為一切都歸集體而非個人所有。負責的教師會將所有的禮品收走，然後再統一分配。至於如何分配，以及能否最終分配到學生們的手中，那只有天知道。

即便如此，我們也樂得這樣做。禮物總還會有回到學生們手中的機會，基於中國人對「雁過拔毛」這一分配制度精髓的理解，我們所能做的就是儘量多帶一些禮物，這樣總不至於雁過而成禿雁。

尤其是那豪爽的瀋陽商人，準備了兩大袋食物——他本以為在朝鮮會食不果腹，既然餐餐可以吃飽，那就不妨把所有食物都當作禮物饋贈——其他旅行團團員也或多或少備有禮物。大家不願意為勞動黨多花一分錢，比如買二十元人民幣的花籃擺放在領袖畫像前，但卻願意花二百元人民幣買些東西送給學生們。

金導遊自然也是清楚這種安排的，但是！但是他居然完全沒有提醒我們當天會有參觀學校的行程，於是我們每個人都是兩手空空。自從在客車上知道將要前往六九中學的那一刻起，直到走進禮堂二樓看見學校藝術

六九中學禮堂舞台上演唱歌曲的學生。（上）

藝術團列隊合影時，與領隊女教師鬧彆扭而不開心的女團員。（下）

團的學生們，我們一直不停地跟在金導遊身後抱怨，抱怨他為甚麼不提醒我們。

金導遊輕描淡寫，讓我們晚上把所有禮物送到他在羊角島國際飯店的房間裏，「明天我再帶到學校裏來，然後交給他們。嗯。」

我們有些憤怒，卻又無可奈何。

即便我們相信金導遊是真的忘記提醒，而不是甚麼其他原因，那他還是將我們置於難堪之境。

朝鮮民族擅長歌舞，「偉大領袖」也重視歌舞。歌頌領袖，參加大型團體操表演與大型歌舞集會，這些都將是伴隨普通朝鮮百姓一生的政治任務。

是政治任務，而不是甚麼藝術演出。比如，某天下午放學以後，在學校的組織安排下，為一群來自中國的遊客表演歌舞。表演以中文革命歌曲組唱開始，在歌頌自己的領袖之餘，兼要歌頌別人曾經的領袖以娛樂別人，我很難相信這會是令她們感覺愉悅的藝術。

學生們的表演嫻熟，小合唱、大合唱、獨唱，有條不紊。除了以聲樂見長表演獨唱的小姑娘以外，其餘參與合唱的女學生們，每人都至少精通一樣樂器。使用最多的是在蘇聯音樂史上佔據重要地位的手風琴，也是我們的學生時期，音樂教室裏僅有的幾件必備樂器之一。

藝術團的主要演員是三位女學生，她們兩位以手風琴、一位以吉他伴奏演唱了表演過程中主要的幾首朝鮮語歌曲。歌曲是我們完全陌生的，金導遊遠遠地坐在遠離舞台的入口處，絲毫沒有為我們翻譯的意思。即便如此，讚歎聲依然此起彼伏，對於我們這些幾乎完全沒有接受過音樂教育的中國遊客而言，她們的彈唱已經非常之好。

好得超過我們的想像。更多的學生彈奏着自己的樂器匯入隊伍，甚至已經有男學生悄然坐在架子鼓前，三人演奏瞬間轉換為整個學生藝術團的合奏。依然聽不清楚歌詞的意義，卻已經明白歌曲的意義。是讚美的，是歌頌的。合唱的高音振聾發聵，旅行團的團員們紛紛站了起來。我始終站在舞台側前方觀看與拍攝，我能看見站起來的幾位團員的興奮。

將你淹沒在激昂的歌頌之中，將你淹沒在亢奮的人海之中。感染你，讓你同樣地感覺激昂，感覺亢奮。

然後，就像舞台正上方的紅色大字標語所寫的「用敬愛的金日成大元帥的革命思想來徹底武裝自己」（경애하는 김일성 대원수님의 혁명사상으로 철저히 무장하자）那樣，你感覺自己正在被光輝的思想所武裝，你感覺到力量，「你熱愛老大哥」。

之前穿着朝鮮民族裙裝表演舞蹈的女學生們再次從台後湧出來，繼續着之前的熱烈，邀請所有旅行團團員加入她們的團體舞蹈。她們並不會說中文，也沒有任何人加以說明，我們有些不知所措，金導遊甚至不再關心學生們的演出與我們的窘迫，和女教師站在入口處閑聊。

表演舞蹈的女學生們把我們向舞台前的空場——這是她們演出的舞場——生拉硬拽，我們終於明白了她們的意思，原來是要跳一段表現社會主義大團結的集體舞。氣氛重新活躍開來，我們彼此牽手相連，女學生們邊跳邊旋轉起來。我們手腳笨拙，也不得這舞蹈的要領，場面極度難看。我已經不記得難看的場面持續了多久才結

束，我只記得我左右牽着的兩隻小手，刺骨的冰涼。那麼冷，她們那麼單薄。

沒有任何翻譯，但流程依然在按照既定流程進行。歌唱演員們也走出後台，在我們沒有任何要求的情況下，舞蹈與歌唱演員前蹲後站地主動排成兩排。如提線木偶般被擺佈的換作了我們，總是需要片刻時間去判斷學生們的用意。哦，是知道中國遊客喜歡拍照留念，於是主動列隊。領會了他們意圖的旅行團團員，這才一哄而上地與她們合影。

我站在學生們隊列旁邊看着她們，她們繼續着她們的微笑配合着拍攝。女教師從門外走進來，與學生隊列擦肩而過的時候，不知道衝着之前彈奏手風琴的那位身為藝術團主要演員的女學生說了句甚麼。女學生顯然並不滿意女教師的指責，回過頭去頂了句嘴。似乎並不是甚麼嚴重的問題，女教師沒有再說回來，逕自走向後台。可這顯然惹怒了脾氣倔強的女學生，她再也高興不起來。

在六九中學的下午，我想這是我見到的唯一真實的瞬間。女學生，不，小姑娘和我們揮手道別的時候還是

壞着心情、板着面孔，可是我卻覺得她可愛極了。

心中的溫情還沒有散去，最尷尬的時候接踵而至。

金導遊已經在門外招呼我們離開，我們實在不好意思就這樣甩手而去，一多半人在隨身攜帶的包裹翻找着任何可以留作禮物的東西。學生們接受的指示是只要遊客沒有全部離開，就必須保持着隊列，微笑、揮手。於是現場成為我們在她們的注視下尷尬地翻找，越翻找越尷尬，越尷尬越找不着甚麼。

之前還在說笑的兩位四川人因為臨時決意朝鮮之行，行李簡單，更是沒有準備甚麼禮物。早晨出門，只有略矮胖些的那位隨身揣着一袋餅乾。拿着包裝袋已經皺巴的餅乾，老先生手足無措，留也不是，不留也不是。「莫現迷現眼啦，東西留到起你個人走嘛！」實在看不下去，另一位決絕地說。

門外轉身離開的最後一瞥，學生們依然保持着微笑與揮手。

而我們的禮物，卻在晚上，擺滿了金導遊的房間。

只要視線中還有遊客，六九中學學生藝術團團員們便會始終保持着隊形與微笑，揮手道別。

14

개선문

凱旋門

「作為朝鮮人民贈送給偉大領袖金日成同志七十周年誕辰的禮物。」

於是世界最大的凱旋門，就在「偉大領袖」七十周年誕辰前一天，拔地而起。

六九中學所在的大城區域，西臨平壤牡丹峰區域（모란봉구역）。牡丹峰區域，因區域東南有牡丹峰（모란봉）而得名。

沒有到平壤之前，顧名思義，會覺得牡丹峰是平壤城內的一座山峰，想像着無論在平壤城的哪個角落，都應當可以仰見山巔。可是「平壤」之名，即是得自於城市建於一片平壤土地之上，又怎麼會有山峰？平壤牡丹峰，兩相抵牾的名字。

到了平壤，才知道平壤確係平壤，而牡丹峰卻難稱牡丹峰。所謂牡丹峰，不過只是大同江綾羅島江段西畔的一段江崖，隨江南北走向，寬不過一里，長不過三五里。而高度據官方資料顯示，平壤海拔二十七米，而牡丹峰最高海拔也才百米左右。難怪牡丹峰遠處不見，而只是在近觀時，地形漸有隆起而已。

金日成體育場

牡丹峰上，林木蔥蘢，是平壤城內著名的風景勝處。

牡丹峰東臨大同江，可遠眺綾羅島。而在西麓，開山修築有金日成體育場（김일성경기장）。總建築面積逾十四萬平方米，最多可容納十萬人的金日成體育場，號稱亞洲最大的體育場。

勞動黨熱愛一切宏大的事物，無論是否大而無當。金日成體育場原名「平壤公立體育場」，一九六九年時稱「牡丹峰競技場」。一九八二年四月，「偉大領袖」誕辰七十周年之際，體育場翻新改建，並重新命名為「金日成體育場」。

在朝鮮，能夠以「偉大領袖」名諱命名的一切事物，其在該類事物中無疑都是最好且具有神聖意義的。金日成體育場的神聖意義，來自於曾發生於此的「凱旋講話」：

> 在完成了建黨的歷史大業之後，金日成才在一九四五年十月十四日出席了平壤市各界群眾在公立體育場（現今的金日成體育場）舉行的歡迎大會。
>
> 在向熱烈歡呼的十多萬群眾揮手答禮之後，他作了題為《集中一切力量建設民主的新朝鮮》的凱旋講話。

平壤金日成體育場。

他在講話中提出了建設富強的民主獨立國家的任務，號召全民族團結起來建設新的民主朝鮮。

他教導說：「我們朝鮮民族為建設民主的新朝鮮而把力量聯合起來的時刻已經到來了。各階層人民，無論是誰都要發揮出愛國的熱情，投入新朝鮮的建設。有力出力，有知識出知識，有錢出錢，為建國事業做出積極的貢獻；真正愛國家、愛民族、愛民主的全民族要緊密地團結起來，建設民主的自主獨立國家。」

金日成的凱旋講話是基於崇高的愛國家、愛民族、愛人民的民族大團結的憲章，是建國大綱。朝鮮人民聽了他的講話，無不歡欣鼓舞，萬分激動，舉國上下沸騰着建設新社會的革命熱潮。❶

「偉大領袖」發表「凱旋講話」的地方，在體育館正門北側。如今原址建有「凱旋講話親筆教導碑」。教

---

❶《金日成略傳》，平壤：朝鮮外文出版社，二〇〇一年。

字碑旁，豎立着寬約五十米，高約十米，以近三百萬枚彩色馬賽克鑲嵌而成的巨幅壁畫：「偉大領袖」身着黑色西服，「在向熱烈歡呼的十多萬群眾揮手答禮」。當然，壁畫上不可能畫滿十萬人，只是畫着許多人。許多人是多少人？在朝鮮，一切聖物之上的數字都是有意義的。所以，無須細數，肯定是七十人。

因為，一切都是為了「偉大領袖」誕辰七十周年而建。巨大的壁畫、亞洲最大的體育場，依照「偉大領袖」的勞動黨的邏輯，這仍然是無法滿足朝鮮最盛大節日——「偉大領袖」的每個誕辰都是朝鮮最盛大的節日，但「七十大壽」這樣的整數壽辰，則應當是最最盛大的節日——的慶典需求的，因為還缺少一件「世界最大」的禮物。

於是世界最大的凱旋門（개선문），就在一九八二年四月十四日「偉大領袖」七十周年誕辰的前一天，就在金日成體育場正門之外，就在牡丹峰大街（모란봉거리）、凱旋大街（개선거리）與七星門大街（칠성문거리）的交匯路口處拔地而起。

「作為朝鮮人民贈送給偉大領袖金日成同志七十周年誕辰的禮物。」

凱旋門

我必須如勞動黨所期望的那樣，如凱旋門專職導遊所滔滔不絕背誦的那樣，陳述一番平壤凱旋門的建築數據，以證明其世界最大凱旋門的奢華。

平壤凱旋門，「父慈子孝」地由「偉大領導者」親自發起並領導建設工作，彷彿農家翁憑藉一己之力為老父大壽別建一間草舍般輕鬆，導遊的開場白輕描淡寫。凱旋門高六十米，寬五十二點五米。耗費一萬五千方精工雕鑿的最高等級花崗石，兩萬噸水泥、三千六百噸進口頂級鋼材，歷時一年兩個月方才建造而成。

凱旋門東西橫跨凱旋大街，南、北兩門為主門，其中又以南門為正門，符合帝王坐北朝南的定制。門拱高二十七米，寬十八米，行走其下，只覺得個人何其渺小——個人相較「偉大領袖」的曠世功勳何其渺小。拱

券外緣鑲嵌朝鮮國花金達萊（진달래，Rhododendron，即映山紅）紋飾浮雕花崗石板，每面計有七十方。

南、北兩門門柱上方鑲嵌「1925」與「1945」鑄銅阿拉伯數字。前者是「偉大領袖」無從考證的踏上「光復祖國的千里路」的年份，後者是朝鮮光復的年份。依照朝鮮官方解釋，準確地說：後者是在朝鮮光復之後，「偉大領袖」凱旋回到平壤的年份。

南、北兩門門柱下方鑲嵌高約十四米的紫銅浮雕群像，四門柱共計四組二十二尊。

北門浮雕，左、右兩側主題分別為「祖國解放萬歲」與「金日成將軍萬歲」；南門浮雕，左、右兩側主題分別為「仰望將軍」與「投入新祖國建設」。

南、北兩門拱券上方，刻有《金日成將軍之歌》的歌詞。南門為歌詞第一段，北門為歌詞第二段。歌詞兩側的門柱上，鑲嵌有仰天司號的人民軍司號員紫銅浮雕。

凱旋門（Triumphal Arch），最初出現於古羅馬時期，後為歐洲各國所仿效。由帝王興建，浮雕功勳戰役以耀其德。其形式上，是西方的；其內容上，是封

平壤凱旋門（右上）和南門左側門柱上的紫銅浮雕「仰望將軍」（右下）。
工作人員在清潔凱旋門東門拱券外的金達萊浮雕。（左）

JDF5050JGK

建的。

平壤凱旋門，形式上，將朝鮮式的，或者稱為蘇聯式的雕塑與口號生硬地拼接在西式的建築物上，不倫不類。在充斥着風格統一的朝鮮式斯大林式建築的平壤，顯得格格不入。

負責領導建設凱旋門的「偉大領導者」，勞動黨稱其為「一位文學、藝術和建築大師」。「偉大領導者」卻之不恭，坦然接受，並且出版有多本關於藝術創作的書籍。在其中一本《論美術》中，「偉大領導者」在書中評價包括凱旋門等建築時說道：

> 今天，我國建立的許許多多深廣地反映偉大領袖金日成同志具有世界歷史意義的業績的紀念碑，展現了社會主義美術登峰造極的思想藝術境界。❶

❶ 金正日，《論美術》，平壤：朝鮮外文出版社，一九九一年。

我實在難以苟同「偉大領導者」的真知灼見。不過，在內容上，我倒是認可平壤凱旋門是深刻地把握住了凱旋門建築本意的。

平壤凱旋門東、西側門外建有半圓形廣場，正中有通道連接公路與凱旋門廣場。不過，廣場內是禁止停車的，金導遊略作躊躇，司機決定將客車暫停在東側過道出口處的公路旁，待我們集體下車以後，自去尋找泊車位。在處處空曠的朝鮮，難得有一次無處停車的經歷。

在凱旋門的門柱之內，建有隱藏的房間，出口設在門樓內側，外觀全然不覺。不知道置身其中的凱旋門專職導遊是見着旅行社客車車來，還是接到了我們導遊的電話通知，身着豔麗朝鮮民族裙裝的女導遊已經早早地等候在了東側廣場上。

為迎接「偉大領袖」百年誕辰的平壤大掃除，也在凱旋門廣場上進行着。比起普通建築外搭設的簡陋腳手架，凱旋門的清洗工作要鄭重許多，居然運用在了朝鮮難得一見的民用現代化機械設備。一台明黃色的中國產高空作業車，伸縮臂抬升到極限，工人站在工作台上，正在清潔東門拱券外緣的浮雕金達萊。

作為歌頌領袖豐功偉績的政治性地標建築，凱旋門保養得遠遠好過朝鮮其他同齡建築，甚至那些民用的後生晚輩，也沒有凱旋門這樣通體完整潔淨。所以並沒有甚麼需要花費氣力清潔的，工作人員只是拿一柄綁在長竹竿上的掃把，拂拭些蛛網浮塵而已。

中國旅行團團員們各自回想自己城市中，那些時常在重度污染中度日如年、灰土洗面的建築，再次表示對朝鮮良好環境的羨慕。

金導遊隨聲附和，也講述了他在中國城市所見的「髒亂差」。然後按部就班地將平壤的空氣清新歸功於領袖，「『偉大領袖』為了保護平壤的環境，是不允許在平壤建設工廠的。嗯。」

正常的領袖會選擇建設不會污染環境的工廠，而「偉大領袖」則是完全杜絕後患，「偉大領袖」之所以偉大，正在於此。

導遊引領着我們穿過凱旋門東門，走下凱旋門橫跨

穿行在平壤凱旋門門下的凱旋大街。

련못동－평양역
청년전위호
청년전위호
140

平壤凱旋地鐵站外的公交電車換乘車站（左）和電車旁騎着摩托車疾駛而過的人民軍軍官（右）。

的凱旋大街。顯然也是為着將要到來的慶典，凱旋大街新近鋪設了質量極佳的柏油路面。如此一來，至少雙向六車道的凱旋大街，即便是在中國，也是難得一見的高等級公路。

可是卻沒有甚麼車輛通行。公路彷彿步行道，我們跟隨着邊走邊為我們講解的導遊，閑庭信步般走在凱旋大街上，直到站定在距凱旋門南門百米外。導遊結束他的講解，卻不知道忽然從哪裏出現一位攝影師，不由分說地指揮我們聚攏合影。

不知道來者何人，也不敢輕易冒犯。順從列隊，依令微笑。攝影師拍攝完畢，金導遊出面解釋：紀念照可以打印成照片，每張二十元人民幣。

大家哄然散去。

凱旋大街雖然車輛不多，押隊的尹導遊還是不時提醒要注意安全。車輛不多，但偶爾通過的汽車卻是開得飛快。鳴着喇叭，呼嘯往來。而且其中大多是嶄新的進口好車，夾在亮着的車前大燈間的黑底汽車牌照，彷彿眉宇間的一道戾氣。

中國人深諳「見着開好車的一定要躲遠點」的道理，紛紛站上了快慢車道間的綠化隔離帶。仍然是在凱旋大街東側，前方不遠處是六角形的凱旋地鐵站，地鐵站外是公交換乘車站，很多平壤市民等候在公交站台，看起來大約近百人，想來平壤的公交汽車發車間隔時間應當很久。

在空曠的戶外，又隔着半幅公路，沒有甚麼可以忌憚的，於是我們彼此好奇地打量着對方。他們並不焦急，淡然地交談着。穿着普通，算不上多麼的好，但也絕不寒酸，剪裁合體，乾淨整潔。最惹眼的，是其中的老年婦人都隨身帶有一個鼓鼓囊囊的雙肩揹包。看來即便是在物資配給相對富足的平壤，普通家庭依然不得不為謀生而由家中年長女性出面進行黑市交易。

攝影師的生意做完，錢款收訖，照片明日由導遊轉交。

將要離開的時候，讓那些平壤市民久候的公交電車終於進站。一輛老舊卻塗裝鮮豔的，由蓮池洞往返平壤火車站（련못동 - 평양역）之間的有軌公交電車。公交電車的側前方，在一面朝鮮青年同盟的團徽後面，清晰

地噴繪着十五枚紅色五角星。如此折算，這輛公交電車已經安全行駛七萬五千公里，了不起的數字，所以是一輛被授予「青年權威號」（청년권위호）榮譽稱號的榮譽公交電車。

由凱旋門至平壤火車站一段，是由城市郊區開往城市中心的路線，所以幾乎沒有下車的乘客。上車的乘客，秩序有條不紊，沒有擁擠，沒有喧嘩，是值得讚美的品質。可是在朝鮮，這一切卻顯得機械而麻木。

坐在車窗邊的乘客，依然張望着我們。

一位人民軍軍官，騎着他嶄新的、漂亮的、在朝鮮可謂天價的、普通人完全無法買到的摩托車，從公交車旁疾駛而過。

絕塵而去。

15

당창건 기념탑

建黨紀念塔

「在虛妄的背後，真實的生活總還是要繼續。」

建黨紀念塔（당창건기념탑），是我們旅行團參觀的唯一地處東平壤的景點。

建黨紀念塔所在，是東平壤北部的大同江區域（대동강구역）。南北有綾羅橋（릉라다리）與清流橋（청류다리）橫跨大同江與江心綾羅島，連接大同江區域與隔江相望的西平壤牡丹峰區域。穿越牡丹峰隧道，由清流橋過江。金導遊提醒我們注意客車左手邊，無須提醒也難以忽略的，一座與金日成體育場同樣宏大的，但造型更為現代的體育場修築在綾羅島的北端。

「這就是五一體育場，」金導遊解釋說，「是亞洲最大的足球場。可以容納十五萬名觀眾觀看足球比賽。也是世界上最大的足球場。嗯。」

一座最大的體育場，轉眼又是一座最大的體育場。旅行團團員們顯然失去了聽講朝鮮版《吉尼斯世界紀錄大全》（*Guinness World Records*）的興趣，只是自顧自地東張西望。對於朝鮮這樣的閉塞國度，即便旅行團所有的行程只是坐在客車上兜風，我想我們也不會覺得厭倦。

看見客車上的反應有些淡漠，金導遊不得不補充一句：「阿里郎節大型團體操表演，就是在五一體育場中舉行。」

「哦。」大家這才紛紛把表示「久仰」的目光投射給蜘蛛般造型的五一體育場，「原來就是在這裏呀。」坐在客車右手邊被遮擋住視線的旅行團團員甚至起身探視，「可惜我們看不到了吧？」

阿里郎節

阿里郎節（아리랑축제），是由勞動黨舉辦的大型團體操表演。阿里郎節的朝鮮字直譯，為「阿里郎祝祭」。祝祭演出，表演自然是以歌舞祭祀神明。勞動黨是無神論者，沒有神明。但是有神明一般的領袖，於是阿里郎節演出的全部內容，無一例外的都是對「偉大領袖」與「偉大領導者」豐功偉績的歌頌。

阿里郎節一場演出，大約需要動員六至十萬名平壤青年學生參與其中。演出人員陣容極其龐大，演出場面極其宏大——無疑是世界上最大的團體操表演——還有

數千名低年級學生專職坐在主席台對面看台上，以馬賽克的形式變換背景看板。背景畫面隨演出變換，變換迅速，整齊劃一。宏大之外再加精巧，不論內容的話，確實是難得一見的演出。

所以參觀阿里郎節團體操，總是朝鮮旅行社的重點推介項目之一。有意於朝鮮旅行的中國遊客，盡人皆知。阿里郎節團體操表演每年不定期舉辦，如果參加旅行團的成行日期恰在表演季，還需要在團費以外額外增加八百元人民幣，作為時長一個半小時的阿里郎節表演的門票費用。雖然價格不菲，但是大部分中國遊客是樂於在阿里郎節表演季赴朝旅遊的。

「是的，今年的表演還沒有開始。」再次調動起旅行團的興致，金導遊顯然也頗為得意，索性提醒司機將客車開慢一些，然後回身站起來，面對着我們恢復講解——對我而言，這卻是旅行途中最為糟糕的時刻，在導遊的目光直視下，我將不再有任何拍攝的機會——「一般是在夏末秋初舉辦，平壤天氣最好的時候。嗯。每個禮拜，表演四場。」

「在我們國家，團體操是非常普及的一項體育運動。偉大領袖金日成主席與偉大領導者金正日總書記都非常關心團體操運動的開展與普及，他們都經常觀看團體操表演。你們中國的國家領導也都曾經參觀過阿里郎節團體操的表演。」

「能夠參加阿里郎節演出，對於平壤學生而言，是一件光榮的事情……」

「參加演出，一天能給多少錢？」瀋陽商人心直口快，直接插話發問。

「嗯。」金導遊有些躊躇，顯然這個市儈的、毫無共產主義品德的問題不容易回答，卻又無法忽略。瀋陽商人認真而且渴求知識的大眼睛直勾勾地注視着金導遊等待答案。「都會有獎勵的，嗯。有突出貢獻的，還會得到政府獎勵的電視。嗯。」

「對，這是真的。」昨夜豪賭，表示久經賭場的廣西小夥子輸了個乾淨，而只是隨便看看的神醫卻贏了一千元人民幣。這似乎影響了廣西小夥子的情緒，一天精神萎靡。直到遇見這個熟悉的話題，他才低聲接過話荏來說，「我看過一部紀錄片，就是拍的參加表演的學生，她們家的電視就是獎品。」

連一直沉默不語的尹導遊都高興起來，「還會有保送大學的機會呢。」她補充道。

中國的教育資源緊缺且分配不公，提到「保送大學」，這立刻成為車中的主要討論話題。阿里郎節的講解不再繼續，包括尹導遊在內的中朝兩國友好人士，紛紛就「還有這種好事」發表意見。憤慨與羨慕彼消此長，總而言之，大家都認為社會資源分配不公是錯誤的，尤其是當自己處於不公的受害方時；但是如果自己處於不公的得利方，比如子女因團體操或者其他甚麼特長而擠佔別人的名額被「保送大學」，那就是要另當別論的了。

我知道廣西小夥子說的那部紀錄片，《意志之國》[1]，兩位努力希望能夠得到參加大型團體操表演機會的平壤女學生是紀錄片中的主角。令我印象最為深刻的，

❶ Daniel Gordon, *A State of Mind*, UK: BBC, 2004.

倒不是其中一位女學生家中由政府獎勵的電視機——不知道究竟需要有怎樣的特別榮譽才能得到，畢竟勞動黨即便有心也是無力獎勵每位參加演出的學生——而是在一段拍攝那位女學生的母親在為她準備午飯便當時，廚房裏始終有慷慨激昂的廣播播音，如同我清晨在羊角島上所聽見的。我難以忘記的是那段旁白：平壤市中心，每家廚房都接通了國家電台廣播，你可以調低音量，卻不能關掉。豈非正是雛形期的「電幕」（Telescreen）❶？

我坐在客車的最後一排，遠離身處議論中心的廣西小夥子，沒有辦法和他交流一下觀影心得。也罷，說不上話，倒也樂得清靜，可以不分神地看着窗外的東平壤。

東平壤大同江區域明顯呈現出後期城市有序開發的痕迹。最為明顯的，是道路更為寬闊，而且橫平豎直，彼此成直角交錯。

卻也更為冷清，更為蕭條。

❶ 喬治・奧威爾《一九八四》中的假想設備。大洋國所有黨員家中必須安裝的電幕，兼具電視與遠程監控功能，無法關閉，僅可調低音量。

紋繡廣場

東平壤相連清流橋的通衢大道，名為紋繡大街（문수거리）。向南兩處十字路口以後，左右忽然一片敞大到令人咋舌的廣場。紋繡廣場，在日本佔領朝鮮時期，是當時日本佔領軍修建的軍用飛機場。如今依然宛如飛機場的形制，東側修築的建黨紀念塔彷彿機場控制塔，向西則如飛機跑道般一直延伸到大同江畔。

比起西平壤來，東平壤的建築也顯得單一，幾乎是清一色的高層赫魯曉夫樓，紅色的領袖萬歲標語矗立樓頂。樓與樓之間，也更加疏朗。

在朝鮮，普通百姓不能自由遷徙，即便是作為特殊群體的平壤市民，也難例外。居住在東平壤的市民，大多是跟着黨政軍機關隨遷的工作人員，人口數量有限，居住密度遠低於西平壤。所以，東平壤的建設，土地利用率實在不是一件需要考慮的事情。

旅行團團員下車舒展筋骨與列隊的空檔，我悄然藏匿在客車身後。避開押隊的尹導遊的監視，極近距離地拍攝

東平壤紋繡大街與紋繡廣場（上）和街上的平壤市民（下）。

了幾位從我鏡頭前走過的平壤市民。從身形裝束上來看，他們大多是政府工作人員的模樣。女士手尖捏着一段粉紅色的絹花，顯然也是剛結束「偉大領袖」百年誕辰的團體操演練歸來。作為政府工作人員，他們的生活質量是有保障的。面色紅潤，衣着得體。女士裝束雖然談不上時尚，但總不至再落後於時代。還有淡淡的妝。

如同阿里郎節團體操是世所罕見的以表現紀律性為主的演出，在遵守制度與秩序方面，普通朝鮮人是非常嚴於律己的。雖然紋繡大街上很少有車輛通行，公路之間沒有隔離欄杆，而且也沒有交通警察指揮，但是橫穿公路的平壤市民，無一例外的都是經由地下通道穿行。當然，我並無意於讚美。在我看來，這更多的是因為他們從小被灌輸的服從教育與對可能的懲罰的畏懼。屢屢見到的黨政軍高官們，可是完全忘記了這些形式上的美德的。

地下通道出入口的圍擋邊，擺放着一面展板。展板上，貼着幾張照片。也許是普通的宣傳品，但看起來更像是為普通朝鮮百姓在建黨紀念塔前拍攝留影的攝影師

的廣告。而且還是私人的，出於謹慎，攝影師並沒有站在近旁。如同我們在凱旋門前，那位不知道從哪裏忽然出現的攝影師。

尹導遊制止了我，近在咫尺，我卻不能走近仔細確認。我們所有旅行團團員必須始終在一起，寸步不離。

沒有專職的建黨紀念塔導遊，只是由金導遊領隊，邊走邊向我們講解。我們的興趣，卻首先被與建黨紀念塔相反方向的，紋繡廣場西方遠處隱約可見的巨大尖頂所吸引。金導遊說那就是著名的柳京飯店，「世界最高的飯店。嗯。」

旅行團中又是一片「久仰久仰」，只是這次卻不能討得導遊們的歡心。柳京飯店（류경호텔），一座三百三十米高，在一九八七年動工時確實是世界最高飯店的大樓，卻在一九九二年因為資金與電力缺乏陷入停工的窘境，荒廢至今。沒有成為世界上最高的飯店，卻成為了世界上最高的廢棄建築物。對於這項世界之最，勞動黨不予認可。

於是在平壤地圖上，在柳京飯店所在的普通江西岸

普通江區域（보통강구역），寧可標註韓國現代集團創始人鄭周永（정주영）捐資創建的柳京鄭周永體育場（류경정주영체육관），也完全不標註柳京飯店，任其一片空白。旅行團客車在平壤的旅行路線，也有意無意地繞道行走。以至於直到在隔着普通江與大同江的遙遠的紋繡廣場上，我們才遠遠望見柳京飯店這一平壤地標建築。

旅行團中的議論已經無法忽略，金導遊索性直言不諱。「已經恢復施工了，」他說，「現在玻璃幕牆已經安裝完成，大概明年就可以開業了。嗯。我們還是先來看建黨紀念塔吧。」

建黨紀念塔

總體而言，建黨紀念塔，形似土丘上插着三炷香。

紀念塔，是立體化的朝鮮勞動黨（조선로동당）黨徽。勞動黨黨徽，是由抽象的錘子、毛筆與鐮刀組成，直接源自象徵共產主義組織的蘇聯「錘子與鐮刀」（□□□□□□□□□）徽章。錘子代表「工人」，鐮刀代表「農民」，

勞動黨徽章裏正中多出的一柄非東亞漢字文化圈人民則難以識別的毛筆，則代表「勞動知識分子」——很難理解「勞動知識分子」是甚麼樣的知識分子。黨徽整體代表朝鮮勞動黨由工人、農民與知識分子組成，三者為朝鮮社會主體，地位平等。

三柄工具等高——好大的筆，難怪勞動黨善於宣傳、善於書寫歷史——握持在三隻同樣強壯的手中，作為紀念塔主體塔身。

塔基之上，有圓形環帶環繞包圍黨徽，「象徵着一心團結在勞動黨周圍的人民群眾。」如果不是金導遊解釋，這還真是不容易聯想。

紀念塔通體以灰色大理石修建，在大理石的環帶外側，鑲嵌有紫銅朝鮮字：「朝鮮人民一切勝利的組織者與嚮導者勞動黨萬歲！」（조선인민의 모든 승리의 조직자이며 향도자인 조선로동당 만세！）

沒有象徵，意如本字。

文字是直白的，無須象徵的。可是建黨紀念塔中隱藏着的象徵，就像朝鮮本身一樣深不可測。金導遊熟記於

胸，興致勃發地繼續講解：「紀念塔是在一九九五年十月十日，勞動黨建黨五十周年的日子建成的。塔身高五十米，就是象徵着勞動黨建黨五十周年這一數字。而底座直徑七十米，則是象徵偉大領袖金日成主席建立的朝鮮勞動黨前身：『打倒帝國主義同盟』建立七十周年。」

略走近些，金導遊讓我們注意環帶外側的大理石拼接縫隙——他稱其為裝飾線的——「這樣的裝飾線有二百一十六條，而你們看……」他領我們走上塔基，進入紀念塔內部，「這條環帶其實是分外環與內環兩圈的。外圈直徑五十米，同樣象徵勞動黨建黨五十周年。而內圈直徑四十二米，加上剛才讓你們看的二百一十六條裝飾線，就是象徵了我們偉大領袖金日成主席的誕辰日：一九四二年二月十六日。」

如果我的錄音筆不是始終裝在胸前口袋，如果我不是在參觀紀念塔裏始終緊隨金導遊，誰能記得住這樣許多象徵？

內圈內部，除後側之外的三側，鑲嵌有三幅紫銅浮雕雕塑，金導遊帶領着旅行團繼續講解着那些銅塑的象

徵意義，我卻懶得再聽。

勞動黨的紀念碑，如果只是隱藏着勞動黨的象徵意義也便罷了，居然還有許多領袖個人的象徵意義。用勞動黨自己的象徵思維方法，那這一切豈非是為着象徵：

朝鮮，是勞動黨的朝鮮；

勞動黨，是領袖的勞動黨。

站在紀念塔內，我只注意着正面內側的雕塑。身後在逐一介紹的金導遊說，這幅象徵着「朝鮮人民一心緊密團結在朝鮮勞動黨周圍」。修築建黨紀念塔時，「偉大領導者」已經開始執政。在那之前，他已經分管意識形態宣傳多年，他親手將朝鮮的個人崇拜推升到登峰造極的地步。比如，在一切雕塑之中，人物面部造型，不論男女，必須以官方美化的「偉大領袖」的面容來塑造。每個人都像「偉大領袖」，每個人都長得一模一樣。

如果說朝鮮早期的雕塑，還有些共產主義激情的話，那麼後期的雕塑，則是完全的僵化呆板。加之又把雕塑

平壤建黨紀念塔和朝鮮勞動黨黨徽（右上角）。

鑲嵌在昏暗的塔身內部並且沒有人工照明補光，我注視片刻便覺得人物陰鷙可怖。

我拍攝下眼前所見的影像，這是我在朝鮮之行中最為滿意的一張照片。沉重的雕塑籠罩着紀念塔外明亮的紋繡廣場。我想這張照片，可以命名為「朝鮮」。當然，是象徵着的。（編者按：前述圖片見書首。）

在紀念塔的背後，左右分別有一棟呈階梯形狀的紅色高樓。沒有想到的是，這兩棟看起來只是普通居民樓的樓房，居然也是建黨紀念塔的組成部分。「象徵着兩面紅旗。」樓上左右各置標語：「百戰」（백전）與「百勝」（백승），意如本字。

並沒有說明意圖，兩位導遊帶領我們繞過建黨紀念塔，逕直向百戰百勝樓走去。

紀念塔與百戰百勝樓之間，有一道以松柏修建的綠化帶。形如城市花園，綠化帶中有水泥砌成的長椅。正是下班時候，綠化帶小徑中有許多抄近路回家的市民。還有讓我感歎的，長椅上坐着戀人模樣的年輕人面對面地說着話兒，身邊一位來回踱步的戴着眼鏡的男學生，手中捧着一本書，低頭看一眼，抬頭背幾句。

難得輕鬆的氣氛，不像是在朝鮮，而是像在隨便哪座城市裏，傍晚散漫的街角。

百戰百勝兩樓之間，有門廊相連，作為其後居民小區的入口。兩樓正對着門廓的傳達室，居然被闢作商店。商店沒有懸掛招牌，店門也沒有裝飾，非常隱蔽。來往的平壤市民目不斜視地走過，彷彿全然不知情的模樣。

但這卻是實實在在的朝鮮官方開辦的涉外商店，北樓百戰樓店面窄小，只有一層兩間，而南樓百勝樓店面卻佔據了一樓二樓整整兩層。在一本英文資料看見有百戰百勝樓商店的正式名稱：平壤文化展示和禮品商店（Pyongyang Cultural Exhibition and Gifts Shop），建成於一九九八年九月。

應當如是，北店與南店一層都只是朝鮮手工藝品展示，銷售只在南店二層進行。金導遊帶領我們去時，將近傍晚，商店已經接近下班時間。看來如同各地的導遊一樣，朝鮮導遊與商店也有私下的協議，旅行團是必須

要帶至商店購物消費的，無論多晚，所以商店中的工作人員都在等候着我們。

好處在於，朝鮮導遊並不會強迫購物，大家隨意看看，買則更好，不買也罷。

我倒是要謝謝金導遊，因為終於買到了平壤地圖。還是在新義州所見的那張，印刷粗糙的平壤地圖，一張售價二十元人民幣——沒有定價，朝鮮書店的地圖與薄冊類的旅遊宣傳品統一售價二十元人民幣。

出北店店門，橫穿門廊走進南店之前，看見門廊外面，三位老太太聚在一起閑聊。應當就是些家長裏短的瑣碎事情吧。強橫與巨大的建黨紀念塔阻隔了居民小區向外張望的視線，或者她們也是一邊在閑聊，一邊迎候着下班歸來的家人不經意間地出現。

在虛妄的背後，真實的生活總還是要繼續。

平壤烤鴨店

缺少燈光的羈絆，平壤的夜晚匆忙而至。

晚餐，安排在平壤烤鴨專門飯店（평양오리고기전문점）。

與我們印象裏的整隻烤製然後分食的中國式烤鴨不同，朝鮮式烤鴨其實就是普通的炭火烤肉。簡單的瓦斯爐上支一張鐵炙，每張四人方桌上，兩碟醬料醃漬好的切片鴨肉，僅此而已。鴨肉肥膩腥膻，我們暗地裏表示在烤肉這件事情上，朝鮮兩大死敵的菜譜，「美帝國主義」的 Barbecue 或者以牛肉為主的韓國燒烤，無疑更為符合中國人的腸胃。

我是每餐匆匆，食不甘味，只為得能在旅行團結束就餐前，贏得一些走動的時間，雖然可以走動的範圍有限。就餐在平壤烤鴨店二層大廳，幾排貨架擺在大廳正中權充屏風，將大廳分為裏外兩間。熱火朝天的裏間，燈光明亮。外間沒有食客，日光燈也便沒有打開。

我以為是為着省節，結果走下一樓的時候才發現，原來根本就是停電了。一樓對着店門的服務台上，左右立着兩枝點燃的白蠟燭。看見我走下樓來，服務台後迎賓的朝鮮姑娘微笑示意，可是微笑卻被燭光搖曳得飄忽不定。看來即便是平壤涉外飯店，停電也是經常發生的事情，否則飯店不會自備有發電機。只是用來發電的燃油只怕比電力更為緊張，為着我們的一頓晚餐，平壤烤鴨店不知道又消耗去多少珍貴的能源指標。

為了節約用電，一樓大廳的全部照明僅有那兩枝蠟燭。洗手間只能摸黑出入，好在洗手間裏的事情操練已久，不至於暗中出錯。洗手台臨近大廳，還能就着些燭光。可是停電的同時，自來水也同時停止供應。洗手台旁有一隻洗油桶般大小盛滿清水的塑料水桶，一隻水瓢漂在水面上，自助洗手。

對於停水停電，飯店是有準備的。我小時候，城市也時常電力供應不足，於是政府的解決之道稱作「分區供電」，有規律的，哪天哪片區域能夠得到電力供應——往往停電伴隨着停水——停水停電的區域，可以有事前準備的機會。

現代城市，用電有高峰期與低谷期之分，一般盛夏是用電高峰期，因為大量空調的開啟。但是平壤的分區供電在冬季仍然持續進行，可見平壤電力供應的窘境。

建黨紀念塔後，居民小區門前閑聊的平壤市民。（左）

平壤烤鴨店前，入夜之後的高檔住宅區。（右）

平壤尚且如此，朝鮮其他地區可想而知。莫怪衛星拍攝的地球夜間影像上，朝鮮總是一片黑暗。

將入夜時，我已經迷失在黯淡的平壤，不再有方向感。雖然手中有了屬於自己的平壤地圖，卻找不到我們的位置，不知道平壤烤鴨店究竟是在平壤的哪裏。

只知道平壤烤鴨店是在兩條寬闊公路交匯的十字路口一角，烤鴨店門前隔着公路，正對一排高層居民樓。那是在平壤能見到的最高檔的住宅區，將近三十層高的點式樓，每棟居民樓都別致地建造成三翼展開的「人」字形結構，用料考究，牆體光潔如新。

晚餐以後，當我站在停電的平壤烤鴨店門前的時候，發現公路對面的高檔住宅樓上，燈火輝煌。沒有停電，一半以上的窗戶中有明亮的燈光，在漆黑的平壤的夜晚，清晰醒目。

不知道在那些樓裏，住着些甚麼樣的人？

工人？農民？勞動知識分子？

還是代表他們的勞動黨？

16

개성 고속도로

開城高速路

「相機一定要收起來。」

「拿在手裏也不行，一定要收在包裏。」

「前方有檢查站。」

「會有軍人上車檢查。」

統一大街

「統一大街。」

在重新給予平壤以光明的晨曦中，旅行團新一天的行程從平壤統一大街（통일거리）開始。

統一大街，即是勞動黨在《關於在朝鮮境內外國人旅行秩序的有關規定》中提及的平壤至開城高速路平壤段。

北來的大同江在羊角島下游轉為西去，統一大街起始於西去的大同江南岸。屬於東平壤的統一大街，在清晨的時候，空空蕩蕩。沒有車輛，沒有行人，路面無當的寬闊。

「一直向南，可以直達漢城（首爾），嗯。不過由於美帝國主義扶持的傀儡政權——李明博老鼠集團的阻礙，目前只能到達我們今天要去的開城和板門店。嗯。」雖然講解詞充滿火藥味，但是金導遊講解的證據卻是平和的，畢竟作為普通的平壤市民，不能像朝鮮播音員那樣日復一日地保持慷慨激昂。

勞動黨蔑稱當時的韓國在任總統李明博（이명박）為老鼠，蔑稱韓國政府為老鼠集團——勞動黨以自己的體制度人，彷彿韓國政府也只是由李總統個人控股——這種蔑稱以正式稱呼出現在朝鮮政府官方出版物中，而在朝鮮的宣傳畫裏，則直接將李總統肖像與老鼠的身體嫁接一處，看得出的仇恨之外，更多的是荒誕不經。朝鮮依然還像是社會主義大家庭裏那個心智尚未成熟的孩子一般，任性而不計後果。

李明博總統二〇〇八年上任以後，在對待朝鮮的態度上趨於强硬，放棄由前任總統金大中（김대중）推行的友好縱容的「陽光政策」（햇볕정책），堅持朝鮮必須放棄核武器研發計劃，這直接導致李明博總統任期內，韓朝關係緊張。而在二〇一〇年，延坪島炮擊（연평도포격）事件以後，韓國政府更是全面中斷了與朝鮮的一切經濟合作。

勞動黨對李總統的憎惡，直接由金導遊向中國遊客代為轉達。基本上千錯萬錯都是李明博的錯，否則在二〇〇〇年平壤舉行的「偉大領導者」與金大中總統的

「朝韓領導人會晤」（북남수뇌상봉）之後，「我們已經走上了統一之路。」金導遊的講解，自然是來自於勞動黨的宣傳。

朝韓領導人會晤一周年，二〇〇一年六月十五日，勞動黨在統一大街修建了「祖國統一三大憲章紀念塔」（조국통일 3 대헌장기념탑）以示紀念。三十米高的紀念塔由兩位身着朝鮮民族裙裝的婦女——必然又是有象徵意義的，如此淺顯，無須贅述——在統一大街兩側相向而立，平伸雙臂，共同托舉突出描繪有朝鮮半島地圖的地球儀。

雖然是為了紀念朝鮮與韓國雙方關於朝鮮半島問題的會晤，雖然會晤之後兩國簽訂有《北南共同宣言》（북남공동선언），但是紀念塔所紀念的所謂「三大憲章」，卻是朝鮮單方面的，只是「偉大領袖」單方面的構想。一九七二年的，「自主、和平統一、民族大團結」的「祖國統一三大原則」；一九八〇年的，「關於建立高麗聯邦共和國方案」；一九九三年的，「全民族大團結十大綱領」。然後經由「偉大領導者」的歸納總結，將此命

名為「祖國統一三大憲章」，以象徵圖案的形式，紫銅浮雕於紀念塔基座四圍。

三大憲章一廂情願，如今共同宣言也被韓國前總統李明博所否定，勞動黨難免惱羞成怒。金導遊總結道：「李明博老鼠集團的所作所為，導致我們朝鮮民族至今仍然處於分裂狀態。」為了加深中國遊客對這一不幸現狀的了解，金導遊停頓片刻，再補充一句：「和你們中國一樣。」

只是，金導遊補充的這句話，在旅行客車內反響不是很大，畢竟世界上沒有絕對的幸與不幸。

開城高速路

客車駛出平壤，「統一大街」重歸「平壤至開城高速路」的身份。開城高速路是平壤與朝鮮南部地區之間最為重要的，也是唯一的交通幹線。

開城高速路一百二十二公里，比香山觀光路大約短三十公里左右。在香山觀光路兩旁的橋樑與里程碑上，

銘刻着的建成年代是「1994」，而在開城高速路上，這樣的數字變成了「1989」。比香山觀光路建成還早五年的開城高速路，路況自然也更為糟糕，許多路段是黑色的瀝青補綴在白色的水泥路面上，破舊不堪，坐在車尾的我一路被顛簸得平地騰挪，輕功蓋世。

高速路上行駛的汽車略多一些，五花八門的汽車速度飛快，輕車熟路地躲避着路面上的各種坎坷。平壤以外的朝鮮公路最大的好處在於，無論幾車道的路面都可以視同單行線行駛，絕無併線追尾之虞。

甚至隨時可以在路旁停車，「偉大領袖」也有內急問題，何況我等一眾凡人。金導遊發揮模範帶頭作用，身先士卒地跳進高速路旁的農田，向着廣袤的土地恣意揮灑。

我這才意識到，朝鮮的高速公路，沿途是沒有修建有任何服務區的。沒有服務區，沒有廁所，甚至沒有加油站。

沒有加油站，在朝鮮沒有見到任何一座加油站，不僅是在高速公路，甚至在平壤也蹤迹全無。莫非朝鮮的

停在開城高速路上的旅行客車，正在加注自備汽油。

汽車可以如勞動黨所期望的那樣，可以不吃不喝地勞作不休？

下午回返平壤，半途中司機忽然意外地自主停車。金導遊問明情況，再次招呼我們下車義務灌溉朝鮮農田。我好奇地從車尾繞到客車左側，發現原來司機正在給客車加油。

發現朝鮮的汽車並非是永動機，這讓我對勞動黨略感失望。

司機在客車底部的行李艙內自備有一大桶汽油，看起來是五十升的油桶，汽油裝得滿滿當當。自助加油設備一應俱全，一架木梯，一根軟管。

油桶高高地架在支起的木梯上，利用虹吸原理，將汽油引流進客車油箱。如此情形在以前的中國也並不罕見，顯然大家懷舊的興趣大過農田水利的興趣，紛紛聚攏圍觀。

高速路後方疾駛而來的汽車，誤以為前方有車禍現場，遠遠地鳴響汽車喇叭，我們閃躲，然後繼續圍觀。

陸續駛過的朝鮮汽車中，最新最漂亮的是一輛

平壤至開城高速路。

救護車。典型的援助物資，車體上除了噴塗醒目的紅十字之外，車前引擎蓋與車門上還有許多英文標識，「Ambulance」之類。救護車性能卓越，時速在百公里以上，彷彿車內真有「筋骨結實」的病人急待救援。可是駕駛救護車的卻不是醫生，而是一名人民軍士兵，副駕駛座坐着胖胖的人民軍軍官，一瞬而過時，叼着煙的他微笑地看着我們。

不像清川江河谷中的香山觀光路，開城高速路大多修建在廣袤的農田中，雖然顛簸，卻總體平坦筆直，所以車速更快。

廣袤的農田屬於朝鮮黃海北道。地處黃海沿岸平原的黃海北道與黃海南道，也是朝鮮極為重要的糧食產區。因為數十年不遇的旱災，黃海道糧食絕收，從而造成了朝鮮最近的饑荒。開城高速路全線地處黃海北道腹地，公路兩側的景象看起來更為荒涼淒清。

在開闊的視野中，目之所及處，依然是禾木全無。偶爾在路旁看見幾棵新植的樹苗，居然也有身着軍裝的

人民軍士兵，攀在樹上砍伐枝杈。實在已經無物可用了吧，可是那麼細嫩的枝杈又可堪何用？

大多農田中不見人煙，畢竟是寒冷的冬末時節。偶爾見着幾處插一杆紅旗，紅旗下背風低處，有三五老農閑坐。不知道是不是又有甚麼需要大喊口號的活動，可是人們卻是萎靡着的。

見着忙碌着的，是一個從田間小徑裏走到公路旁的男孩子。駝背彎腰，顯然身後揹着的一大垛枯草太過沉重。他是那麼矮，甚至只是勉強高過公路護欄。他努力抬頭看着駛過的汽車，面無表情。

還有農田中偶爾積水的水塘，水塘邊總也有人——大多是老婦人——拿着樹枝在水塘裏打撈着些甚麼。水草？冬末的季節裏能有甚麼？燃料？食物？我實在想像不出答案。

「高麗參是開城的特產，」金導遊忽然言歸正傳，「開城的高麗參是朝鮮最好的。我們中午吃飯的飯店，可以額外為我們製作高麗參燉雞湯。嗯。兩百元人民幣

一鍋，如果有想要品嚐的，請提前告訴我，我再通知飯店。嗯。因為燉一鍋高麗參雞湯需要四個小時，我現在通知，中午時間正好。嗯。」

昨夜期待的目光再次溢滿客車。

陪伴老父親同行的瀋陽商人，為盡孝心，責無旁貸地預訂了一鍋。不知昨夜賭場輸贏的神醫表示可以有第二鍋上灶，主席伉儷相視含笑、頷首不語。

兩鍋高麗參雞湯讓賓主盡展歡顏，金導遊坐定給飯店打電話，我卻又看見美湖。

像香山觀光路旁那令人傷心的景象再次出現。而且不再只是有一個小美湖，有更多的美湖，還有男孩子，蹲在田埂旁翻揀着些甚麼——沒有植被，只可能是遺落的穀粒吧。

又一處枯黃的草皮矮坡上，兩個小美湖向坡蹲着，拿着小鏟子在刨挖着些甚麼。身旁一隻小竹籃，竹籃籃底，淺淺一層草根。

三巨里哨所

沙里院市是開城高速路沿途最大的城市，也是黃海北道的道府所在地。開城高速路擦沙里院市西郊而過，如果不是金導遊確定，實在看不出是一座道府大城。目之所及，沒有甚麼立身遠眺的高大建築，只有公路近處幾棟單薄的赫魯曉夫樓。最為醒目的是一處人民軍軍營，白色營房左右兩面紅色標語牆，綠色營門左右兩顆紅色五角星，火焰一般燃燒在灰濛濛的曠野。

公路過沙里院市以後，走向由正南轉為東南。更近內陸，更多山地，不時穿越隧道，隧道裏漆黑無光。

將近開城，公路與禮成江（례성강）相遇。其實海拔並不高，兩百米左右，可是江水清澈得彷彿是在數千米的高原之上，卻不似高原之上河流如天空一般的湛藍，而是色綠如玉，溫潤的玉。

不知道是不是下游修築有水庫——在朝鮮似乎不會——還是在山谷中自然形成的堰塞湖，公路兩側幾處水面形如湖泊，如鏡的水面上折射着耀眼的天光。

如果允許拍攝，我一定不會吝惜我的膠片。可是前行不久，客車忽然減速，金導遊站起身來，「相機一定要收起來。」他神情嚴肅地說，「拿在手裏也不行，一定要收在包裏。」

「前方有檢查站。」因為拍攝問題，我已經被兩次警告，所以金導遊注視着我補充道，「會有軍人上車檢查。」

檢查站鐵柵欄阻擋公路通行，有手持紅色信號旗的武裝人民軍士兵值守。所有民用車輛停車，朝鮮平民旅客必須攜帶行李下車，在公路旁的檢查站內接受開包搜身檢查。

而我們的旅行客車因為乘客不屬於勞動黨所有，所以只是由值勤士兵上車巡視。也不知道一車外國遊客需要檢查些甚麼問題，士兵身揹步槍，面沉似水，在客車內由前往後，逐一掃視旅行團團員。

我的膠片相機自然是當着金導遊的面收進揹包裏，不過回手時卻帶出了另一台便攜數碼相機。我想上車檢查的士兵總不至於走到最後一排並且探身查看我的座位

上有些甚麼。果不其然。

值勤士兵下車，打開鐵柵欄。客車緩緩啟動，我注視着車下的哨兵，哨兵也注視着我，這樣他就不會注意到我放在座位上的數碼相機。然後我努力看清楚路旁的檢查站，我的相機幫我拾遺補闕。

檢查站是臨近公路的一棟平房，平房北側是廁所，朝鮮旅客在南側的院內接受檢查。

確實是由人民軍而非警察值勤的軍事哨所，檢查站標識正中一顆以紅色五角星作為主體的人民軍軍徽。軍徽上方有紅色大字：「朝鮮人民軍」（조선인민군），下方紅色小字：「開城地區守衛警務部　三巨里哨所」（개성지구의수경무부 삼거리조소）。

三巨里，行政區劃屬於黃海北道新溪郡（신계군），不過在地理位置上已經與開城近在咫尺。臨近開城，也即意味着臨近世界上最為危險的軍事衝突前沿——朝韓軍事分界線，旅行團團員們自然知道此地非同小可，加之金導遊的嚴肅持之以恆，所以客車內的氣氛一如客車之外的緊張。

平壤至開城高速路路途中的三巨里哨所（左）和哨所前的朝鮮姑娘（右）。

檢查站正有幾位婦女跟隨着一位帶着紅袖標的值勤士兵走出哨所南院，其中行李最多的一位，不停地和士兵央告着些甚麼。士兵鐵面無私，不耐煩婦女的糾纏，閃身躲開。

在院門旁，哨所平房外的水泥平台角落，堆放着一堆沒收物資。最多的是各種紅色包裝袋的速食麵與點心，而豎立其中的一大瓶藍色標籤的百事可樂（Pepsi Cola）炸彈一般醒目。百事可樂是「美帝國主義」的產品，雖然從外包裝上來看是由中國的合資工廠生產，但依然難逃違禁物品而被沒收的命運。

在進入朝鮮旅行前的提醒中，我們知道在朝鮮，「美帝國主義」與「南朝鮮」的物品是嚴禁攜帶的，我們被舉例提醒的僅限於帶有兩國國家標識的出版物。在三巨里哨所我才驚愕地發現，如此規定已經算是對外國人法外施恩的仁慈，對於普通朝鮮百姓而言，甚至兩國品牌的商品都屬於違禁物品。

在食品匱乏的普通朝鮮百姓看來，那一堆食品無疑極其珍貴。商標違禁，食物並沒有違禁。撕去包裝，返還食物再警告下不為例，能夠感念半點民生的政府，無疑都會如此操作。而在朝鮮，只是沒收而不追究刑責已是領袖恩德。

婦女仍然跟在執勤士兵身後央告，目光中充滿乞求，想來也是希望能夠返還甚麼被沒收的物品。士兵逕自走回哨所，婦女無望地回身與另外幾人商量。哨所前平台上一位年紀稍長、中校——在朝鮮的軍銜中，校官稱為「佐官」（좌관），中校實際為「中佐」（중좌）。但是為了避免聽起來像是日軍，我仍然以其所效仿的蘇聯軍銜名稱稱呼朝鮮人民軍軍銜——軍銜的人民軍軍官，雙手插在褲腰裏，倨傲地盯着我們的旅行客車駛過。

剛接受完檢查的，還有一位年輕的朝鮮姑娘。站在路旁，等候着甚麼。

在氣氛緊張的軍事檢查站門前，很難忽略那樣一位漂亮的朝鮮姑娘。她面容清秀，略施粉黛，甚至仔細地修剪過雙眉。她穿着淡粉色的外套，襯着灰藍色的高領毛衣，甚至穿着朝鮮姑娘極少穿着的敞口平底船鞋。她

的穿着打扮完全不落伍於時代，如果不是粉色外套上的那枚刺眼的紅色領袖像章，她實在迥然相異於普通的朝鮮姑娘。也許她在中國工作，我想。

甚至，第三個「甚至」要說的是，我以為她的右手裏拿着一枝玫瑰花。

我一直以為那天，在臨近朝韓軍事分界線的三巨里軍事哨所，門前站着一位拿着玫瑰花的朝鮮姑娘。這是我在朝鮮看見的另一樁讓我感覺震驚的事情，但是心情卻是與看見美湖相反的，也許是我自己又美化了這種意象——「槍炮與玫瑰」的意象，似乎勞動黨雖然還在嚴厲查禁「美帝國主義」的可樂與「南朝鮮」的食物，但總是能夠容忍有姑娘拿着玫瑰——這種與勞動黨意識形態格格不入的資產階級情調——的事情發生。

但是我錯了。

直到離開朝鮮，當我能夠把照片在電腦屏幕上放大觀察的時候，才發現那姑娘手中的並不是一朵玫瑰，只是一張用來包裹甚麼的透明塑料紙，恰巧有一團紅色的圖案。

不知道那張塑料紙裏本來包裝的是甚麼，看着包裝紙的精美，內容十之八九又是敵國逆產。姑娘的東西被沒收了，但是姑娘沒有把包裝紙丟棄。

也許就是因為包裝紙看起來挺漂亮的，彷彿一朵玫瑰花？

17

板門店

「一個月前，」負責講解的大尉同志說道，「『最高司令官』同志視察板門店的時候，就站在這裏。」

「就在一個月前。」

「就在敵人的槍口下。」

板門店

無論如何，一九五三年的夏天，朝鮮戰爭停戰了。七月二十七日，朝鮮人民軍、中國人民志願軍與聯合國軍在板門店簽訂《朝鮮停戰協定》，交戰雙方協定：

確立一條軍事分界線，雙方各後退兩公里建立一非軍事區作為緩衝。

敵對雙方的武裝力量在停戰協定簽訂的十二小時內停止敵對行為，七十二小時內撤出非軍事區。

根據停戰協定建立的朝韓非軍事區（한반도 비무장지대，Korean Demilitarized Zone, DMZ），以停戰實際控制邊界為起點，將各自軍隊後退兩公里，其間總寬四公里的軍事緩衝區即為朝韓非軍事區。

簽訂停戰協定的板門店，是距離開城八公里處的停戰線上的一處村落。小村落，只是因為村中有一間售賣香煙的板門小店才有了「板門店」這個臨時的稱呼。卻因為停戰協定的簽訂，板門店忽然一朝而為天下知。板門店與所代表的北南分割朝鮮半島的朝韓非軍事區，一如東西分割德國的柏林牆（Berlin Wall），成為冷戰最為著名的象徵。

如今，冷戰結束了，柏林牆倒塌了，朝韓非軍事區卻依然存在，依然軍事衝突不斷，依然危機四伏。

如同在遊樂園裏參觀鬼屋的心態，不危險恐怖便感覺不到興奮刺激，板門店朝韓軍事分界線前沿，如今成為了旅遊勝地。無論朝鮮，還是韓國，遊客都願意到分界線前體驗過線即會被擊斃但線內太平的安全瀕死體驗。

板門店北距平壤二百一十五公里，隸屬開城特級市管轄。在客車駛過開城郊區，前往板門店的路上，金導遊彷彿是要進一步加重緊張氣氛，特意向我們講述了「板門店斧頭殺人事件」（판문점 도끼살인사건）。

冷戰時期，兩德分界線上有一座著名的「間諜橋」——橫跨在德國柏林（Berlin）與波茨坦（Potsdam）之間哈弗爾河（Havel River）上的格里尼克橋（Glienicke Bridge），因為美國與蘇聯選擇在格里尼克橋上交換間諜

而得名。在板門店附近，同樣有一座北南雙方用以交換戰俘的水泥橋。戰俘上橋，不得反悔後退，去而不歸，因此橋名不歸橋（돌아올 수 없는 다리，Bridge of No Return）。

一九七六年八月十八日上午，在不歸橋南側，十一名美韓士兵監督五名韓國工人砍伐一株生長在己方第三哨所旁，阻礙觀察朝鮮哨所的一株楊樹。十七名朝鮮人民軍士兵在一名大尉軍官的帶領下，出面阻止美韓士兵砍伐楊樹。

作為現場指揮官的美軍上尉中隊長未予理睬，命令伐樹工作繼續。人民軍大尉軍官深為不滿，在加調數十名人民軍士兵再次勸阻無效以後，人民軍忽然發動攻擊，手持木棍以及用以伐樹的斧頭，集中攻擊美軍指揮官，致上尉中隊長當場死亡。另外重傷兩名、輕傷八名美韓士兵，其中另一名美軍中尉小隊長不治身亡——不過，這並不是金導遊所代表的勞動黨官方說法。金導遊說是「美帝國主義」以砍樹向人民軍發起挑釁，四位英勇的人民軍士兵好言勸阻，但是「美帝軍官」不但不聽，還

將手中砍樹的斧頭向人民軍戰士投擲過來。人民軍戰士忍無可忍，「朴軍官撿起斧頭，扔回去就砍死了那名美國軍官。他們再把斧頭扔回來，我們又扔回去，結果又砍死他們一個。嗯。」金導遊的故事繪聲繪色，「朴軍官後來受到了領袖的表揚，領袖還在平壤接見了他。是我們的英雄。嗯。」

如聽評書一般，「使得一手好板斧」的朴軍官若是長得黑，活脫脫就是李逵再世。也如聽演義一般，各位看官聽罷只是一笑而過。可是在說書人略去不表的「下回章節」裏——也許金導遊也並不知道——「斧頭殺人事件」之後，駐韓美軍司令部決意繼續砍伐那株楊樹，並為此制定了詳細應對計劃，如果朝鮮仍然予以阻止，那麼將直接變冷戰為熱戰，甚至在戰事升級以後考慮使用戰術核武器摧毀人民軍。

顯然，「偉大領袖」更善於玩弄挑釁的把戲。對於「美帝國主義」砍樹這種細枝末節的事情，「偉大領袖」忽然視而不見。甚至對時任韓國總統朴正熙（박정희）在制定的「誘導挑釁計劃」中，摧毀四所人民軍哨所同樣置若罔聞。

小孩子打架，得了便宜就跑。如果人家來尋仇，還是躲起來的好，眼前虧是不能吃的。

斧頭砍殺兩名「美帝國主義」軍官，對於朝鮮而言，這已經是天大的便宜，足以為偉大的人民軍賺足談資。以至於三十餘年之後，金導遊依然可以向中國遊客誇誇其談。

終於可以與偶像般偉大的人民軍軍官置身一處，是在通往非軍事區的前沿軍事哨所院內。再不像朝鮮民用建築般單薄，軍事哨所大院門牆厚重，全部以數米寬厚的實心混凝土澆築而成。院門內側如水閘般的橫樑上白漆塗刷着碩大的寓言：「自主統一」（자주통일）。

在確定院內的人民軍軍官們手中沒有斧頭以後，我這才放心下車。

軍事哨所成東西走向——朝韓軍事分界線並非是與北緯三十八度線完全重合的直線，而是以停戰時交戰雙方實際控制線為準，哨所修築在一段南北走向的非軍事區外——客車由西門駛進哨所，哨崗值守的東門則通往非軍事區內的板門店。

除卻哨崗內的哨兵，院內還有其他人民軍軍官值勤——他們已經不再是普通的人民軍士兵，從領章來看，雖然年紀輕輕已經是尉、校級軍官——他們嚴格監視着旅行團遊客，禁止隨意走動，禁止隨意拍攝。

不過拍攝宣傳畫總是可以的，我想。西門門內兩側，各建有一堵宣傳畫牆，南側的一堵色彩鮮豔，朝鮮另一種國花木蘭花組成的朝鮮半島地形圖上，「南男北女」的兩名兒童，標語是「為後代，留下統一的祖國！」（후대들에게 통일된조국을물려주자!）我正琢磨着這樣的宣傳畫在中國肯定應當寫着「計劃生育」的標語，就感覺身後正有一雙眼睛窺探着我。

客車停在宣傳畫前，我拍攝宣傳畫時客車正好阻擋了院內巡邏的人民軍官的視線。他們實在是盡忠職守，只是片刻，也要繞到客車車尾看看我究竟在做些甚麼。

還好，沒有干涉我的拍攝。我微笑着向他示好，微笑逕直撲空，他依然是面容鐵青地示意我離開。

回身離開時，忽然一輛藍色的老款奔馳汽車駛入哨所院內，戛然停在哨崗前。在一名執勤的校官陪同下，從哨所值班室裏，緩步走出一名老年人民軍軍官，是領章有將星的人民軍將軍。我想這可能會是我在朝鮮能夠遇到的軍銜最高的一名人民軍軍官，不容錯過，快步走到前車，摁下掛在胸前的相機快門。

將軍上車，絕塵而去。哨崗內哨兵立正行軍禮，直到軍事最前沿，才終於看見抖擻起精神的朝鮮人民軍。哨兵禮畢，正又是換崗時間。下崗的哨兵身姿挺拔地從我身前走過，目光輕蔑又挑釁地看着我們這些中國遊客。他有槍，他怎麼樣都可以，我們目光柔和地回望他。

他的槍，依然是老舊的朝鮮國產大口徑突擊步槍，衣角也磨破了邊。

哨所值班室，是院內南側首尾相鄰的兩棟單層平頂建築靠近非軍事區圍牆的一棟。

參觀軍事分界線是需要人民軍軍方許可的，尹導遊拿着包括護照在內的全部旅行團團員資料進入值班室申

板門店朝韓非軍事區朝方入口哨所院內。（上）
哨所展示廳內，朝韓軍事分界線示意圖看板。（下）

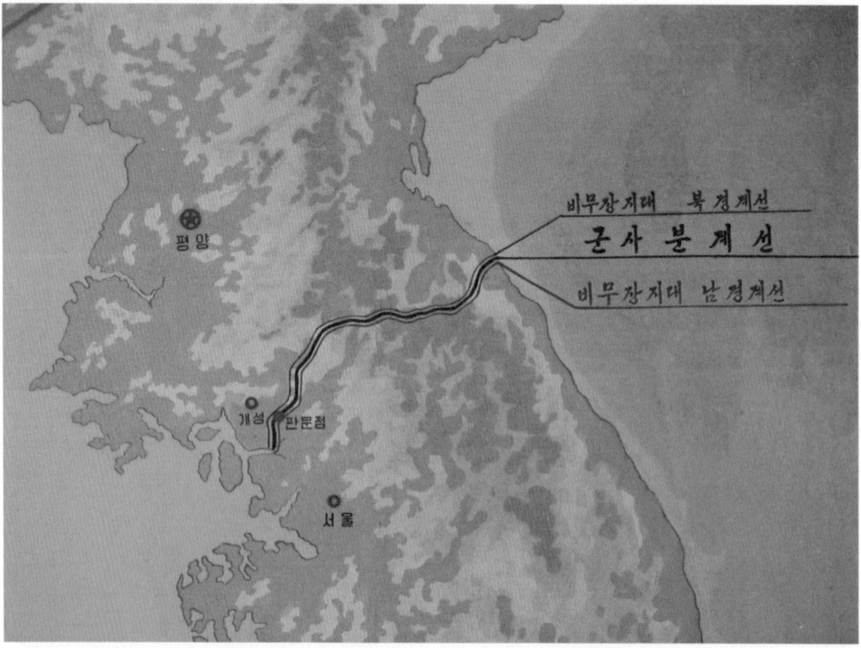

哨所院內的宣傳畫：「為後代，留下統一的祖國！」（上）
哨所院內，人民軍將軍與接送他的老款奔馳汽車。（下）

請許可，幾名人民軍軍官逐一審核資料，並且通過電話聯繫確定着甚麼。

金導遊則站在與值班室相鄰的另一棟建築門前，示意我們進入等候。沒有想到，除了靠近值班室的一間懸掛看板用以介紹板門店的展示廳之外，其餘兩間全部闢為旅行紀念品商店。

把朝鮮經營得幾近破產的勞動黨，大買賣做得艱難，小買賣卻是很會精打細算。在外國旅行團等候進入軍事分界線的許可批准之前，還可以兼為勞動黨的國內生產總值做出些應有的貢獻。而且是在朝鮮旅行行程中規模最大的紀念品商店，銅碗銅筷子、煙酒野山參、雜誌明信片、眼鏡紀念衫，各種朝鮮商品一應俱全，而且數量極多。「美帝國主義」如果打過來了，只憑藉這間商店的物資儲備，偉大的人民軍堅守半年不成問題。

正在商店裏考慮人民軍軍用物資儲備，透過玻璃窗忽然發現又一輛旅行客車停在哨所院內。人數眾多的旅行團，他們乘坐的客車比我們的更大，而且幾乎滿座。

他們旅行團也有標準的朝方人員配置，一名矮胖

的導遊，與金導遊是互相認識的，畢竟朝鮮可以經營涉外旅遊的旅行社僅有一家，別無分店。一名攝像師，攝像器材老舊。令人緊張的，是他們身形高大的「第二導遊」，中年男人，紅潤微胖，面色沉鬱，空空的兩手始終背在身後，若即若離地跟着旅行團，不時用中文提醒誰禁止拍攝。

他的身份不言自明。而且恪盡職守，在他們的旅行客車上，他選擇坐在我在我們客車上選擇的位置，最後一排靠窗，那並不是一個舒服的位置，但是那個位置可以了斷全車所有人沿途拍攝的可能。相比之下，能夠安排尹導遊在我們的旅行團裏實在是我的幸運。

在展示廳看板前對板門店的講解，也由他們旅行團的導遊負責。他比金導遊矮小的身體裏，卻蘊藏着更多的慷慨激昂。金導遊的語速輕緩，那位導遊則是斬釘截鐵，有所說一切絕對是真理的態度。沒有「嗯啊」，沒有遲疑。

聽講真理的遊客太多，「真理」被團團圍在垓下。

我不想擠進去，和金導遊遠遠地倚在窗邊，表示出「我

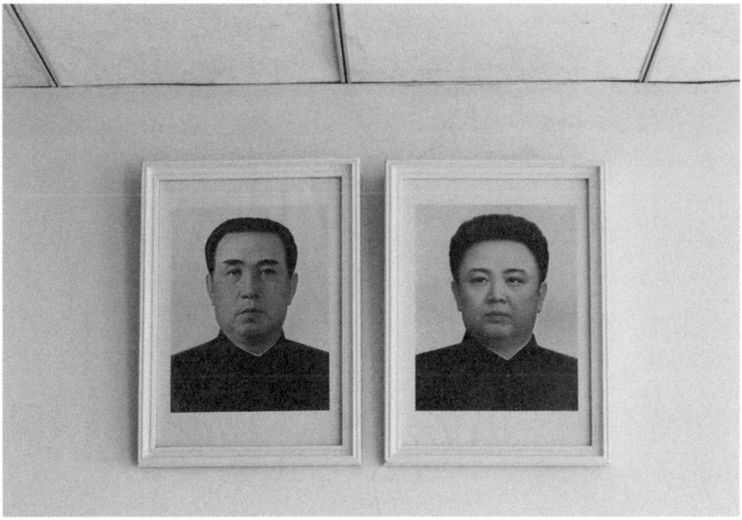

哨所展示廳內的領袖畫像。（上）
哨所通往非軍事區的水泥甬道。（下）

們都知道」的態度。如果身邊的不是一位朝鮮導遊，也許我就會和他說說心裏真實的感受，比如調侃一下「真理」太矮，淹沒在聽眾中就看不見。「真理」太像朝鮮人，而金導遊多少更像一個普通人，如果他是中國人，也許我們能夠成為朋友，我想。

可是我不能說，「第二導遊」正背身站在我面前，眺望垓下。

領袖們在牆上，喜怒不形於色。

非軍事區

「真理」結束，我們將正式進入朝韓非軍事區。

雖然有四公里寬的非軍事區分隔，但是為了避免一旦爆發戰爭，對方的裝甲部隊奔襲而來，人民軍在哨所通往非軍事區的水泥甬道兩旁，修築成斜坡，斜坡上以鋼筋捆綁固定許多巨型水泥滾礅。一旦爆發戰爭，切斷鋼筋，水泥滾礅落下，可以壅塞封鎖水泥甬道，遲滯敵人行軍——水泥路障在當今戰爭環境下能起到多大作

用？感覺朝鮮的普通軍事準備與理念依然停留在朝鮮戰爭結束的時候。

至於在水泥甬道鐵線網以外的非軍事區邊緣地帶，有大面積的地雷佈設。水泥甬道，此去華山一條路。

兩輛旅行客車在接受檢查以後，已經先行停在水泥甬道之內。我們兩個旅行團的所有團員在人民軍軍官的指揮下，排為五列縱隊，再一隊隊步行通過哨卡側門。

為了拍攝一張水泥甬道內景，我積極地排列在第一列第一排第一位——我們的客車在前，我們旅行團自然排列在前——如我所願，走到客車車門旁，快速舉相機拍攝一張。客車司機看見了我的拍攝，只是對我友善地報以微笑。這樣的微笑讓我很是感激，我走得飛快，看見司機微笑的同時，人民軍士兵已經站在了客車車首。

進入非軍事區以後，每輛旅行客車上都將會有兩名人民軍士兵陪同。我們客車上的隨車人民軍士兵，由始至終，筆挺地站在車廂過道。雖然空有許多座位，也沒有半點要坐下的意思。

為了宣傳生活的和平氣氛，掩飾戰爭的緊張氣氛，

「停戰談判遺址」（上）和「停戰協定簽訂地遺址」（下）。

在板門店負責講解的人民軍大尉軍官（上）和他的結有鹽漬的軍裝褲（下）。

朝鮮與韓國在板門店北南的非軍事區內，都仍然保持原有村莊的行政區劃。

氣靜洞（기정동），是非軍事區內朝鮮一側的村莊，朝鮮又將其命名為「和平村」（평화촌）。至於朝鮮以外的世界，則是稱呼氣靜洞村為「宣傳村」（선전마을）。

當然是宣傳村，很難相信勞動黨會允許一村朝鮮普通百姓生活在舉步即可叛逃的朝韓軍事分界線附近。不過為了做足「和平村」的功課，氣靜洞所有生活設施都建設得一應俱全，勞動黨甚至聲稱氣靜洞仍有二百家集體農場，可以自給並且為朝鮮各地提供糧食。

由哨所通往板門店的道路雖然沒有穿越氣靜洞村，但是從穿越的農田中，我仍然可以看出事實並非如此。在道路兩旁的氣靜洞農田中，居然遍佈着農作物收割後的秸稈。在軍事分界線之外的朝鮮農村，農田中被撿拾得寸草不存。氣靜洞的景象，只能說明種植與收穫都是有組織的突擊行為，收割以後，便再無人打理。

開城高速路旁那個揹着一大垛枯草的小男孩，如果能看到氣靜洞村的農田，一定會開心得笑起來吧。

旅行客車半途停車，路旁一進院落，院中東西向並排兩座白色尖頂簡易建築。「停戰協定簽訂遺址」。矮個導遊帶領我們進院，然後把等候在院內的一名人民軍軍官介紹給我們，「接下來將由我們的人民軍講解員為你們介紹。」

我們的人民軍軍官，與那位善使飛斧殺人的朴軍官一樣，也是大尉軍銜。

外間略小的一間，是「停戰談判遺址」，內側大間是「停戰協定簽訂地遺址」。大尉同志首先在「談判遺址」內向近百名中國遊客滔滔不絕地講述了許多關於停戰談判的故事，情節跌宕起伏。大尉同志使用的朝語，矮個導遊負責翻譯，許多故事加倍，時間漫長。

大意是，「偉大領袖」特別偉大。

然後大尉同志再帶領我們轉場「簽訂遺址」，在門外等候其他在「談判遺址」內合影留念的遊客時，我站在大尉同志身邊，發現兩件能引起我興趣的事情——在「談判遺址」裏，我只是百無聊賴地站在大尉同志的身後，看着他腮邊皮膚上隨慷慨激昂而起伏的瘢痕。我有興趣地想着的是：那是槍傷嗎？難道他參與過戰爭？

重新引起我興趣的事情，其一是大尉同志的軍裝，褲裝後面有清晰的鹽漬。那麼冷的冬末，還會有出汗以後形成的鹽漬，看來板門店駐軍的日常訓練非常嚴格。而且，軍裝依然也是緊缺的，否則不會在訓練時仍然穿着常服。

其二，在兩間「遺址」的門頭正中，都懸掛有一方紅色有機玻璃製作的標示牌。我本來以為那是「遺址」的介紹看板，卻不料寫的是：「敬愛的最高司令官金正日同志親臨過的停戰談判會場」（경애하는 최고사령관 김정일 동지에께서 현지지도하신 정전담판회의장），「主體六十一（一九七二）年七月十九日－主體八十五（一九九六）年十一月二十四日（四次）」（주체 61(1972) 년 7 월 19 일 — 주체 85(1996) 년 11 월 24 일 (4 차))。

在關於一場慘烈戰爭的紀念建築物上，最為醒目的居然是與這場戰爭沒有半點關係的「偉大領導者」御駕親臨紀念標牌。在勞動黨的宣傳中，如果指揮這場戰爭的不是「偉大領導者」不敢忤逆的父親，「偉大領導者」一定會當仁不讓地將歷史改寫為自己在八歲到十一歲時指揮了這場戰爭。

近百名中國遊客到齊，大尉同志繼續在「簽訂遺址」內滔滔不絕地講述了許多關於停戰協定簽訂的故事，情節跌宕起伏。大尉同志使用的朝語，矮個導遊負責翻譯，許多故事加倍，時間漫長。

大意是，「偉大領袖」特別特別偉大。

大尉同志關於「簽訂遺址」的故事，情節特別特別起伏跌宕。「美帝國主義不願意為這場失敗戰爭的停戰協定簽訂留下任何物證，他們只想搭建一個臨時帳篷完成簽字，簽字以後就可以馬上拆除。」大尉同志不屑地說，「但是『偉大領袖』識別了敵人的陰謀詭計。」然後聲音恢復慷慨激昂，「在『偉大領袖』的指示下，朝鮮軍民一夜之間建成了簽字大廳，徹底地粉碎了敵人的陰謀。」

遺址門頭上關於「偉大領導者」到訪次數的標牌。

當然，敵人的宣傳肯定是另一個版本。在「聯合國軍司令部軍事停戰委員會」（United Nations Command Military Armistice Commission, UNCMAC）高級代表監督下，朝鮮與韓國在四十八小時內共同建造了停戰協定簽字大廳。其中，朝鮮提供勞動力與部分建築材料；聯合國軍司令部提供另一部分建築材料，以及發電機與照明設施使得工程可以在夜間得以持續進行。

而我在中國一直以來聽到的故事，居然是第三個版本。情節大體與大尉同志的版本相同，但是簽字大廳卻是在中方的指示下，由中國與朝鮮兩國軍民一夜之間合力完成建造的。

關於朝鮮戰爭，關於更多的事情，實在是有太多這樣情節矛盾的故事令人困惑。站在簽字大廳裏，我唯一能夠確信無疑的，只有我是沒有參與建造的。

平面呈「凸」字形的簽字大廳，窄面牆壁連貫張貼有宣傳欄，沒有燈光，沒有窗戶，昏暗陰冷，宣傳欄裏的黑白照片鬼影重重；臨近窗戶的寬面大廳中，擺放着三張長桌。兩側兩張更為寬大，即是朝鮮戰爭交戰雙方

「停戰協定簽訂地遺址」內簽訂停戰協定的簽字桌。

簽訂停戰協定的簽字桌。

左側桌上擺放着代表聯合國軍的聯合國旗——「美帝國主義」簽訂完停戰協定以後，羞愧難當，匆匆離開會場以至於將聯合國旗遺忘在簽字桌上——右側桌上則是朝鮮國旗。沒有中國國旗，因為中國人民志願軍名義上「不代表國家」，而只是「志願」赴朝作戰——很多中國遊客對此表示不滿，但是勞動黨在此處的佈景確實是符合史實的。勞動黨也樂得如此。

簽字桌前，圍滿拍照留念的中國遊客，喧鬧嘈雜，當年「美帝國主義」簽字代表「羞愧」的內心怕也沒有那麼沸騰。待到全部遊客離開，尹導遊已經返回在門外尋找脫隊的我時，我才有機會拍攝下空空蕩蕩的簽字大廳。

空空蕩蕩的，就像來時路上荒涼的農田。

和尹導遊一路小跑回到路旁，發現正對着「停戰協定簽訂遺址」院門的遠方，居然就是那杆曾經世界第一高的朝鮮國旗旗杆。

二十世紀八十年代，為了與韓國架設在大成洞的旗杆比高，勞動黨在氣靜洞村架設了一杆高度約一百六十米的旗杆，而只是上面懸掛着的朝鮮國旗，便重達二百七十公斤。雖然後來不識趣的前蘇聯加盟共和國阿塞拜疆（Azerbaijan）在首都巴庫（Baku）建起了奪走世界第一的旗杆，但沒有關係，只要贏得與韓國的「旗杆戰爭」即是精神勝利。

那天沒有能夠吹起那麼沉重國旗的風，只有看起來光禿禿的旗杆遙遠地指示着氣靜洞村的方向。

而在院門外的道路前方，正是一條岔路。

左轉，通往朝韓軍事分界線。

至於右轉，則是通往不歸橋，發生「斧頭殺人事件」的不歸橋。

共同警備區

允許遊客參觀的一段朝韓軍事分界線與不歸橋，都處在朝韓共同警備區內。

停戰協定簽訂以後，一九五三年九月，交戰雙方決定擴大板門店守備規模。將拓展後的一片直徑八百米的

圓周區域，稱為「共同警備區」（공동경비구역，Joint Security Area, JSA）。

旅行客車在停車場泊下，所有遊客在四名導遊與一名人民軍大尉的押解下，分團列隊步行進入共同警備區。

步道旁，正有一隊人民軍士官從營房中走出來，準備列隊。在沒有站上哨位之前，他們看起來很是輕鬆，踩着步子，整理軍容。能夠被選拔進入共同警備區內值勤，軍容無疑是朝鮮人民軍中最好的。身高看起來都在一百八十公分以上，身姿挺拔，體形健碩。如果勞動黨能讓人民軍軍人或者朝鮮百姓個個如此，那麼或許統一有望。

照片模糊，完全是在走動中的盲拍。只是看起來略有可疑地把身體側向士官們，跟在隊伍旁的「第二導遊」依然警告性地打量了我一眼。他示意我注意相反的方向，緊隨左轉的隊伍，然後在領隊的矮個導遊配合下，讓我們立定在路旁的一面石碑前。

「偉大領袖」的簽字碑，白色花崗岩上，正中描紅雕刻有「偉大領袖」的朝鮮字名諱：「김일성」，右下

停戰協定遺址院外，遠眺氣靜洞村與村內一百六十米高的朝鮮國旗旗杆（右）；
通往共同警備區與不歸橋的三岔路口（左上）和共同警備區內準備列隊的人民軍士官（左下）。

簽署時間「1994.7.7」。據勞動黨導遊介紹，簽字是「偉大領袖」的絕筆，「為了祖國的解放與統一事業，『偉大領袖』一直工作到很晚，他的離去完全是因為過度勞累所致。」

然後，就是簽字碑建築的各種數據與其象徵。雖然沒有建黨紀念塔高大，各種象徵卻一樣不能少。「碑座寬九米四，碑寬七米七」——「偉大領袖」的去世日期直接決定了碑座要比碑體寬這一普世價值觀。

矮個導遊滔滔不絕，我卻再有不祥的預感。果然，又要求我們以鞠躬表示對「偉大領袖」的敬意。雖然「第二導遊」就站在我身旁，但我還是決定突發腰肌勞損，國際友誼展覽館裏落下的病根。

有強買強賣的，可總沒有強人鞠躬的。「第二導遊」沒有說甚麼，但他謙卑地彎腰再強硬地直起腰後，蹙眉瞪着我的目光充滿質疑。我不想惹麻煩，手扶着腰，「腰背很痛彎不了腰，但我還是能堅持走一下」的表情一直伴隨着我走進板門閣。

在共同警備區，跨騎在朝韓軍事分界線上，修建有

共同警備區內的會議室與南方韓國一側的「自由之家」。

七間會議室。東三西一共四間為白色，居中三間為藍色。

關於這七間會議室，資料與導遊都只是泛泛地說：「白色會議室由朝鮮建設管理，而藍色會議室由聯合國軍建設管理。」至於其各自的作用，沒有任何詳細說明。可能導遊們自己也含混不清，以至遊客在參觀共同警備區結束以後，將導遊們語焉不詳的講解詞以訛傳訛，彷彿七間會議室除了由何方建設與管理之外，其餘功用相同，使用哪間完全只憑雙方的顏色審美與數字喜好。

而事實並非如此，七間會議室在功用上嚴格地區分，絕不可擅自使用。

東三間白色會議室為「前捷克和波蘭的中立國監察委員會會議室」（Former Czech and Polish NNSC Conference Rooms）。「聯合國軍司令部軍事停戰委員會」下轄「中立國監察委員會」（Neutral Nations Supervisory Commission, NNSC）以監督停戰雙方對於停戰協定的執行情況。「中立國」由雙方在沒有參與朝鮮戰爭的國家中挑選，朝鮮與中國人民志願軍叫來了同為社會主義陣營國家的捷克斯洛伐克（Czechoslovakia）、波蘭（Poland）與匈牙利（People's Republic of Hungary）。而聯合國軍則召喚來了瑞典（Sweden）與瑞士（Switzerland）。盟友彼此監督，各自歡天喜地。不過，隨着上世紀九十年代初期，東歐社會主義國家的分崩離析，朝鮮的「中立國」名存實亡，所以東側三間白色會議室也閑置已久。

東間藍色會議室為「中立國監察委員會會議室」（Neutral Nations Supervisory Commission Conference Room）。中立國監察委員會與紅十字國際委員會（International Committee of the Red Cross, ICRC）定期在此舉行會議。

中間藍色會議室為：「軍事停戰委員會（MAC）會議室」（Military Armistice Commission（MAC）Conference Room）。朝鮮與聯合國軍司令部鬥嘴的地方，是雙方唯一能夠面對面地互訴衷腸的會議室，是七間會議室中最為重要的一間會議室，也是唯一開放給遊客參觀的會議室。

西間藍色會議室為：「聯合值日官（JDO）會議室」（Joint Duty Officer（JDO）Conference Room）。朝鮮和聯合國軍司令部聯合值日官幽會於此，也可供其他高級軍官鐘點使用。

西側白色會議室為：「朝鮮人民軍娛樂設施」（Korean People's Army Recreation Facility）。即便講解員大尉同志知道這間會議室的功用，他也會絕口不提。心理素質再好的人民軍士兵，也不會有興致在軍事分界線上娛樂。娛樂稍有不慎，很可能就是人生最後一次娛樂。所以事實上，勞動黨每次分派十至二十名人民軍士兵，在這間會議室裏，挑釁聯合國軍。門窗緊閉，言語無效，只好用侮辱性的手勢，比如手刀割喉之類。可惜在外面看來，一群士兵在窗子後面手舞足蹈，不覺得可怖只覺得可笑，於是聯合國軍反倒稱這間會議室為「耍猴屋」（The Monkey House）。

恫嚇變成了娛樂，人民軍有時候真讓人民着急。

軍事分界線北南兩側，朝鮮與韓國各修築有兩棟建築。隔着會議室正面相對的建築均為三層，韓國結構造型現代的建築稱為「自由之家」（자유의집），而朝鮮的朝鮮式斯大林式建築則稱為板門閣（판문각）。

板門閣坐北朝南，原本為兩層建築，黑底金字的匾

額懸掛在二層正中門額之上。一九九四年時在樓頂增建一層，使得板門閣與和平之家成為同級的三層建築。增建的第三層，東西兩側略短，留作觀景平台。

離開共同警備區，直接開板門閣後門即是停車場，原來就修建在板門閣北側樓後。而進入觀看時，卻是徒步繞行板門閣東側，再由南側正門進入。自然不是為着讓我們多看風景，為的只是在板門閣東側的簽字碑前向我們講解「象徵」與「偉大領袖」的「鞠躬盡瘁，死而後已」。

我腰腿強健地跟隨大尉同志，與旅行團同上三層觀景平台。

大尉同志在南側檐廊下正中的位置開始講解。大尉同志很是激動，因為就在一個月前，「一個月前，」他說道，「『最高司令官』同志視察板門店的時候，就站在這裏。」他反覆重複道，「就在一個月前。」意思是我們能夠與「最高司令官」僅隔着短短的一個月時間地站在同樣的地方，實在是我們三生有幸。

大尉同志稱讚「最高司令官」的行為是無比勇敢的，

在板門閣上講解的人民軍大尉軍官（上）和他胸前的領袖像章（下）。

因為板門閣上是無比危險的，「就在敵人的槍口下。」

大尉同志越來越激動，語氣越來越慷慨激昂，每句也越來越短，說完便迫切地注視着作為翻譯的矮個導遊，似乎生怕他翻譯不出自己的激動。

矮個導遊傳達了大尉同志傳達的「最高司令官」的指示：「要世世代代發揚，英雄的朝鮮人民軍，擊敗帝國主義聯合勢力的，震撼世界的，偉大成就。」「宣傳機器」特別喜歡冗長的句式，「如果敵人膽敢再度發動戰爭，那麼在新的戰爭中，簽訂的將不會是停戰協定，而一定會讓敵人跪地簽訂投降書。」

「合個影吧。」旁邊的中國遊客已經有些急不可待，急不可待地表示出相比於敵人投降，更有興趣的是能和大尉同志合影。主席依照慣例，合影以後將自己印着密密麻麻頭銜的名片遞過去——在妙香山普賢寺停車場當他抓着女講解員的手塞名片的時候，朝鮮姑娘可能誤以為是小費，忙不迭地推辭。在旅行團眾多團員的瞠目結舌中，一陣糾纏。——而莫斯科留學生則遞上一包價格不菲的好煙，大尉同志堅辭不收。無論如何，人民軍的

政治工作做得還是相當的深入和扎實。

與大尉同志合影的遊客絡繹不絕，大尉同志耐心友好地予以配合。他側身站着，韓國方向而來的陽光，照射在他胸前的領袖像章上，「偉大領袖」閃閃發光。

卻依然有遊客沒有等到與大尉同志合影的機會，一名手執步話機的人民軍中尉軍官示意大尉同志軍事停戰委員會會議室已經準備就緒，請我們立即下樓參觀。

不敢耽擱，大尉同志無法再顧及等待合影的廣大群眾，迅速帶領我們下樓。板門閣前列隊，整束衣裝，大尉同志反覆叮囑我們在軍事分界線前萬萬不可輕舉妄動，否則會有生命危險。

氣氛非常嚴肅。

每兩間會議室之間的通道，正中修砌有寬四十厘米、高七厘米的水泥分界線。分界線北側，左右各有一名人民軍士兵相對而立，另有一名人民軍士兵面向北方，站在會議室之間與會議室房門平齊的位置上。三名執勤的人民軍士兵，負責共同把守兩間會議室之間的通道，以防有任何可能的擅自越界行為發生。

如果當分界線南側有人員參觀時，韓國士兵會有同樣的警戒哨位佈置。看起來平靜的，舉步可越的水泥分界線，卻比雷區更為危險。擅自越界會被進入方視同為侵略，會被離開方視同為叛逃，後果是難以想像的嚴重。

金導遊向我們講述的勞動黨版本的「斧頭殺人事件」，有一個明顯的瑕疵是故事建立在軍事分界線雙方士兵不可擅越的前提上，所以雙方才有以飛斧砍人的故事。而事實上，雙方士兵不可擅越軍事分界線的規定，恰恰是因為「斧頭殺人事情」導致的後果之一。

在那之前，雙方士兵是有在共同警備區內，跨越軍事分界線的特權的。在「斧頭殺人事件」中，致兩名美國士兵死亡，得了便宜的朝鮮人民軍，卻因為雙方士兵可以跨越軍事分界線這一特權的取消，最終在八年以後的「蘇聯大學生越境事件」中，付出代價吃了虧。

一九八四年十一月二十三日，一隊蘇聯大學生旅行團在共同警備區北方朝鮮一側參觀的時候，忽然隊伍中有一名蘇聯大學生脫逃至軍事分界線南側並表示投誠。情急之下，人民軍士兵越界追趕並鳴槍示警，不明就裏

的韓國士兵也立刻開槍還擊。

那名越界叛逃的蘇聯大學生，居然僥倖躲過衝突，安然無恙地進入韓國，並且最終到達美國。不過卻因為他的行徑，造成四人無辜死難。在交火過程中，一名韓國士兵與三名人民軍士兵陣亡。

我們不敢有任何的輕易妄動，乖乖地在眾多軍人警惕的目光下緩步走進軍事停戰委員會會議室。手持步話機負責聯絡的人民軍中尉站在門側監督，我卻看見他身後會議室的牆角下，赫然安裝着一台韓國生產的三星（Samsung）空調。

不知道是不是因為藍色會議室歸屬聯合國軍管理的原因，所以即便處於會議室外朝鮮一側的附屬設施也同樣由聯合國軍安裝。否則，出於勞動黨的自尊心，勞動黨一定會要求在會議室的朝鮮一側安裝朝鮮生產的空調。嗯。如果有一天，偉大的勞動黨終於也能生產出空調的話。

人民軍中士與值守在房門左右的兩名人民軍士兵，跟隨我們走進會議室，然後繼續值守在會議室內南北兩

側的房門旁。

會議室裏，正中一張鋪着綠色軍毯的長方形會議桌，縱跨北南。走到會議桌的南側，在地理上已經進入韓國領土。但是朝韓雙方在使用會議室的問題上有協議，同一時刻只有一方使用，另一側房門緊閉，所以對於會議室內可能的越界侵略，不見即為不存在。

透過會議室的窗口，可以清楚地看見窗外，值守在朝鮮軍事分界線旁邊的人民軍士兵。他們並沒有緊貼水泥分界線站立，而是略微離開半步。在分界線的對側，如果韓國士兵也進入執勤崗位的時候，他們是面向北方而立，視線正盯着人民軍士兵。

無論冬夏，執勤的韓國士兵總是佩戴墨鏡，在冬天，或者在夏日裏站在房子的陰影中面朝北方，墨鏡必然已不只是為着遮陽。可能更多的是為了避免尷尬，我想。一步之遙的距離，直勾勾地盯着敵軍，實在太過考驗心理素質。所以墨鏡權作隱蔽，萬一眼神挑釁或者怯懦，甚至迷離了，不至於尷尬。抬頭不見低頭見的，畢竟敵人之外，還是兄弟。

執勤在軍事分界線的人民軍士兵，心理素質高深莫測，而且墨鏡也不符合人民軍的氣質，所以就是裸眼相向。也是為了避免尷尬，我想，所以他們彼此相向而立。中國遊客中有傳言說，這樣站立的意圖是彼此監視，以防越界叛逃。我對這種說法嗤之以鼻，他們看輕了偉大的人民軍，或者說他們看輕了偉大的勞動黨。

我相信勞動黨，勞動黨一定有辦法斷絕了他們任何企圖叛逃的可能。

叛逃是對勞動黨最大的侮辱。

勞動黨將朝鮮描繪成天堂，可是居然有人會從天堂叛逃，而且是叛逃至被勞動黨描繪為地獄的南朝鮮。這豈非以行動拆穿天堂與地獄的假象，以行動證明勞動黨所說的都是謊言？

雖然朝鮮百姓並不可能知情，但是勞動黨依然怒不可遏。二〇一〇年，在叛逃至韓國的前勞動黨高官黃長燁病逝之後，勞動黨「朝鮮祖國和平統一委員」（조국평화통일위원회）發表評論：「當從未有過的苦難歲月來臨時，他（黃長燁）背棄我們的黨，甚至拋下血脈相

共同警備區會議室外，朝韓軍事分界線（上）和值守在旁邊的人民軍士兵（下）。

共同警備區會議室朝鮮一側門旁的韓國「三星」牌空調。

連的親人，為一己的享樂和安逸逃到了南邊。死亡是上天對他的詛咒。」

勞動黨特別提到了被叛逃者——脫北者——拋棄在朝鮮的他們的親人，與其說是一種譴責，不如說更是一種警告。

為了自己的生存，脫北者選擇叛逃，無可非難。但不可否認的現實是，他們的叛逃，同時也將他們的家人置於絕境。脫北者自己也清楚，九死一生的集中營是他們遭受株連的家人們的唯一歸宿。

姜哲煥的家人同樣被拋棄在朝鮮，也包括他曾經已是那麼可憐的妹妹美湖。

美湖還活着嗎？他自己也不知道。

更多的人，選擇繼續生活在困苦的朝鮮，或者是信奉勞動黨，或者是無力逃脫，或者是顧念家人不願隻身偷活，或者是心如死灰、得過且過。

不知道窗外與韓國近在咫尺的人民軍士兵因為甚麼留下。這是他們的問題，同樣也曾經是我們的問題。

還好現在我們比他們幸運，我們可以選擇先行離開。

會議室裏一片歡聲笑語的拍攝活動結束後，我們列隊而出，穿過板門閣，在停車場與大尉同志告別。

氣靜洞的農田一片安寧，荒涼但總是安寧的。只是不知道，這樣的安寧能否永久地持續下去？

板門店的參觀，導遊們似乎忘記和我們說明一件事情——朝鮮戰爭並沒有結束，只是簽訂停戰協議而非和平協議，戰爭只是處於不戰不和的休止狀態。

至於維繫這一停戰狀態的《朝鮮停戰協定》，在二〇〇九年五月二十七日，因為韓國在朝鮮進行第二次核試驗之後宣佈加入旨在阻止大規模殺傷性武器擴散的「防擴散安全倡議」（Proliferation Security Initiative, PSI）❶，勞動黨視其為敵對行為而單方面宣佈將不再接受停戰協定約束。二〇一三年三月五日，因為聯合國在朝鮮進行第三次核試驗之後通過對朝鮮的制裁決議，勞動黨再次宣佈不予承認停戰協定。

作為恫嚇的手段，在可以預見的將來，停戰協定注定還將會被勞動黨反覆撕毀。

❶ 韓國正式宣佈加入由美國倡議發起的該協議的時間為二〇〇九年五月二十六日，成為第九十五個加入國。而朝鮮與中國均未加入該協議。

18

고려성균관

高麗成均館

「我真想就一直站在他們的身邊，仔細看看這些快樂的、真實的朝鮮人。」
最吸引人的，是高麗成均館院中正在拍照的一對新人及其親朋。

開城

板門店朝鮮一側，歸屬開城特級市（개성특급시）管轄。開城自古富庶，王氏郡望之地。中國五代時期，後梁貞明四年（918年），王氏族人王建（왕건）肇建高麗王朝，定都於家鄉開京（개경），即今開城。在李氏朝鮮王朝遷都今首爾之前，開城前後作為都城將近五百年時間。

「因為是朝鮮的古都，所以開城在朝鮮戰爭期間得到保護。」押解在我們旅行客車上的兩名人民軍士兵在非軍事區外的哨所內下車，另一車忽然而至的旅行團又忽然而去，居然沒有跟隨我們同往開城，看來並非是如我們一般的普通中國旅行團。沒有了他們旅行團中總是衝鋒陷陣的矮個導遊，我們旅行團內在板門店參觀期間一直沉默不語的朝鮮遊客金同志，終於意識到自己原來是金導遊，於是重新打起精神來，站在客車裏為我們恢復講解，「『美國侵略者』的飛機也沒有轟炸開城，所以開城是朝鮮歷史古迹保護得最好的城市。嗯。」

曾經一度繁華無匹的開城，如今卻淪落得窮困寒酸。雖然身為「特級市」，但城市看起來甚至不及新義州。路面破舊，瀝青龜裂，破損以後再以水泥之類隨形就意地打上補丁。更多的，是補救不及，坑窪中積着污水。

人行道路面磚大多已經遺失，人行道坦然地變成了土路。同時遺失的還有路面上的窨井蓋，窨井黑洞洞的成為陷阱。如果是在夜晚，城市又沒有燈火，能夠避免危險的唯一方法就是牢記雷區的佈雷位置，小心躲過。窨井蓋不是被偷竊的，毫無用處。大多數的窨井蓋已經被碾壓得深陷地表，碎裂以後掉落窨井之內是更大的可能。

一段道路旁，正在為一片光禿禿的城市花園——開城曾經因為多松柏，而又別稱松都（송도），如今卻一如朝鮮其他城市，無有寸木——修建水泥矮牆。

黃牛閑庭信步地拉車向工地運送建材，牛車上還有自備的草料。矮牆沒有金屬骨架，只是以碎石、沙土混合少量水泥砌築，然後兩側以木板緊固成形。堅固的過程無疑是漫長的，衣裝破舊寒酸的工人，百無聊賴地席地而坐。拉車的黃牛同樣百無聊賴，站在車尾吃着地上

的幾根秸稈。

一段一段砌築的矮牆，彷彿受驚狂奔的蚯蚓，彎彎曲曲，起伏不平。

同樣姿態的，還有沿街的赫魯曉夫樓。補砌的牆皮總沒有水平或者垂直的線條，看着讓人有物理學上的恐慌。即便如此，沿街的赫魯曉夫樓依然是形象工程。從樓與樓之間的土路走進去，樓後只是成排的三屋建築，一如在黃海道農村村口看見的那樣。

太過不堪的，勞動黨會在樓前修築圍牆。但是在樓前更多的，是一道水溝。水溝裏的水已經是黑綠色，在客車裏聞不見氣味但可以想像得出。

與新義州不同的是，開城沿街的赫魯曉夫樓向着公路的陽台是敞開式的。陽台上，大多種着一排顏色鮮豔的「金日成花」，也許是「金正日花」——父子花可沒有父子倆的長相容易區分——然後會有一根晾衣繩，繩上晾着一些洗褪了顏色的衣服。

最漂亮的，是一片坑窪不平的白色地面磚人行道後面，一片整齊嶄新的紅色地面磚廣場上，橫平豎直的領

袖畫像牆。畫面依然是在白頭山天池前，深藍色西裝風衣、紅色領帶，平舉右手的「偉大領袖」與卡其色夾卡裝的「偉大領導者」並列大笑。

天池的水，描繪成顏色通透的藍，寶石一般的藍色，與畫像牆後灰暗的開城相映成趣。

看着客車車窗外的一切破敗，倒映在車窗玻璃上的，卻是滿眼的「冤枉」。

原本隸屬於京畿道（경기도）的開城，在朝鮮戰爭以前，歸屬韓國所有。但是在朝鮮戰爭中，開城成為了朝鮮最大的戰利品。

一九五四年，朝鮮將佔領的開城劃歸黃海北道；次年，朝鮮將開城與開豐郡（개풍군）及板門郡（판문군）合併，成立開城直轄市（개성직할시）。

王氏高麗王朝五百年的國都，李氏朝鮮王朝五百年的京畿道重鎮。一千年，開城一千年的買賣，然後只六十年，金氏朝鮮王朝只用六十年便將開城經營得瀕臨破產。若不是朝鮮戰爭，比照七十公里外的首爾，比照

同為五百年舊都的首爾，開城總不至於淪落得如此慘淡。

在這六十年裏，開城是有一次可能改變慘淡現狀的機會的。

在推行「陽光政策」的韓國金大中總統與「偉大領導者」在平壤的「朝韓領導人會晤」之後，朝鮮決定與韓國現代集團（현대그룹，Hyundai Group）合作建設開城工業地區。由朝鮮提供土地與勞動力，而韓國提供資本、技術與電力。比照中國，約略等於深圳經濟特區。

二〇〇三年，朝鮮將開城直轄市改為開城特級市，除板門郡以外的開豐郡及長豐郡（장풍군）脫離開城併入黃海北道，而開城特級市與板門郡則合組成為新設置的開城工業地區。

開城工業地區在可以擁有價格低廉的朝鮮勞動力之外，更有低稅收，以及產品視同韓國國產免稅進入韓國市場的優厚條件。這甚至使得部分在中國投資的韓國企業撤資轉投朝鮮。想來我們旅行社的現代牌客車，大約也就是開城工業園區的產品。

可惜，好景不長。二〇一〇年五月，因為朝鮮與韓

國關係惡化，喜怒無常的勞動黨單方面宣佈關閉開城工業地區，並宣佈驅逐所有工業地區內的韓國國民。

開城的機會，轉瞬而逝。

高麗成均館

一千年的開城沒有留下繁華，只留下一座高麗成均館。

成均館（성균관），是古代朝鮮在都城設立的王朝最高學府，類似於古代中國的國子監或者太學。作為王氏高麗王朝的都城，地處開城北郊紡織洞（방직동）山腳下的成均館，稱為高麗成均館（고려성균관），以區別於首爾的李氏朝鮮王朝成均館。

一九八七年，勞動黨將成均館遺址擴建為高麗博物館（고려박물관）。在其宣傳中，聲稱高麗博物館館藏有一千餘件文物，可是實際參觀中舊物寥寥，大多只是些影像模糊的印刷品，莫辨真偽。

歷史，以及用以展示歷史的文物，在朝鮮向來虛無縹緲。

> 過去並不客觀存在，它只存在於文字紀錄和人的記憶中。凡是紀錄和記憶一致的東西，不論甚麼，即是過去。既然黨完全控制紀錄，同樣也完全控制黨員的思想，那麼黨要過去成為甚麼樣子就必然是甚麼樣子。❶

所以，在朝鮮旅行，最讓人感覺無趣的就是參觀歷史博物館。雖然看起來是與勞動黨完全沒有關係的高麗王朝歷史，但是我深知歷史呈現出甚麼樣的面貌，完全可以隨心所欲地因時因地而不同。

即便一切客觀，如本來面貌，對於中國人而言，一樣會感覺曾經滄海難為水。

中國有比朝鮮更為悠久的歷史，更為偉大的歷史。何必要來朝鮮？

❶ 喬治・奧威爾：《一九八四》，第二四二頁。

開城高麗博物館館門（上）和導遊圖（下）。

金導遊似乎也知道這一切，不願在中國同業前班門弄斧，所以帶領旅行團以極快的速度在成均館內走馬觀花，講解得也很是潦草。跟隨金導遊直行進成均館館門，然後是與妙香山普賢寺萬歲樓形制與功用相同的明倫堂。明倫堂左右有東齋與西齋。學生在明倫堂師從大儒學習儒家經典、高麗律法、算學以及書法等經國治世的學問。夜宿於東西兩齋。

明倫堂後，後院大聖殿兩廂有部分文物展出，金導遊帶領隊伍進廂房看偉大的高麗王朝，我卻在大聖殿前，足下生根，寸步難移。

吸引我的，是院中正在拍攝結婚照片的一對新人和他們的家人。

對於照相機完全沒有普及的朝鮮而言，拍照是一件重大的事情，尤其又是為着新人的拍攝，所有人都是盛裝出席。

一位黑衣婦女，拿着一台看起來很普通的卡片數碼相機，指導着新人擺出各種姿態。看得出來，她並不是

新人的親朋，是特意請來拍攝的攝影師。一切拍攝工作都由她一人完成，沒有助理，沒有化妝，這讓她看起來並不像是朝鮮國營照相館的工作人員，更像是個體從業的攝影師。

在朝鮮，只要勞動黨法外施恩，允許個人從事些服務工作，那麼成為一名攝影師並不困難，只要能夠買得起一台對於普通朝鮮百姓是天價的數碼相機。還不能是我使用的膠片相機，膠捲與沖洗店只怕還沒有在朝鮮普及，便已經將在世界上消亡。

新郎是一名人民軍中尉軍官，他的父母——只有一對父母，從長相上來看應當是新郎而非新娘的父母——以及他的朋友。新郎的朋友幾乎也都是人民軍軍人，一名上士，兩名上尉以及一名少校。他們全部穿着齊整的軍裝，那是他們的盛裝，為此還特別在領袖徽章下佩戴上了他們的勳略章。

兩名上尉之中，一名看起來比新郎年輕許多，但是卻有比新郎更高一級的軍銜。他的勳略章更多，顯然是參與過更多的軍事行動。另一名上尉則是作為新郎的伴

郎，與新郎同樣在右胸佩戴一朵絹花。伴娘不知道是不是他的妻子，與新娘同樣身着大紅的朝鮮民族裙裝。但是她看起來可沒有新娘漂亮。

新娘的漂亮，以貌取人地說，實在是因為與新郎反差過於強烈。東亞人的外貌，五官容易含混不清，彷彿是沒有長開，而那位新郎則完全是長壞了。不過卻很可愛，有些腼腆，對於攝影師的每個擺佈都會害羞地扭捏許久，然後才能落定，拘謹地笑開來。

新人在大聖殿前的幾組姿勢拍完，親朋聚在一起拍攝合影。金導遊帶着旅行團參觀完東廂房，正在走過中庭前往西廂房。嘈雜的旅行團隊伍分散了他們的注意力，我索性放棄鬼鬼祟祟的偷拍，正大光明地蹲在他們的面前拍攝。新婚的喜悅是任何人都不願意破壞的，新人的身份也掩蓋了他們人民軍軍官的身份，金導遊沒有阻止我，新人與親朋也沒有干涉我的拍攝，直到我拍攝完相機中一捲膠捲的最後一張。

新人的朋友中，還有一對夫妻。年輕的丈夫不是人民軍軍官，而且身着便裝的夫妻倆都沒有佩戴領袖像章。

不過似乎經濟條件也並不差，不時會拿出移動電話看一眼消息或者有電話打進來。也應當是公務人員吧，看起來事務繁忙。

新人的老父親穿着朝鮮人最常穿着的膠底藍布鞋；軍銜最高的人民軍少校，卻是軍官中唯一沒有穿着皮鞋的，只是一雙膠底的軍用作訓鞋（士兵訓練之餘，兼有勞動工作）；軍銜最低的上士也許是趕來得匆忙，沒有來得及換身乾淨軍裝，身上的軍裝油膩不堪，而且既沒有勳略表，也沒有領袖像章。

在拍照時，二十一世紀初的人民軍軍官與二十世紀末的中國人，在一個細節上有着驚人的相似。就是他們會有意無意的，把手腕上的手錶露在外面。雖然錶帶還在衣袖裏，但錶盤一定是在袖口以外的。

二十世紀七十年代，手錶與自行車、縫紉機共同構成了中國人象徵財富的「三大件」。那時候擁有手錶的中國人，拍照的時候無論如何都不忘「露富」。

四十年後的朝鮮，似乎社會也已經發展到了同樣的時代。縫紉機我是看不到的，藏在家中作為家庭主婦的財富象徵。自行車是普通朝鮮百姓的財富象徵，而少見的手錶無疑就是這些人民軍軍官的財富象徵。

因為這樣的細節，我忽然對眼前的人民軍軍官們有了莫名其妙的親近感。我們如此相似，我們的命運如此相似。可是，沖淡的欣喜轉瞬就會變成悲傷。無論是勞動黨還是非勞動黨，如果只能讓百姓沉浸在一隻手錶或者一輛自行車的「富裕」之中，那它無疑是可恥的。

一個人可能不會有第二個四十年用來等待真正的富裕生活。但是在當下，所有人都是快樂的。

拍攝完合影，他們起身返回。金導遊和旅行團團員們還沒有結束在西廂房的參觀，我決定繼續尾隨在新人們的身後，反正只要我不擅自走出成均館，總不至有甚麼罪過。

在明倫堂前院，左右有參天古樹，據說是已經生長千年的櫸樹及銀杏。我站在明倫堂裏看他們在古樹旁拍照。所有人都是快樂的，尤其是伴娘。活潑的伴娘，不時上前打趣靦腆的新郎。新郎越是局促，伴娘笑得越是開心。伴娘的笑聲感染了所有人，甚至是幾位走進明倫堂

開城高麗成均館明倫堂。

在明倫堂前拍攝結婚照的朝鮮新人與他們的親朋。

在明倫堂前拍攝結婚照的朝鮮新人與他們的親朋。（右）

又一隊走進高麗成均館準備拍攝結婚照的朝鮮新人與他們的親朋。（左）

的普通開城市民。走來的三位有一位是漂亮的姑娘，另一位全身黑色中山裝的青年神情比新郎還要拘謹，可能是一對戀人吧，羞澀地略微分開些地走在甬道的兩邊。領路走在前面的中年男人可能是介紹人，被伴娘感染的笑容一直掛在臉上，直到在明倫堂中與我錯身而過。他的手裏拿着一部移動電話，可能也是打算用移動電話內置的照相機在後院大聖殿前為戀人拍照吧。

在朝鮮使用的移動電話確實是部分擁有內置照相機的，走下明倫堂，站在甬道上看他們快樂地拍攝時，那名身着便裝的朝鮮青年就是在用自己的手機為新人們拍攝。他是一名時髦的年輕人，合影時沒有佩戴的金邊墨鏡已經戴上。然後我又發現在朝鮮青年人包括人民軍軍官們一個與中國相同的流行細節，他們也喜歡把鑰匙串掛在腰帶上，然後長長地露出在衣襬下。

我真想就一直站在他們的身邊，仔細看看這些快樂的、真實的朝鮮人。可是金導遊已經率領大隊人馬匆忙而來，我不得不被裹脅着，向成均館門外走去。

出門回頭看時，他們仍然在快樂地拍攝着，我有些

高麗博物館門外郵品商店中的朝鮮郵品。

❶ 現在莫要囂張！

❷ 以先軍思想為基礎，團結一心如銅牆鐵壁般前進！

❸ 讓軍民大團結如銅牆鐵壁般堅實！

❹ 保衛祖國就是最大的愛國

❺ 用鬥爭來爭取和平！

❻ 人民軍隊是國防自衛力量的核心，是社會主義的頂樑柱！

❼ 按照主體思想要求，在革命和建設中，自覺樹立鬥爭意識！

❽ 向着將軍所在的最前線！

❾ 滿懷遠大抱負和信心，飛向更高處！

❿ 有力推行自主統一、反戰和平、民族大團結三大愛國運動！

⓫ 先軍革命總進軍，再次快馬加鞭前進！

⓬ 高舉反戰和平友好鬥爭的火炬！

⓭ 徹底向日帝討還我們人民的血債！

⓮ 徹底履行先軍主義！

미제는
함부로 날뛰지 말라!

선군사상에 기초한
4.25
일심단결을 철통같이 다져나가자!

군민대단결을 철통같이 다지자!

평화는 투쟁으로!

인민군대는
자위적국방력의 핵심,
사회주의의 기둥!

주체사상의 요구대로
혁명과 건설에서
자주적대를 확고히 세워나가자!

장군님 계시는 최전선으로!

위대한 포부와 신심에넘쳐
더높이 비약하자!

자주통일
반전평화
민족대단합
3대애국운동을
힘있게 벌려나가자!

선군혁명총진군
다시 한번
박차를!

일제는 우리 인민의
피맺힌 원쑤
기어이
결산하라!

우리군대제일주의를 철저히 구현해나가자!

❶	❷	❸	❹
❺	❻	❼	❽
❾	❿	⓫	⓬
⓭	⓮		

戀戀不捨。

讓我無比遺憾不能在成均館裏再多逗留片刻的，還有另一隊準備拍照的新人也正在走進成均館。

他們的攝影師手中除了一台卡片數碼相機之外，還有一台更為高級的攝像機。新郎不是軍人但似乎經濟條件更好，西裝筆挺，皮鞋鋥亮。而且親友團裏大多是年輕姑娘，笑語歡聲不斷。同樣的，也有一對伴郎伴娘，伴娘與新娘同樣穿着朝鮮裙裝，看來與伴郎伴娘一起拍攝結婚照片是在朝鮮流行的風俗。

已經將近中午，不知道他們在拍攝完結婚照片以後，是不是直接就要去出席婚禮？我多想出席他們的婚禮，而不是跟着金導遊進商店購物。

明信片

高麗博物館門外，左右各有一間商店，招牌顯示都是出售郵品的旅遊紀念品商店（조선우표전시관）。

而且雖然都在博物館門外，卻似乎是彼此自主經營，

居然有在朝鮮罕見的商業競爭。金導遊帶領我們進入的東側商店，在進門之前，西側商店門前的導購小姐一直在用中文邀請我們進他們的商店參觀。東側商店門前的導購小姐勝券在握，笑而不語。

其實並非是純粹出售郵品的商店，郵品只在商店的南側展示，而北側裏間全是其他商品，包括瀋陽商人一路念念不忘的「正宗高麗參」。

金導遊與身為店主的中年男人自然對購買高麗參這樣的大宗買賣更有興致，於是裏間一時人滿為患。空空蕩蕩的郵品櫃枱前，只有一位漂亮的年輕姑娘招呼生意。

所有朝鮮郵品，看起來都像是朝鮮無處不在的宣傳畫的微縮版本。這讓我很興奮，我很喜歡朝鮮風格的宣傳畫，不是因為內容，而是因為它具有強烈的社會主義風格，彷彿讓人看見曾經的中國。而且，隨着同類宣傳畫在前蘇聯與中國的消失，朝鮮宣傳畫反倒成為了這種風格的宣傳畫孑遺在這個世界中的孤本。

沒有比這更好的朝鮮旅行紀念品了，我想，而且不

像高麗參，是沒有中國商人會進口一文不值的朝鮮郵票到中國的。

只是郵票的票幅太小，躊躇間，忽然發現角落裏有一排朝鮮明信片。同樣的風格且有足夠大的畫幅。沒有半點猶豫，上下翻找，每樣兩張。

每張兩元人民幣，售貨的漂亮姑娘為我清點結賬。我一時興奮，居然忘了世界上還有討價還價這種事情。有其他旅行團團員看見明信片不錯，也去挑選購買。回到客車上，稱讚我發現的明信片真是不錯，而且還便宜，「還完價一塊錢一張。」他們說。

我覺得我個人的中朝友誼結束了。

打算再回去以一元人民幣一張的價格批發商店剩餘的所有明信片，可以帶回中國賣個好價錢以彌補損失。可是金導遊已經急不可待地催促司機開車，飯店裏還等着兩鍋高麗參燉雞湯。

我沒有雞湯喝，從事中朝貿易的商業計劃也胎死腹中，這讓我很傷心。

19

자남동

子男洞

「我決定節省下午餐的時間，獨自脫團。」

「統一大街。」

並非是我偷懶，打算套用之前某章開篇的敘事手法，而是與平壤相同，開城的城市主幹大街也被勞動黨命名為「統一大街」。

同樣是南北走向的開城統一大街，同樣無當的寬闊。廣場一般的水泥路面，目測最少也是雙向八車道——路面上沒有繪製交通標線——勤勞勇敢的開城市民閑庭信步地橫穿統一大街。就在藍色制服的交通警察面前，沒有了平壤交通的秩序井然，是因為開城勞動黨無力開鑿地下通道或者建設過街天橋。

於是開城統一大街不像平壤統一大街那般清冷，街面一片祥和景象。行人謹慎地避讓自行車，自行車謙和地避免追尾牛車。牛車自在逍遙，方步慢踱。因為雙向八車道依然還只是預言，現實中的交警左顧右盼，期待着機動車輛出現以便指揮交通。

經營一千年的開城古城，牆垣遺址僅存一處南大門（남대문）。遺址處的開城南大門始建於李氏朝鮮王朝太祖三年（1394年，大明洪武二十七年），以方形花崗

岩石砌築。朝鮮戰爭期間，雖然「美帝國主義」沒有轟炸開城，但是開城在戰爭中三度易主，破壞無可避免。比如開城南大門，石基之上的所有木構建築，就全部在一九五〇年十二月毀於戰火。

開城最終「光復」之後，勞動黨在一九五四年拾掇木料，重建開城南大門，並且將其列為朝鮮國寶級文物。

統一大街，從國寶東側穿過，也即是穿過開城古城牆垣，向北進入古城內城。然後，統一大街忽然拔地而起，沿着子男山（자남산）的南麓山坡逕直向上。逕直向上，在統一大街的盡頭，在子男山的山頂，在開城的城市之巔，赫然修建着比國寶高大百倍的，比國寶雄壯千倍的，更是比修復國寶需要多消耗萬倍的，「偉大領袖」的紫銅雕像。

「偉大領袖」站在城市之巔，俯瞰統一大街，俯瞰清冷的開城。如果天氣晴好，居高望遠，他甚至可以看見繁華的敵國首都首爾。「偉大領袖」面色凝重，那是領袖為沒有能夠統一那麼繁華的城市而感覺懊惱。「他無時無刻不在牽掛着祖國的統一大業。」金導遊面色平

靜，語氣崇敬地說。所以，領袖面色凝重，並非是因為看見自己的家國破敗。

統一館

遠望通往子男山山巔的石階上，也有在拍攝結婚照片的新人——新娘與伴娘朝鮮裙裝的紅色遠比陰鬱的銅紫色醒目——看來那裏與高麗成均館同樣是開城新人拍攝結婚照片必去的外景地。但又與在高麗成均館不同，我想，他們肯定是不敢在「偉大領袖」面前恣意嬉笑的。

沒有機會去證實我的想法，兩鍋燉足四個小時的高麗參雞湯，已經不能再等。

燉雞的飯店名為「統一館」（통일관）——如果店名不是「統一」才會令人奇怪——就在開城南大門東北，統一大街路西。絕無例外的，依然是一棟朝鮮式斯大林式建築。統一館坐北朝南，因為統一大街在統一館外開始拔地而起，因此傾斜的路基與水平的建築之間，呈現出詭異的空間結構。

建造於一九八五年，可以容納五百人就餐的統一館，三千平方米的建築面積由四棟貌似獨立卻又首尾貫通的兩層建築組成。在統一大街上看來，南側三棟的兩層結構清晰可見。而北側一棟的底層被逐漸淹沒在路基之下，二層飛檐再將地表之上殘存的一層遮蔽，看起來形如空中樓閣。

彷彿是在以物理學上不可能的真實存在，來證明勞動黨理論上不可能的正確性。

統一館店前，是寬敞的街角，足可以用來停車。不過畢竟不是封閉的院落，時常會有開城市民走過，不便管理，所以我們的旅行客車停在了統一館後的簡易停車場。修築有圍牆，但是依然沒有院門。

兩個男孩子正在院門外的路邊打鬧，看見一車中國遊客，立即簽訂停戰協定，然後專注地看着我們。但是雙手依然糾纏在一起角力，停戰協定隨時可能作廢。

直接就從統一館後門進店。我們午餐的餐廳就在北側一棟，倒也方便。餐廳很小，兩排餐桌。「訂了雞湯

的坐在這排。」金導遊指着靠近房門的一排餐桌說道，「其他人坐在裏面。」

旅行團團員中的大多數沒有參加高麗參雞湯的自費項目，於是一桌寬敞，一桌擁擠。非「雞」即「擠」，束手束腳的，也是無可奈何。

開城統一館的特色餐飲，是所謂的「銅碗套餐」。並不是甚麼特別的食物，只是就餐的方法比較折騰。一共有十三隻鍋碗。十碗菜，一碗米飯，一碗湯，還有一隻空碗用來吃它們。銅碗碼放成三角形，每隻銅碗上覆蓋着一隻銅碟保溫。彼此坐定，服務員代為揭開銅碟，一陣叮零咣啷，彷彿砸碎了誰的銅像。

看見銅碗中的食物，我只能說「銅碗套餐」不是吃飯，「銅碗套餐」只是行為藝術。之前幾餐，大盤飯菜共餐，只要手快口快，吃飽無虞。如「銅碗套餐」般的定量分食，胃已經自知之明地束起了腰。

名義上十碗菜，保守地說倨坐着半數東郭先生。

一枚白水煮雞蛋一分為二，一碗；

一坨綠豆芽，一碗；

幾片醃黃瓜，一碗；

幾朵泡菜，一碗；

更令人髮指的是，一勺辣椒醬，也要算作一碗菜。

統一館的經營策略和勞動黨的一樣不太高明，而且金導遊的宣傳策略顯然又不及勞動黨。如果他們事先讓旅行團看見不預訂雞湯的下場，別說是與高麗參共燉，哪怕就是和白蘿蔔同煮，我也是要預訂一鍋雞湯的。

悔之晚矣。

統一館斷了我吃飽飯的念頭，我索性自暴自棄。金導遊他們已經離開去吃司陪餐——我篤定他們會有雞湯喝——反正下午也是要餓着，無非只是餓多餓少的區別，乾脆不吃了。

我決定節省下午餐的時間，獨自脫團。

藉口胃痛，只囫圇吞下半碗湯泡飯，便起身離席。

一鍋高麗參燉雞湯份量十足，該厚道的地方統一館仍然厚道。雞湯上桌，湯主始終感慨哪裏吃得下那麼許多。待我出門的時候，神醫和瀋陽商人已經大致將兩鍋雞湯勻分出一鍋，然後神醫端鍋放在我們的桌上，「哎呀，都嚐一嚐。」他豪爽地說。主席夫人沒有再加阻攔，畢竟雞湯不是自己花錢買來的。

但是桌上憑空出現的雞湯並沒有讓我重新落座，我只是以領隊的身份感謝神醫的慷慨。

我仍然決定冒險脫團，看看真正的開城。

子男洞

還是從後門走出統一館，站在停車場裏，有兩種選擇。一是向東走上統一大街。但是統一大街正是勞動黨所希望人們看見的開城。雖然老舊，但不失氣派，而且有「偉大領袖」簇新的紫銅雕像鎮宅。我倒是寧願把有限的時間用在更為冒險的選擇上，越過西側的圍牆，走進隱藏在氣派之後的開城居民區。

統一館騎跨子男山腳而建，北側停車場與南側飯店店門有一層樓房的高度。停車場是簡易的，地面沒有任何鋪設，只是以泥土整平的一塊岩石而已。

在停車站的西側，有一條原本由居民區通往統一大

開城統一館外通往居民區的捷徑（上），館外西北眺望開城民居（下）。

街的捷徑。山岩上有一些天然的坑窪，再略微開鑿出些石階，以供人們上下。

如果統一館停車場的圍牆施工完畢，那麼這條便道仍將會在圍牆之外。我下車的時候便注意到，統一館停車場修砌的並非完全閉合的圍牆。因為地勢越北越高，所以停車場北側只是借用一片隆起的山岩遮擋。

我試着躍上山岩，捷徑赫然現於眼前。

我卻猶豫了，警惕地四下打量的時候，發現一名工作人員正站在統一館後門外看向我的方向。我不知道她是否看見了我，如果看見了我不知道她會不會出面阻止我或者舉報我，我決定靜觀片刻。

統一館西側，有一條西北走向的道路，貫穿居民區。道路是隨着一條河道蜿蜒的，可是透過捷徑俯瞰，靜止不動的河水污黑，一如在去往高麗成均館沿途所見的溝渠，長年失於疏浚。想想開城之外那麼清澈的禮成江，簡直是雲泥之別。

沿着道路西北眺望，有一排水泥本色的朝鮮式斯大林式建築，大約是「開城民俗旅館」（개성민속여관）。

金導遊大概提到過，開城民俗旅館也是開城可以涉外經營的二級旅館，提供住宿餐飲。有些旅行團就會選擇在那裏午餐，「但是統一館更好，」金導遊解釋我們選擇統一館的原因，「更有民族特色。」他是指那些好看卻吃不飽的銅碗。

在開城民俗旅館西北，隱約可見的白色朝鮮式斯大林式建築，是「開城手工藝品廠」（개성수예공장）。金導遊當然不會講解得那麼仔細，手工藝品廠只是我比照地圖得出的答案。

面對捷徑，向正西方眺望，又一棟水泥本色的朝鮮式斯大林式建築，不過更為高大。那是建造於一九六一年的「開城學生少年宮」（개성학생소년궁전）。

少年宮也是勞動黨熱衷修造的建築物，少年宮前會有「偉大領袖」與少年兒童在一起的雕像，就像六九中學教學樓裏的畫像，用以表現領袖的「慈父」氣質。

可是如此類型的建築，大而無當，原本已經不容易維護保養，再加上水泥本色更容易顯得陳舊，這使得擁有太多此類建築的開城，整體顯得黯淡無光。

可能只是在最初建成的一剎那，才有片刻的輝煌。

回望西南方向，就是正對着開城南大門的一排臨街赫魯曉夫樓。從背面看過去，才發現其實也是民宅。為了美觀，朝鮮臨街的赫魯曉夫樓從正面看不到煙囪，煙囪全部建在坡頂背面。而且樓道也在背街的一面，正午時候，樓道中沒有人，冷冷清清。忽然想到，正對着作為涉外旅遊景點的開城南大門，也就意味着總是可以透過窗戶看見外國遊客。這似乎不利於勞動黨的管控，所以可能樓房中事實是無人居住的。

樓道中空無一人之外，甚至沒有堆積任何雜物，整潔得令人生疑。

因為臨近子男山，所以子男山周圍的行政區域名為子男洞（자남동）。

無從考證子男洞在開城的經濟地位處於甚麼水平，但就其在開城市中心的地理位置來看，總不至於處於開城的底層。但是僅從屋頂來看，大多民居都處於年久失修的狀態。有些屋頂已經凹陷，瓦片破碎，漏雨是最基本的福利，所以許多屋頂都有糊補的痕迹。卻可惜填充

物不是水泥，而就是普通的黃泥或者索性搭一張塑料袋在上面。

當然，所有這些民居都是由勞動黨統一修建，是勞動黨引為自豪的朝鮮福利。

且不說在計劃經濟體制下，工人酬不抵勞的工資微薄，以所謂福利來彌補，本即是理所應當。只是說這福利的質量，實在也是純粹地敷衍了事。

但是勞動黨會辯解：「我們已經盡力了。」這我相信。

回望西南，眼角餘光可以瞥見統一館後門。那名服務員終於轉身回去，步履平靜，應當不會是去向導遊舉報我形迹可疑。

不容再猶豫，快速溜下了山岩。但是相機已經放回揹包裏，我實在不敢帶着相機非法混迹在朝鮮居民區，我已經緊張得汗如漿出。

北韓民眾被組織成所謂的「人民班」——就字面意義來說是「人民團體」，由二十戶左右的家庭組成，任務是彼此監視與管理鄰里。「人民班」有一名推選的領

開城統一館外西望開城民居。

開城統一館外西南眺望開城民居（右）；民居屋頂（左）。

導人，通常是一名中年婦女，由她向高層報告任何可疑的事物。❶

我可不願意撞見領導人民班的中年婦女，可恰恰走在道路上的都是中年婦女。兩兩相攜而行，我的忽然出現讓她們跟我一樣緊張，她們低着頭快速從我身邊繞行而過。

橫亘在道路正中的河流，河道比水面要寬闊許多。如果是在夏天雨季，也許河水不會像在冬季這樣污穢。

站在捷徑下的路旁，左手南側不遠就是一座單礅石橋。如果走過石橋走到道路的另一側，也不過五至八米左右的距離，但是對於極度緊張的我而言，還是覺得那未免太過遙遠。我不敢過橋，我只敢鼓起勇氣右轉，鬼鬼祟祟地貼着牆角向前試探着行走。正大光明也不會減少我被英勇機警的人民班捕獲的風險，所有朝鮮之外世

❶ 芭芭拉・德米克：《我們最幸福：北韓人民的真實生活》，第四九頁。

界的人走在朝鮮，都太過扎眼，就彷彿白胖的領袖行走在黑瘦的人民之間。

從道路上平視兩側的民居，要比從上面俯瞰顯得乾淨整潔許多。所有的牆壁，都以石灰粉刷，潔白無瑕。窗台以下，用磚紅色染料調色的石灰——並不是牆面漆——畫出紅磚的模樣。而且磚繪分作兩層，上層是平砌的紅磚，而下層是正方形的紅砂岩，顏色也略有不同。

讓所有勞動黨修建分配的房屋看起來像是磚房，這是如此描繪的唯一訴求，但這也同時說明了所有此類居民區房屋都不是由紅磚修砌的事實。

平壤之外的朝鮮城市，究竟是在以甚麼材料修建房屋？

不多遠，一棟外牆牆皮脫落了的民宅為我揭曉了答案。甚至不再是廉價的免燒空心磚，根本就是黃土土坯堆砌的土坯房。其實也就是中國所說的茅草房，唯一不同的只是把茅草屋頂改換成瓦頂，難怪所有的房屋看上去都詭異地東倒西歪。

可這不是在朝鮮農村，而是在朝鮮特級城市開城，是在開城市中心，是在市中心統一大街路旁，是在統一大街路旁的子男山，是在子男山「偉大領袖」巨大奢華的紫銅雕像的足下。巨大的一片居民區，所有開城市民至今仍然生活在土坯房中。

並且每棟民宅都在臨街一間的屋角修建有上下貫通的煙囪，貫通至地面的煙囪是為燃燒柴禾的土灶而建，所以這些開城市民居住在原始的住宅之餘，也在使用着最為原始的燃料。

難怪，難怪在朝鮮的景點之外幾乎看不到樹木，所有樹木早已經在煮熟些不知道是甚麼的食物以後，化作青煙裊裊。

但是我卻不得不承認，正如勞動黨所說的那樣，他們是幸福的。如果餓死才是最糟糕的，那還有甚麼不是幸福的呢？只要活着。

而且會更加幸福，因為距離「偉大領導者」規定朝鮮成為「強盛大國」的日子，只有十六天。

又近了一天。

身後不知道哪裏聒噪着高音喇叭播送的慷慨激昂的新聞，彷彿勞動黨的斷喝，攪動着我緊張的神經。不敢繼續向前，落荒而逃。爬上山岩，已經有其他旅行團團員站在停車場。在他們身邊站定，心臟依然劇烈跳動不已。

只是片刻，金導遊也走出了統一館。

回平壤的路上，可能是緊張過後的放鬆，忽然極度困倦。幾次強打起精神，不多時又是昏昏睡去。

記得某次醒來的時候，看見前方有一名揹着行囊趕路的男孩子。聽見有車駛來，回身張望，誤以為是他們的長途客車，於是興奮地跳躍着揮手攔車。

司機沒有減速，甚至沒有打算避讓他，客車逕直從他面前呼嘯而過。我回身打算看他的跳罵，他卻已經繼續低頭趕路，彷彿被拋棄是理所應當的。

不知道他要去哪裏。

他又能去哪裏？

20

평양의 지하철

平壤地鐵

「勞動黨以平壤地鐵為榮，勞動黨努力維持着這種榮光不予改變。」

萬景台

我以為我們要向東北回返平壤的花花世界，不料旅行客車卻在一路向西南而去。西南豈非更為荒涼？

平壤統一大街，屬於東平壤西南部的樂浪區域（낙랑구역），北與西平壤西南部的平川區域（평천구역）隔大同江相望。大同江上，有忠誠橋（충성다리）往來南北。

當車窗外令人昏睡的一成不變的風景，重現平壤身影的時候，困意瞬間煙消雲散。

雖然與繁華的中區域相鄰，但是偏居西南的平川區域卻清冷許多。很少有代表權力機關的斯大林式建築，公路更為破舊，人行道千瘡百孔。

十字路口也不再有漂亮的女交警值勤，面對着空蕩的大街，守着摩托車的男交警無所事事。

我以為我們要向東北去尋繁華，卻疑惑地發現客車北轅南轍。「是要去參觀『偉大領袖』的故居，萬景台。」金導遊解釋道。

我立刻想起了平壤六九中學教學樓裏的那幅宣傳畫，原來是要「讓我們追隨和學習偉大的金日成大元帥光榮的青少年時期！」

萬景台是勞動黨的聖迹。在朝鮮所有官方旅行指南中，萬景台永遠高居榜首。

萬景台「天降」「偉大領袖」。在「偉大領袖」「光榮的青少年時期」，「偉大領袖」踏着「學習的千里路」回到萬景台，又踏着「光復祖國的千里路」離開萬景台。

為了更好地供奉聖迹，在一九五九年，又特別將屬於平安南道大同郡（대동군）的萬景台納入平壤管轄，並且闢為萬景台區域（만경대구역），成為平壤最為西南的行政區域。

從此，「偉大領袖」從平壤出發，去往香山行宮避暑，或者去往各種千里路，依然等同於萬景台出發，或者歸來萬景台。

可以瞻仰「偉大領袖」的故居，可以瞻仰「偉大領袖」天降時「簡陋的小草房」，可以瞻仰「幼年時主

席使用過的硯台、書桌，還有反映他一家人勤勞樸素的品德和人情味的生活用具等寶貴遺物」，可以瞻仰「主席作為朝鮮人民的領袖、世界政治的元老建立了歷史上空前絕後的不朽業績」成就的起點，可以瞻仰「主席小時候玩軍事遊戲，培養鋼鐵統帥的智慧和膽略的『軍艦岩』」，我還能說甚麼呢？

客車行駛在大同江北岸坑窪不平的平川江岸大街（평천강안거리），看着車窗外破舊的赫魯曉夫樓與黑瘦的平壤市民，想着能夠去瞻仰締造這一切不朽業績的「太陽的聖地」，我還能說甚麼呢？

我還能說甚麼呢？我居然又看見了茅草土坯房，沒有瓦頂，真正的茅草頂棚的土坯房，就在大同江畔與公路人行道之間。土坯圍牆低矮，院中滿是人民軍士兵，在平義線沿途看見的土坯營房居然出現在了平壤。人民軍士兵不知愁苦地在院中打鬧，普通的百姓在院中以木材搭建營房框架，和泥打磚，刈草平地。

熱火朝天的土坯營房旁，有一棟兩層的磚混樓房，門樓上鑲嵌着「림미영애국선내관」的字樣，「林美英

愛國展示場」？還是一棟甚麼用以宣傳個人英雄事迹的展覽館？

展覽館在公路的轉彎處，一位人民軍軍官出面拯救了我們在朝鮮難得的旅行時間。軍官攔停了旅行客車，金導遊下車略作詢問。然後上車囑咐司機調頭回返，「萬景台故居正在維修，道路禁止通行。嗯。」旅行團團員中有人問是否是繞道前往，金導遊回答只有這一條道路通向萬景台，所以參觀計劃被迫臨時改變。

金導遊的解釋令人生疑，看見有其他朝鮮汽車逕自駛過，人民軍軍官也未加阻止，截停的只有我們一輛旅行客車。前方一輛人民軍軍官搭乘而來的牌照為黑底「8063-2005」——標準的朝鮮軍方汽車牌照——高檔 SUV 汽車旁，另一位人民軍軍官正拿着數碼單鏡頭反光相機在拍攝些甚麼。而截停我們客車的後方，停着一輛擠滿人民軍士兵的紅色公交汽車。是往來復興與萬景台（부흥－만경대）之間的公交汽車，司機也是人民軍士兵，應當是被人民軍臨時徵用的。

怎麼看起來，拯救我們的都像是一場軍事行動，氣

氛詭譎。

不管是甚麼，事實是免去了我們的萬景台之行。瞻仰締造土坯房的聖迹，不看也罷。

平壤地鐵

紅色公交汽車上標註的線路起始點中的「復興」（부흥），指的是平壤地鐵復興地鐵站。恰恰是我們改變旅行行程之後，將要前往的地方。

由西向東，經由普通江上的鞍山橋（안산교）回平川區域。江面視野開闊，遠遠望見大約一公里之外，普通江東岸有兩根正冒着濃煙的煙囪。

「平壤電廠。」金導遊講解道，「那是平壤唯一會污染環境的重工業。嗯。」

平壤熱電聯合企業（평양화력발전련합기업소），建成於一九六五年。雖然總裝機容量僅有區區的四十萬千瓦，但卻長期擔負着整個平壤地區的電力供應任務。如今在中國新建火力發電廠，單台發電機組容量

即可達六十萬千瓦至一百萬千瓦，可想而知平壤電廠的捉襟見肘。

也難怪平壤總是停電，難怪在衛星夜間拍攝的地球照片上，朝鮮如同黑洞。

復興地鐵站，就在平壤電廠東側公路對面。復興地鐵站是在平川區域唯一的地鐵站，修築復興地鐵站，初衷大概也就是為了平壤電廠這一平壤唯一的重工業企業職工上下班的方便吧。

一九六六年，「偉大領袖」在北京參觀北京正在修建的地下鐵路系統之後，表示喜歡。既然索要土地尚且應允，索要個把地鐵自然不在話下。一九六八年開始，由中國出資出人建設平壤地鐵。雖然當時與朝鮮已然交惡，丹東口岸也因此關閉，但是中國仍然在努力討好與拉攏朝鮮，因此平壤地鐵建設工程未受任何影響。

中國寧可影響北京地鐵的施工進度，也要抽出大批工程技術人員前往平壤。為此，在平壤地鐵竣工以後，「偉大領袖」特別恩賜中國專家以「朝鮮國旗動章」。

「偉大領袖」的異想天開，讓平壤地鐵的修建難度遠遠大於北京地鐵。如被害妄想一般，「偉大領袖」希望平壤地鐵兼具核戰爭避難所的功能。如果一旦爆發核戰爭，可以將「平壤人民」——最起碼是所有勞動黨員——在三小時內全部轉移至地鐵內，勞動黨如此宣傳平壤地鐵的偉大。在核打擊之下，平壤市民可以毫髮無傷，然後在偉大的平壤地鐵裏靜待諾亞方舟。

為此，平壤地鐵建成了世界最深的地鐵系統。地鐵軌道距離地表深度普遍在二十二米至一百米之間，山陵路段更是深入地下一百五十米。

我只是愚鈍地想不明白，如果真的災難降臨，在平壤地鐵裏躲過核打擊的勞動黨員們，打算以甚麼為食物？宣傳口號？還是地鐵列車？

一九七三年，平壤地鐵一號線竣工，勞動黨將其命名為「千里馬線」（천리마선），兩年後通車的二號線，則名為「革新線」（혁신선）。至此，平壤擁有了完全「自主建設」的全長二十四公里的地鐵系統。

千里馬線由北向西南，革新線由西向東北，大體呈

平壤萬景台區域外圍載滿人民軍士兵的公交汽車。

十字交叉狀鋪設在西平壤。兩條線路總計有十七個車站，車站站名凝練地體現了勞動黨的意識形態，以及其出類拔萃的想像力。總體而言，平壤地鐵站名幾乎就是一部高度概括的空想社會主義經典作品。

千里馬線各站站名由北向西南，依次是勞動黨過去、現在以及假想的未來的歷史：

紅星（붉은별）；
戰友（전우），換乘車站；
凱旋（개선）；
統一（통일）；
勝利（승리）；
烽火（봉화）；
榮光（영광）；
復興（부흥）。

革新線各站站名由西向東北，依次是勞動黨為朝鮮所創造的過去、現在以及假想的未來的歷史：

光復（광복）；
建國（건국）；
黃金谷（황금벌）；
建設（건설）；
革新（혁신）；
戰勝（전승），換乘車站；
三興（삼흥）；
光明（광명）；
樂園（락원）。

勞動黨以平壤地鐵為榮，勞動黨努力維持着這種榮光不予改變。因此將近四十年來，平壤地鐵如同平壤一般停滯在過去，再沒有任何擴建。

勞動黨通過其卓絕的命名藝術，將平壤地下交通與地上交通乃至建築完美統一。地鐵站所在的平壤大街，或者紀念性建築，與地鐵擁有同樣的名字。比如凱旋門、凱旋大街之與凱旋地鐵站。

平壤市民無法離開平壤地鐵，他們會牢記平壤地鐵

站名與其順序。潛移默化的，他們也便牢記了勞動黨的光輝歷程。

偉大的平壤地鐵。

復興站

旅行客車把我們和兩位導遊丟在復興地鐵站外，然後奪路而逃。司機幾乎是慌不擇路的，他要先於我們趕往千里馬線的下一個地鐵站，榮光站。如果晚到的話，旅行團會暴露在人流密集的平壤街頭，那樣很容易導致旅行事故，雖然這聽起來很荒謬。

加拿大漫畫師蓋·德利斯勒在他的繪本中說：「我從沒遇到任何見過兩個以上平壤地鐵站的人。」十一年後，這樣的外國遊客依然沒有出現。依然只能參觀兩個平壤地鐵站，而且大多會選擇在復興站與榮光站之間。

最初我以為這可能是平壤地鐵線路中，最值得參觀的兩個地鐵站——其他地鐵站或者破舊或者又隱藏着甚麼秘密——看見我們慌不擇路的旅行客車，我才明白最

主要的原因是如果參觀線路再長的話，旅行客車根本來不及趕往出站地鐵站。復興站相對偏僻，地面交通順暢，可能站內情況也屬中上，自然成為不二選擇。

作為千里馬線的終點站，出入復興站的平壤市民着實不少。能夠參與普通平壤市民真實的生活，遠比參觀「偉大領袖」虛無縹緲的聖迹要有意義得多。

一道鐵欄將進站大廳分為出入兩道通道，擁擠卻秩序井然。我很想腳步能慢下來，可是兩位導遊前後押解，容不得半點遲疑地進站。

上下是深不見底的電動扶梯——中國上海電梯廠為平壤地鐵不計成本特別生產，垂直高度六十四米的大坡度電動扶梯。扶梯上看不到任何可以證明其出產地的銘牌，也許事實上是與平壤地鐵同樣由勞動黨自主生產。只有電梯入口上方懸掛的由上海生產的老款三五牌機械掛鐘，還能隱約可見些電梯真正生產商的影蹤。

電梯生產有年，運行緩慢。有經驗的平壤市民，索性悠然坐在電梯上，彷彿前途遙遙無期。電梯間的隧道高度有限，狹窄幽閉。令人費解的設計是，有限的照明

平壤地鐵千里馬線復興站上下電梯（左上）和站內使用的上海產「三五」牌鐘錶（左下）。
復興站外趕乘地鐵的平壤市民。（右）

864

電燈不是安裝在電梯間頂部，而是安裝在兩側底部。這讓整個電梯間的所有照明都是底光呈現，任你長着一張再友善的面孔，看起來多少也有些猙獰。

而地鐵月台卻是燈火輝煌的。燈火輝煌，氣勢恢宏。我覺得也許我知道的都是錯誤的。如果勞動黨宣傳說，北京地鐵是仿造平壤地鐵修建的，我一定會深信不疑。與恢宏的平壤地鐵比較起來，北京地鐵未免太過寒酸，太過黯淡。

復興站地鐵月台空間敞寬，十數米高的拱券頂棚，吊掛精美的水晶燈飾。而且全無吝惜地打開所有燈光，明亮如晝。

大理石地面質量上乘，數十年踩踏依然平整如鏡。同樣大理石材質的牆體，花紋細膩，嚴絲合縫。整體雕塑的各式浮雕，由頂壁向側面兩壁帷幕般垂下。浮雕精工細作，細節纖毫畢現，極盡奢華。哪裏像北京地鐵那麼粗陋，水磨石地面，以及剝離脫落的拼接的淺浮雕壁畫。

平壤地鐵在核戰爭爆發時可以充飢的地鐵列車，最初

停靠在復興站內的地鐵列車（上）和駕駛室內的控台（中），以及站內月台的大型彩色馬賽克壁畫（下）。

是由中國長春客車廠（今長春軌道客車股份有限公司）生產的DK4型列車。但是勞動黨特別強調，在宣傳資料統一註明，平壤地鐵運行的所有地鐵列車均是由朝鮮生產。

一九九八年，運營二十餘年的中國產朝鮮牌列車已經老舊不堪，於是勞動黨將其改造為平義線列車。而平壤地鐵，則引進了另一位社會主義國家兄弟，東德——德意志民主共和國（German Democratic Republic）——首都柏林地鐵淘汰的地鐵列車，運行至今。

勞動黨引進的東德生產的朝鮮牌列車，車體使用上部奶黃、下部紅色重新塗裝，以覆蓋車體上原有的德文廣告。廣告這種資本主義產物，是勞動黨嚴厲禁止的。朝鮮唯一能夠見到的廣告，只是在近幾年出現的朝鮮組裝的「和平」牌汽車廣告。對於在購買汽車完全是天方夜譚的朝鮮，「和平」汽車廣告主要目的還是為了宣示勞動黨擁有可以製造汽車的偉大成就。

走下地鐵月台，恰有一輛地鐵列車停靠在終點站方向，等候所有乘客下車，準備進入前方隧道調頭返程。細看之下，列車駕駛室內的中控台居然還是黑褐色的膠

木材質，東德產地鐵列車可能比起中國製造質量更為優良，但是生產年代同樣久矣，畢竟東德不復存在已經都有二十餘載。在眾多開關下，原有的金屬標識上文字被細細刮去，然後以手寫的朝鮮字替代。

復興站所屬的千里馬線，得名於「偉大領袖」在中國大躍進時期為朝鮮制定的經濟躍進計劃：「千里馬運動」。隨着大躍進的徹底失敗，作為各類名稱使用的「躍進」在中國已經罕見。但是「千里馬」在朝鮮卻依然普遍存在，比如平壤城內的千里馬雕塑、千里馬大街。

根據整體建設規劃，平川區域最初應當被建設成為平壤的工業區，因此才會有緊鄰復興站的平壤唯一的大型工業平壤電廠。將朝鮮建設成為現代化的工業國家，是勞動黨為朝鮮設定的「復興」。

所以在復興站內，體現站名意義的浮雕，所描繪的內容全部為工業題材，各類廠礦剪影，以及工人熱火朝天的勞動場景。

包括月台出入口對側牆壁——復興站地鐵月台只設單側出入口——通體鑲嵌的巨幅領袖彩色馬賽克壁畫。

壁畫很有巧思地虛擬出月台出入口，戴帽子的「偉大領袖」向着地鐵月台緩步走來。而跟隨着「偉大領袖」的，便是各行各業的產業工人們與「勞動知識分子」工程師，在金黃色朝陽中的工礦企業生產設施的背景前，他們模仿「偉大領袖」，同樣幅度地露齒微笑着。

可惜的是，「復興」只是勞動黨的壁畫，在現實中並不存在。可能所有的建設項目都被「偉大領袖」以「污染環境」為由否決了吧，最起碼勞動黨還沒有能夠生產出新的地鐵列車。

旅行團團員們陸續走到月台盡頭的壁畫前，開始合影留念。一眾遊客模仿「偉大領袖」露齒微笑的活動，卻被那輛東德產朝鮮牌地鐵列車在始發站方向的進站所打斷。金導遊忙不迭地招呼我們上車，月台上一片逃難般的嘈雜。

旅行團全體團員必須同在第一節車廂前部，不可混迹於朝鮮乘客之間。

地鐵列車內部，最為醒目的依然是領袖的畫像。中年版「偉大領袖」與中年版「偉大領導者」，金黃色的木製相框，在地鐵車廂中明亮得難以忽略。

拍攝領袖畫像時，我已經走到車廂後部的朝鮮乘客之間。不過對於拍攝領袖畫像這件事情，導遊從來不會予以制止，不能落下制止外國友人仰慕「偉大領袖」的罪名。即便導遊未加阻攔，在行駛的地鐵列車裏拍照依然是非常困難的。燈光昏暗之餘，平壤地鐵與平義線鐵路師出同門，有經受過同樣形體訓練的顛簸與搖晃。我跨步橫站在車廂過道中拍攝以求穩，但是手中沒有扶持，還是險些摔坐在座椅上的朝鮮老太太身上。

從復興站搭乘地鐵並且也坐在第一節車廂中的平壤市民，大多是可以在黑市經商的老年朝鮮婦女。她們可能也正是要去某處黑市，或者剛從那裏回來，身後揹着鼓鼓囊囊的揹包。

老年婦女實在是朝鮮最為活躍與外向的人群，我以微笑表示歉意，她們回報以微笑，沒有像普通平壤市民那樣目光游移地躲開。我覺得如果在沒有監視的情況下，我們甚至可以聊上幾句。

可是金導遊完全不解風情，看見我與朝鮮老太太眉來眼去，吃醋般地生生把我拉回到車廂前部。從他拉扯我的力量中我能感覺出來，對於時常脫離開隊伍並且四處拍照的我，金導遊已經有些憤怒。

事實上，並沒有必要。雖然地鐵列車速度有限，但是兩站地鐵間的路程實在有限。幾乎只是片刻，列車便已經到達了平壤地鐵千里馬線的下一站，榮光站。

畢竟，勞動黨允許外國人參觀平壤地鐵的用意在於恢宏的地鐵月台，而不是列車車廂與黑暗的地鐵隧道。

榮光站

等候在榮光站月台上的平壤市民，更多的是看起來頗有社會地位的黨政軍公務人員。

我們搭乘的地鐵列車，恰巧與另一列由烽火站駛來的地鐵列車同時進站，月台上又是一片喧嘩。

榮光站地鐵月台建設得更為奢華，高大寬闊遠在復興站之上，兩側甚至修建有大理石羅馬式立柱，兼作裝

飾並用以支撐頂棚。

參觀平壤地鐵，如果只有復興站與榮光站兩站，那麼由榮光站前往復興站其實會是更好的線路。如果在榮光站候車，可以多一些時間參觀更好的地鐵月台。當然，前提是地鐵列車可以錯時進站。而下車的地鐵站，導遊不會給我們留一點參觀時間。金導遊催促我們匆匆出站，因為旅行客車可能已經等候在出站口。

出站通道經過榮光站的售票窗口。窗口極小，雖然有朝鮮乘客正在購票，但是我依然看不見地鐵車票售價。詢問導遊，也只有含糊的回答：「很便宜。」

售票窗口外側的牆壁上，懸掛着平壤地鐵的「綜合示意圖」（종합안내판）與一面寫有「四月一日因集中整頓，運營時間僅為早上七點三十分至下午二點」（4월 1일은 집중정비와 관련하여 7시 30분부터 오후 2시까지만 운영합니다）的告示牌。

平壤地鐵正常的運營時間是早晨五點半至午夜十一點半，在四月一日縮短時間，當然不是因為愚人節，當然是因為「強盛大國」將要到來的四月。提前整頓，為

地鐵車廂內的領袖畫像（左）和乘車的平壤市民（右）。

了迎接將要從朝鮮各地前來平壤歡慶「強盛大國」與「偉大領袖」百年誕辰的勞動黨黨員。

雖然還是有機玻璃板的手工產品，地鐵示意圖卻是製作得相當精緻。正中交錯的兩條平壤地鐵線路的站名處，加裝有紅色指示燈，當前車站站名紅燈長亮。示意圖底部排列其他地鐵站名，安裝綠色按鈕，可以控制線路圖中對應的紅燈，方便乘客尋找目的地所在。線路圖右上角第二站，也即實際地處平壤東北大城區域，帝陵錦繡山紀念宮附近的革新線光明站站名空缺。在「偉大領袖」駕崩之後的一九九五年，光明站被勞動黨無限期停用。

不知道是出於安全考慮，還是勞動黨隱喻失去了「偉大領袖」，朝鮮也便失去了光明。

奢華是地下的，地上的榮光地鐵站只有平齊於地面的簡易出入口。如果不是藍紅兩色的地鐵標誌杆立在出入口旁，與普通的地下通道並沒有甚麼不同。

其實我們之前是有途經榮光地鐵站的，地鐵站雙向出站口之間，產業工人手執火炬的宣傳畫過目難忘。朝

鮮城市街頭總是在怒吼中的，與市民平靜面容反差劇烈的宣傳畫，可以用來作為地標物——朝鮮城市並沒有標註街名的習慣。

怒吼的宣傳畫高呼「共同貫徹今年的社論任務」（모두다 올해 공동사설과업 관철에로！）的口號。不知道所謂的「社論任務」是些甚麼內容，大約還是建設「強盛大國」的相關目標——特別熱衷於各種口號，彷彿任何不切實際的目標，如果不制定出同樣不切實際的口號，便無法切合實際地完成任務。

地鐵站名榮光，意味着與榮光大街地處一處。平壤火車站前交匯的兩條大街，正是榮光大街與蒼光大街。所以走出地鐵站，便意料之中地看見了在地鐵站出口東南不遠處的平壤火車站。

金導遊很是焦急，因為我們的旅行客車居然還沒有到達。他站在路旁張望着平壤火車站的方向，左顧右盼。

我們身處在平壤最為繁華的中區域，身處在中區域最為繁華的榮光大街平壤火車站路段。往來於公交電車車站與地鐵站之間，川流不息的平壤市民不斷穿梭在旅

千里馬線榮光站月台候車的平壤市民（上），站內售票窗口外懸掛的線路示意圖與公告（下）。

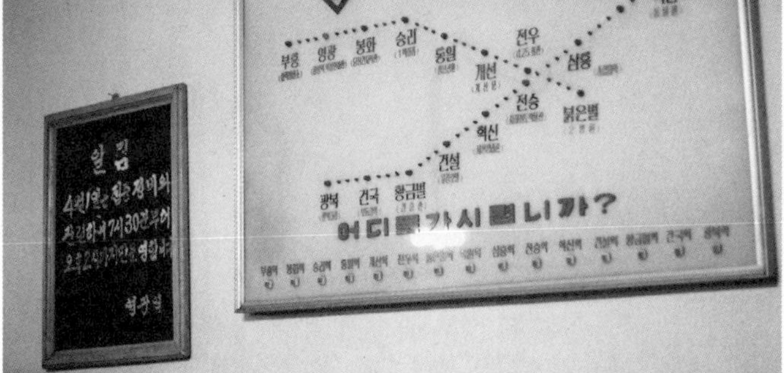

榮光站月台（左）、出入口（右上），和平壤火車站北側的榮光大街（右下）。

平壤火車站北側的榮光大街。

行團團員之間，金導遊已經手足無措。

甚至一直平靜沉穩的尹導遊，也有些慌張。她讓我們退在人行道內側，一家招牌名為「錦英商店」（금영상점）的前院停車場院牆下，以便遠離人行道上的平壤市民。

我平靜地站在熙熙攘攘的平壤街頭，我希望可以一直如此。希望旅行客車在哪裏拋了錨，或者索性沒有了汽油。不是幸災樂禍，我只是希望能夠與平壤市民混迹在一起。

可是接送旅行團的任務顯然比「社論任務」容易貫徹，我的希望片刻之後便被疾馳而至的旅行客車粉碎。

坐回客車，看見一個戴着眼鏡的短髮姑娘正從錦英商店院內走出來。天氣並不暖和，但是她穿着短裙。與朝鮮之外的這個世界並無不同，愛美的姑娘會在冬季穿着短裙，還有黑色絲襪。

在所有女人都統一穿着黑色褲裝的冬季的平壤街頭，她是那麼美麗，街頭的朝鮮小夥子都在目光溫柔地看着她。

21

조국해방전쟁기념관

祖國解放戰爭勝利紀念館

「在『戰爭勝利紀念館』裏，曾經的戰友彼此心懷忿恨。」

祖國解放戰爭

對於朝鮮戰爭，朝鮮國際旅行社安排的參觀線路，採用了倒敘的敘事手法。

先參觀朝鮮戰爭停戰後的板門店，然後再是講述朝鮮開始與歷程的，祖國解放戰爭勝利紀念館。

「祖國解放戰爭」（조국해방전쟁），是勞動黨對於朝鮮戰爭的稱呼。勞動黨卓絕的命名藝術，再一次得到體現。

「韓國戰爭」（한국전쟁），是韓國對於朝鮮戰爭的命名。或者根據戰爭開始的日期，韓國也稱之為「六二五事變」（육이오사변）。聯合國軍當家花旦「美帝國主義」，對其命名大體也是如此，「韓戰」（Korean War）或者「韓國衝突」（Korean Conflict）。無論如何，這些稱呼都是中性的，沒有感情色彩的。

而勞動黨的命名，問過八字，卜過吉凶。「祖國解放戰爭」，情感強烈，正義凜然。只憑這好名字，無論聯合國軍是否贏得戰爭，敗了道義無疑。

對於朝鮮戰爭不同的命名，反映着朝鮮交戰雙方對於朝鮮戰爭的不同解讀。

第二次世界大戰，日本戰敗投降，朝鮮結束「日帝強佔期」。蘇聯與美國以北緯三十八度線為界，分別佔領朝鮮半島北南兩部。一九四八年五月，南部實行選舉，親西方的李承晚當選總統。八月，正式國名為「大韓民國」（대한민국）的韓國建國。九月，得到蘇聯的內定，曾在中國東北抗日聯軍任職，後撤退至蘇聯的金日成回國，建立全稱為「朝鮮民主主義人民共和國」（조선민주주의인민공화국）的朝鮮。金日成擔任內閣首相，正式成為朝鮮的「偉大領袖」。

蘇聯與美國互相敵視的意識形態，直接由朝鮮北南方繼承。先後建國的朝鮮與韓國互相拒絕承認對方，兄弟反目，白天摩擦，晚上磨刀，均有以武力統一朝鮮半島的意圖。

不同的解讀，主要分歧在於，是誰主動挑起了朝鮮戰爭。

二十世紀九十年代以後，即便是與朝鮮共同進退的中國，也漸漸承認戰爭是由朝鮮發動的事實。一九五〇年六月二十五日，周日凌晨，在猛烈炮擊之後，朝鮮人民軍向韓國發起全面進攻。

朝鮮的進攻得到了蘇聯與中國兩國的默許，人民軍主力部隊也大多是由兩國抗日部隊回國參戰的朝鮮老兵組成，訓練有素，裝備精良。韓國國軍猝不及防，全線潰敗。兩個月時間，韓國僅存東南釜山環形防禦圈一隅土地，亡國在即。

七月七日，聯合國通過第八十四號決議，授權美國組建聯合國軍馳援韓國。九月十五日，擔任聯合國軍與韓國國軍聯合總指揮的美國五星上將道格拉斯·麥克阿瑟（Douglas MacArthur），發動扭轉戰局的軍事行動——仁川登陸。仁川（인천），地處韓國首都首爾——當時中文譯名仍為「漢城」——以西，漢江入海口處。聯合國軍登陸仁川，直接將人民軍進攻部隊攔腰斬斷。

全線潰敗的角色，迅速轉由朝鮮人民軍扮演。仁川登陸僅十三天之後，九月二十八日，聯合國軍光復漢城。

發動戰爭的一方，尤其是以滅亡對方為目的的侵略戰爭，無論成功與失敗，在道義上都會遭受譴責。為了避免承擔這種責任，勞動黨的宣傳與史實南轅北轍：

> 很長時間瘋狂準備了戰爭的美帝國主義者，終於一九五〇年六月二十五日唆使他們的走狗——李承晚[1]匪幫反對朝鮮民主主義人民共和國而開始了武裝侵略。
>
> 集結在三八線附近的李偽軍，在美軍事顧問團的直接指揮下，六月二十五日拂曉，在全線突然向三八線以北地區發動了進攻。[2]

❶ 李承晚（이승만），朝鮮戰爭爆發時的韓國在任總統。

❷ 《朝鮮人民正義的祖國解放戰爭史》，平壤：朝鮮外文出版社，一九五九年，第二十五至二十六頁。

「偉大領袖」正在妙香山上觀山景，忽聞美帝侵略聲。於是為了保衛祖國，解放祖國，無辜的「偉大領袖」帶領無辜的朝鮮人民軍與不明就裏的朝鮮百姓，開始抗擊「美帝國主義」與「李偽軍」的侵略。

事實上，朝鮮人民軍潰敗的速度幾乎讓聯合國軍追趕不及。戰爭的「過度順利」，讓美國看到了把共產主義逐出朝鮮半島的希望。

中國決定出兵援救朝鮮。與美國決戰，與聯合國所代表的世界交戰，這並不是一個輕鬆的決定。蘇聯幾乎放棄「偉大領袖」，有意讓他重回中國東北組織流亡政府。美國也篤定認為飽經戰亂、百廢待興的中國不會冒天下之大不韙出兵朝鮮，但是中國仍然決定參戰。其中深層次的原因，難以定論，不過無論如何，朝鮮勞動黨的「偉大領袖」得救了。

十月七日，聯合國通過三百七十六號決議，授權聯合國軍越過三八線。十月十九日，聯合國軍克復平壤，

勞動黨政府被迫遷都慈江道道府江界市（강계시）。就在這一天，中國人民志願軍從吉林輯安（今吉安）秘密渡過鴨綠江進入朝鮮，「抗美援朝戰爭」開始。

「中國人民志願軍」，从某種程度上可以理解為一種命名藝術。事實上將與世界而戰，名義上卻要避免向世界宣戰。於是以「中國人民志願軍」的名義，改變所有參戰部隊的番號並且不宣而戰，表示中方沒有向世界宣戰，只是中國人民志願組成的一支軍隊赴朝參戰。

所以，朝鮮戰爭在中國被稱為「抗美援朝戰爭」，命名實在是與「祖國解放戰爭」有着異曲同工之妙。

雖然如今中國民眾普遍獲知了朝鮮戰爭的真相，但是在中國最新版本的歷史教科書中，依然積重難返地堅稱：

> 一九五〇年六月，朝鮮內戰爆發。美國悍然派兵侵略朝鮮。以美軍為主的所謂「聯合國軍」越過「三八線」一直打到中國邊境鴨綠江邊；美軍飛機入侵中國領空，轟炸掃射中國東北邊境城市；美國第七艦隊入侵中國台灣海峽，阻止人民解放軍解放台灣。美國的侵略活動嚴重威脅中國的安全。
>
> 朝鮮民主主義人民共和國請求中國政府派兵援助。為了抗美援朝、保家衛國，一九五〇年十月，以彭德懷為總指揮的中國人民志願軍開赴朝鮮前線，同朝鮮軍民一起抗擊美國侵略者。
>
> 中國人民志願軍同朝鮮軍民並肩作戰，連續發動五次大規模戰役。五戰五捷，把美國侵略軍趕回到「三八線」附近。❶

歷史書裏隻字未提及的，是在這場戰爭中，十八萬三千餘名❷「志願參戰」的中國人民志願軍，戰死朝鮮。

朝鮮的祖國解放戰爭勝利了，「偉大領袖」勝利了！

---

❶《中國歷史》八年級下冊，北京：人民教育出版社，二〇〇四年，第七至八頁。

❷ 丹東「抗美援朝紀念館」館藏中國人民志願軍烈士名單，名單總計人數183,108名。

祖國解放戰爭勝利紀念館

「祖國解放戰爭」勝利的標誌，是朝鮮戰爭停戰協議的簽訂。協議簽訂之後，勞動黨在保留板門店簽字大廳之餘，立即着手在平壤擇址修建規模更大更為正式的慶功紀念館。

一九五三年八月，「祖國解放戰爭紀念館」（조국해방전쟁기념관）在平壤中區域解放山洞（해방산동）——因解放山（해방산）而得名的行政區劃解放山洞（동），非解放山的山洞——建造完成。紀念館幾經擴建——隨着「偉大領袖」在戰爭之後清洗異己，鞏固權力，不斷有領袖新的豐功偉績被發現，終於無法容納。新的「祖國解放戰爭勝利紀念館」（조국해방전쟁승리기념관），一九七四年四月十一日建成開館——朝鮮許多大型建築總是恰巧在「偉大領袖」壽誕前完工。

「祖國解放戰爭勝利紀念館」館址位於平壤普通江區域以北，西城區域（서성구역）西川洞（서천동），與普通江區域的鄭周永體育場隔普通江，北南相望。

祖國解放戰爭勝利紀念館大堂壁畫：「一代打敗了兩個帝國主義的傳奇式英雄、百戰百勝的鋼鐵統帥、敬愛的最高司令官金日成元帥！」

正面英雄大街（영웅거리）的紀念館主體建築，是標準的三層面闊無數間——實在數不過來——的白色斯大林式建築，總建築面積五萬餘平方米，由抗日武裝鬥爭時期館、民主主義革命時期館、祖國解放戰爭時期作戰館、軍種兵種館、黨政治工作館、共和國英雄館、後方人民鬥爭館、國際支持聲援館、功勳武器館等展館和八十多個陳列室組成。

「主要展示有關金日成主席在戰爭的各個階段提出的獨創性戰略策略方針以及朝鮮人民和軍隊為戰爭勝利浴血奮戰的資料。」勞動黨官方資料中如此註解「祖國解放戰爭勝利紀念館」的功用。在最後也是最為重要的「勝利館」，勞動黨結案陳詞地總結道：「此館展出了有關朝鮮人民在金日成主席的領導下，歷史上第一次打敗自詡為世界『最強』的美帝國主義，取得偉大勝利的資料。」

在紀念館一層大堂，我們再次與共遊板門店的那隊中國旅行團相遇。不是偶遇，我們在大堂刻意等候許久。參觀祖國解放戰爭勝利紀念館需要預約，更重要的是，

國際支持聲援館中國陳列室內，為旅客講解的女講解員。

部分模擬實景的參觀項目需要電力驅動。六十年前的勝利得來不易，六十年後的電力同樣得來不易，能省則省。

等候在大堂的時候，所有人都被大堂正中的巨幅壁畫所震撼。頂天立地的巨大，戰勝「美帝國主義」的巨大。不過震撼我的，卻是壁畫史詩般冗長的名字：

「一代打敗了兩個帝國主義的傳奇式英雄、百戰百勝的鋼鐵統帥、敬愛的最高司令官金日成元帥！」（한세대에 두 제국주의를 타승하신 전설적 영웅이시며 백전백승의 강철의 령장이신 경애하는 최고사령관 김일성원수！）

在標題冗長的壁畫中，「偉大領袖」帶領人民軍各支現實與假想中的隊伍闊步向前。應當是勝利後的景象，左右有無數群眾熱烈歡呼，軍民代表——漂亮的女人民軍與漂亮的女市民——手提花籃，帶着一群孩子向目不斜視的領袖撲去。

「所有人的目光都聚焦在『偉大領袖』金日成主席的身上。嗯。」金導遊向我們解釋壁畫的奧妙玄機。

金導遊的解釋，又為「偉大領袖」的身上聚焦了兩隊中國旅行團的目光。我們這才恍然大悟，「果不其然。」旅行團中有人發出感歎。在感歎聲中，一位身穿軍裝的人民軍文職女軍官冷漠出場。

二樓一隅，承蒙「偉大領袖」惦記，在展示自己的蓋世功勳之餘，在紀念館的八十多個陳列室中，在「國際支持聲援館」中為中國人民志願軍保留下兩三間陳列室。

女軍官擔任我們在參觀中國「支持聲援陳列室」時的講解員。似乎中國人的貪功讓她非常不滿，由始至終，她始終陰沉着面孔，講解有氣無力，全無生機。

中國人確實貪功，尤以兩名莫斯科留學生為甚。當然，他們首先也是假定中國與朝鮮取得了朝鮮戰爭的勝利，然後認為完全是中國以一己之力取得了勝利。金日成在竊取勝利果實以後，竟然完全不知感恩，將中國與其他給予物資援助的社會主義陣營國家並列一處，彷彿中國人民志願軍的十幾萬生命與蘇聯的槍炮或者東歐的金錢並沒有甚麼不同。這讓兩名莫斯科留學生忿忿不平，也是讓其他許多中國遊客不以為然的地方。

於是在「戰爭勝利紀念館」裏，曾經的戰友彼此心

懷忿恨。

紀念館內，高大卻黑暗。左右縱橫的走廊，暗夜中的海洋般深不可測。有遊客參觀時，管理人員才打開的電燈，燈光軟弱無力。陳列室分佈在走廊兩側，室門開敞卻緊閉窗簾，路過時只隱約見着牆上若隱若現的許多「偉大領袖」的面龐。

「國際支持聲援館」在二樓左手外側——臨近英雄大街的一側——管理人員打開走廊盡頭的窗簾，在黑暗的展覽館內分外明亮地指示着聲援館入口。由內向外參觀，順序絕不能錯，否則中國僅存的一點尊嚴——排列在所有「國際支持聲援國家」第一位——也將蕩然無存。

面沉如水的女講解員開始了她面無表情的講解，圍繞着牆壁上的照片複印件，部分文物以及沙盤，走馬觀花。

我忽然想起，拉着瀋陽商人的老父親和講解員說，有些炫耀地說，他是一名中國人民志願軍老兵。講解員彷彿沒有聽見般的面容空洞，聽見我說話的兩隊旅行團也只是繼續着喧嘩地參觀。似乎沒有一個人覺得能夠看見一位經歷戰爭並且倖存下來的士兵，要比參觀那些空

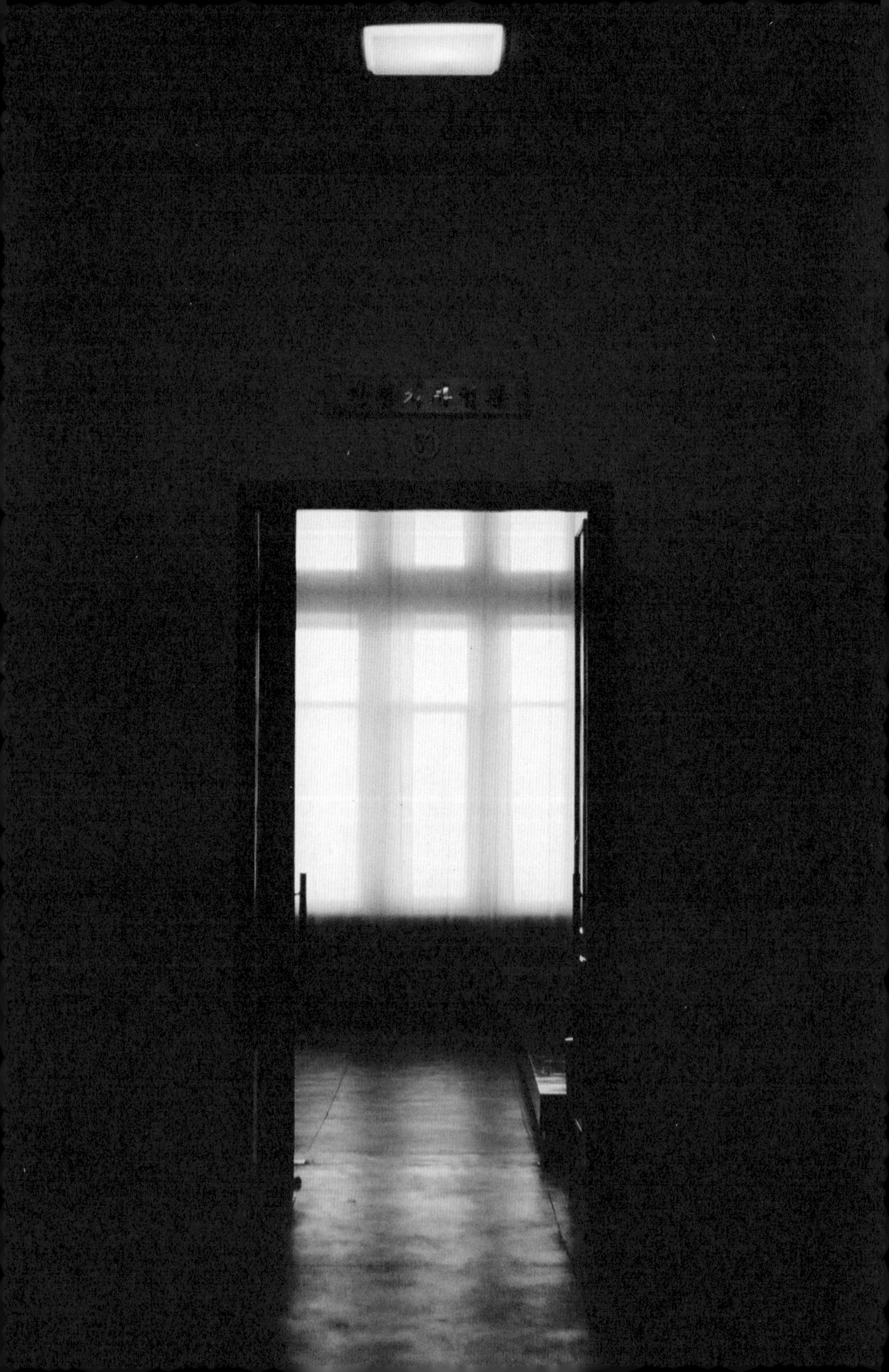

國際支持聲援館蘇聯與民主德國陳列室。（左上）

電梯內，另一隊中國旅行團的「第二導遊」背影。（左下）

第 53 陳列室：黨政事業館（당정치사업관）。（右）

洞的並且真偽難辨的史料展覽有意義得多。

無論對於朝鮮還是對中國，朝鮮戰爭只是一場大而化之的戰爭，只關乎一些宏大的主旨，國家興亡或者政權更迭。沒有人關心一場戰爭對於普通人的意義——除非他成為戰爭英雄，而且是戰死沙場的英雄，人們才會記得他的名字，津津樂道他的榮光——十八萬名烈士，更多的中國人民志願軍，更多的士兵以及百姓。他們的命運被那些戰爭徹底改變，但是沒有人關心。為了「國家」、「信念」，甚至「領袖」，犧牲生命都是理所應當的。他們都是微不足道的，他們都只是龐大國家機器上的一枚枚螺絲釘，他們都只是描繪在領袖圖畫上的背景。

蘇聯領袖斯大林的畫像，正中高懸在緊鄰中國陳列室的蘇聯陳列室內。畫像上有更為大幅的「偉大領導者」語錄：「……絕對不能忘記蘇聯人民給予我們的幫助。金正日。」（…쏘련인민이 우리에게 주는 방조를 결코 잊지 않을것이다. 김정일）

無論對於曾經的中國，還是對於朝鮮，他才是真正的老大哥。領袖們都愛老大哥，領袖們亦步亦趨地向老大哥學習。

我提前走到蘇聯陳列室內仰望正宗的老大哥，鬼魅般的另一隊中國旅行團中的第二導遊不知道甚麼時候已經站在我身後。回身猛然撞見，我幾乎魂飛魄散，以為思想罪再次被思想警察偵知。還好他只淡淡地示意我參觀已經結束，押着我原路返回。可能是我太過於專注在「國際支持聲援館」內其他的社會主義國家陳列室，居然沒有注意到旅行團的離開，幸好被第二導遊及時挽救。

追上旅行團，他們已經滿坐在一間陳列室內的戰場實景模擬沙盤前。座椅不足，我和幾位團員只好衛兵般侍立左右。

勞動黨應當是希望我們能夠參觀一場高科技的展示，沙盤內有聲光電模擬戰場環境。主要場景講述汽車運輸部隊的補給艱難，高科技體現在沙盤中的汽車可以沿公路行駛。更為高科技的是有「美帝國主義」的飛機從空中轟炸，旁白解釋英雄的汽車兵站在公路旁以輕武器向飛機還擊，並且居然成功擊落一架美軍飛機，高科技的聲光電逼真地模擬出飛機在山後爆炸的效果。

但是，忽然斷電了。

太尷尬了，飛機正在空中，汽車正在路上，忽然一片漆黑。旅行團一片喧嘩，第二導遊進門來，與講解員緊張排查故障。我反正也沒有座位，自暴自棄，和守候在門外的導遊們藉口去洗手間，溜了出去。

當然，也只能在洗手間。不過可以透過後窗，看見紀念館樓後的停車場與配樓。空空蕩蕩的，傍晚時候，只有夕陽。

在停車場出口處，有一棟藍色屋頂的圓形建築，是祖國解放戰爭勝利紀念館的副館，大田解放作戰全景畫館（대전해방작전 전경화관）。

故障排除，美軍飛機完美地在山後爆炸以後，導遊們帶領我們遊走迷宮般的，居然從紀念館主館樓內穿越地下通道直接進入了大田解放作戰全景畫館。

大田（대전），韓國忠清南道道府，地處韓國中部。

勞動黨之所以大肆宣傳「大田解放作戰」，是因為在這場戰役中，朝鮮人民軍「全殲美軍第二十四師」並俘虜美軍第二十四師少將師長威廉·弗里希·迪安（William Frishe Dean）。

大田戰役發生的日期，是一九五〇年七月十九日。「美帝國主義」與「李偽軍」實在窩囊，「武裝侵略朝鮮」第二十四天，居然反倒失去了半數領土與一名少將。

在周長百餘米的環形佈景場上，描繪着大田戰役的背景。背景前是血腥的戰場沙盤，沙盤正中是如旋轉木馬般的觀景平台，觀眾穩坐平台，講解員打開電源開關，再次配合聲光電，於是旅行團便可以觀看到高科技的全景展示。

這一次，沒有斷電。

渲染戰爭威脅，鼓動戰爭崇拜，確實繼承了大洋國的治國精髓，內取穩固；時至今日，勞動黨依然像是一名好鬥的武夫，不斷以戰爭威脅世界，在世界的妥協中，獲得利益。

朝鮮的戰爭遊戲讓朝鮮在世界中越發孤立，甚至與唯一可依傍的盟友中國，也越發的貌合神離。朝鮮與中國是盟友，並不是修辭手法。一九六一年，中國與朝鮮在北京簽訂有《中華人民共和國和朝鮮民主主義人民共和國友好合作互助條約》，條約有效期二十年，締約國如未提出中止，條約到期後自動順延二十年。在一九八一年與二〇〇一年條約兩次自動續期之後，新的條約有效期至二〇二一年。

在這份時至今日仍然有效的互助條約中，第二條明確締約：

> 締約雙方保證共同採取一切措施，防止任何國家對締約雙方的任何一方的侵略。一旦締約一方受到任何一個國家的或者幾個國家聯合的武裝進攻，因而處於戰爭狀態時，締約另一方應立即盡其全力給予軍事及其他援助。

朝鮮與中國是簽訂有條約的盟友。不過，向來「條約是廢紙」。既然勞動黨視朝鮮停戰協定如廢紙，勞動

黨也明白如果朝鮮戰爭再度爆發，中國也許同樣會視中朝友好條約如廢紙，中國未必會捨棄生命與未來再次「抗美援朝」。所以勞動黨只有依靠自己，無論是對世界進行戰爭威脅，還是更為激烈的核訛詐，勞動黨所表演的恫嚇手段其實只有一種：與世界同歸於盡。

世界會與勞動黨同歸於盡嗎？當然不會。

勞動黨願意與世界同歸於盡嗎？向「偉大領袖」保證，天吶當然不願意。

勞動黨只是看起來瘋狂，勞動黨並沒有瘋狂。勞動黨捨不得榮華富貴，勞動黨只是在不擇手段地保住榮華富貴。

戰爭不是目的，戰爭只是手段。

月香商店

從喊殺震天的大田解放作戰全景畫館回到清靜寂寥的英雄大街，感覺周遭不真實的恍惚。

祖國解放戰爭勝利紀念館廣場上，有穿着灰色兜帽

平壤月香商店收銀台。

衫的少年，在夕陽中玩着滑板。還有孩子們，在媽媽關切的目光中，在直排滑輪上搖搖擺擺地追逐。片刻之前，孩子們還是在荒涼的農田裏揀拾枯枝荒草，翻挖根莖野果。忽然間，世界不真實地溫馨而祥和。

我不會再懷疑，勞動黨的平壤，是朝鮮的城上之城。

參觀紀念館之前，金導遊已經告訴我們祖國解放戰爭勝利紀念館將是我們在朝鮮參觀的最後一處景點。在朝鮮旅行的平壤行程中，最為傳統也是規模最為宏大的萬壽台大紀念碑（만수대대기념비）與金日成廣場，我們的旅行團居然無一安排。金導遊也許是礙於我疑似領隊的身份，答應第二天在前往火車站的路途中，如果時間允許，可以酌情安排。

但是在之前的這個傍晚，我們有些必須要做的掃尾工作，比如去凱旋門廣場，取幾位旅行團團員二十元人民幣一張訂購的合影照片。

旅行客車停在凱旋門西北，平壤市第一人民醫院（평양시제 1 인민병원）門前的廣場上。一般而言，在社會主義國家城市中的「第一人民醫院」，都是這座城市最好的醫院。可是平壤市第一人民醫院如果不是院名在院門上清晰可見，實在看不出半點醫院的模樣。院外沒有紅十字標誌，院內看不見身穿白大褂的醫生護士，也沒有身穿病號服的病患，只有在朝鮮得見的最為濃妍的夕陽。

夕陽讓我們將要離開的平壤溫情脈脈，居然開始心生眷戀。

夕陽中，尹導遊去找凱旋門的攝影師取照片。而所有旅行團團員在金導遊的帶領下，發現原來醫院門前通道北側的一排商店，才是我們真正的目的地。

商店沒有店招，黑市般的隱秘，只是在店門旁懸掛了一面寫着「餐廳」與「婚禮」字樣（식당 결혼식）的小燈箱。一層櫥窗貼滿大幅的宣傳畫，從店門外看進去，冷冷清清，隨意擺着幾件朝鮮民族裙裝，與其他物資匱乏的朝鮮商店並無不同。

購物的二層，卻是別有洞天。樓梯間兩側寬敞的房間裏，商品琳琅，平壤第一百貨商店也不過如此。月香商店全部是朝鮮本國生產的頂級商品，最好的捲煙，最好的高麗參酒等等。總之，商店在樓梯間單獨隔出一間收銀台，像是瀋陽商人出手闊綽的買家，已經需要點鈔機批量驗鈔，不再是站在櫃枱裏一張兩張低額紙鈔找零的小本買賣。

「月香商店。」我幾次詢問幫着商店經理忙前忙後招呼遊客的金導遊，他才勉強告訴我商店的名字。事後在平壤有關的地理資料中仔細翻找，發現這座商店標註的名稱為「金剛山商店」。但是商店所在的位置，凱旋門西北角，包括平壤市第一人民醫院，行政區劃屬於牡丹峰區域月香洞（월향동），所以「月香商店」為俗稱也未可知。

不過在我的細緻觀察之中，月香商店處處顯示着神秘的特別之處。

收銀台的收銀窗口左側，粘貼着一張「外匯匯率時價表」（외화 환률시세표），分別標註勞動黨自擬的朝鮮元兌換歐元、美元、人民幣與日元的匯率。

出於對「美帝國主義」的仇恨，勞動黨曾經宣佈，

從二〇〇二年十二月一日起，朝鮮境內停止美元流通，廢止所有美元賬戶，轉而以歐元作為朝鮮對外流通和結算貨幣。並且通知朝鮮所有賓館、外匯商店和外匯飯店等一切外匯服務同日起不再接受美元服務，個人持有的美元現金必須予以兌換。

時至今日，勞動黨的這項規定仍然有效，我們進入的所有涉外賓館商店，全部以歐元或者人民幣標價。月香商店是唯一標註有美元的商店，即便只是匯率而並無交易，也同樣奇怪。

收銀窗口右側，一面橢圓形、上紅下藍底色的標識牌，遠看我以為是月香商店居然可以接受使用某種國際信用卡。近看才發現紅底上的標識完全陌生，而藍底上的朝鮮字註明的是「電子結算卡」（전자결제카드）。

必然只是由朝鮮人使用的電子結算卡，想來應當是某種儲值購物卡，在專屬商店內使用。所以毫無疑問的，月香商店是一家勞動黨面向外國遊客與勞動黨高級官員隱蔽開放的特供商店。

在月香商店前廣場的西側，與平壤市第一人民醫院

平壤市第一人民醫院。（右）

月香商店前的朝鮮國家計委辦公大樓。（左上）

凱旋大街與凱旋講話親筆教導碑廣場。（左下）

院門平行的一排斯大林式建築，沒有任何公開標識，但是樓前不時有高級轎車往來。出入大樓的，顯然非富即貴。地理資料中標註其為敏感的勞動黨機關：朝鮮國家計劃委員會（국가계획위원회）。

月香商店與負責制定國家經濟政策的強力機關如此接近，計委高官想來是少不了有那種電子結算卡的。

在收銀台沒有見到電子結算卡，中國人民幣卻是如同中國人民志願軍般前赴後繼。不多時候，另一隊旅行團與他們的人民幣增援而至。商店經理與導遊們心情大好，笑容如同怒放的心花，忙前忙後，商店裏一片混亂。

趁亂，我悄然溜出商店。兩隊旅行團的第二導遊似乎都還在取照片的路上，大好時機，我端着相機衝上了平壤街頭。

月香商店迤東，緊鄰凱旋門北側寬闊的凱旋大街。凱旋大街路東，「凱旋講話親筆教導碑」與壁畫前的廣場上，有平壤市民正在排練「歡慶『偉大領袖』百年誕辰」的大型團體操表演。看起來表演並不複雜，只是把手裏拿着的深紅淺紅紙絹「二金花」始終舉過頭頂，揮

舞，可以讓高高在主席台上的領袖看見一片象徵熱情的紅色海洋即可。

也許是這樣排練「歡慶」的場面在朝鮮太過常見，往來的平壤市民熟視無睹地走過。正是下班時間，幾個已經放學卻無所事事的孩子在街旁閑逛——看來他們的家庭條件一般，沒有進行奢侈的體育活動的機會。

兩個男孩子瞟見月香商店裏的中國遊客，好奇地張望打量。與那些從我身旁走過的平壤市民不同，他們只是矜持地視我為無物。等到孩子們驚覺黃雀在後的時候，大概是為自己剛才的失態感覺不好意思，腼腆一笑，然後彼此搭着肩膀向夕陽走去，繼續去尋找時間打發。

他們腼腆的笑容讓我感覺到快樂，教導碑前廣場上的平壤市民也結束了他們排練的「歡慶」，穿過凱旋大街地下通道走過來，快樂依然在臉上。

快樂的平壤市民，面對着夕陽走來，我恍惚感覺身在一個自由的國度，忘乎所以地直接舉相機拍攝他們。他們不以為然，繼續快樂地從我身旁走過。他們全部走進了國家計委的辦公大樓，看起來他們都是勞動黨的公

務人員。年復一年，日復一日的各種慶典排練，不知道他們還能有多少時間為國家制定經濟計劃？

走到地下通道出口，正盤算有沒有可能進去看看，回頭看見已經陸續有旅行團團員走出月香商店。悻悻回返，片刻又回車上。

金導遊很開心，盛讚尹導遊取回的我們的照片。

照片雖然打印得很粗糙，但是製作得很仔細，每張都裱有妥帖的塑料保護膜。

照片裏大家都很快樂，如果不是因為勞動黨，我們本來可以更快樂。

朝鮮國際旅行社

平壤在路途中隱去，又是暗無輪廓的夜。

在朝鮮的最後一餐，家宴一般，被安排在朝鮮國際旅行社的餐廳。「我們的單位食堂。」金導遊自謙地說，「請你們吃火鍋。嗯。」

不談金錢的話，這樣的待客之道還是讓我們感覺快

樂的。如果有一天金導遊們可以在自由的朝鮮，也許他們會以真正的家宴為我們送別。

朝鮮國際旅行社地處偏僻的平川區域海運洞（해운동），一進獨立的院落。前院辦公樓，後院飯店，院子裏可以隱約看見與山巒相鄰。

飯店兩層，大小餐廳許多，看來旅行社並不甘心將旅行團的餐費全部拱手讓與外人。可是晚餐實在未免惠而不費，普通的銅爐火鍋，幾片肉片，幾盤蔬菜。甚至連「朝鮮特色」的賣點也蕩然無存。

不過意料之外的是，餐廳吧台旁沒有通電的冰櫃裏，居然有易拉罐裝的可口可樂（Coca-Cola）在出售，人民幣五元一罐。

我並不熱衷於可樂，但我還是買了兩罐可樂。也許只是因為在朝鮮所有的飲料裏，只有這才是最為熟悉的味道。加拿大漫畫師蓋．德利斯勒曾經在國際友誼展覽館觀景平台上喝到過可樂，他也不愛可樂，他只是覺得喝可樂如同一件反抗行為，雖然不是甚麼偉大的反抗。

我沒有想到反抗誰，我只是想到開城三巨里哨所外

那一大瓶被人民軍罰沒的百事可樂。千里迢迢把可樂帶到那裏的朝鮮人，他應當是喝過可樂的。他也許只是想讓他沒有喝過可樂的家人嚐嚐外面的味道。但是卻被查獲沒收了，也許他不會再受到進一步的懲處，但是有一家朝鮮人，卻沒有機會喝一杯可樂。

所以雖然在傍晚看見許多快樂，但事實上，勞動黨仍然嚴禁朝鮮成為一個有可樂的國家。

還是我最先離開餐廳，拿着我的可樂，在旅行社沒有一盞燈光的院子裏四處碰壁。黑漆漆的院子，辦公樓只有二樓外側的辦公室還亮着燈，透過窗戶可以看見牆上的領袖畫像。在朝鮮實在無法擺脫領袖的目光，即便隔着一層樓的高度，領袖卻依然在看着你。即便我已經匿身在黑夜裏，我在辦公樓前兩側的職工宿舍門外悄悄走過，看着宿舍裏的旅行社職工聚在一起看着電視，他們都沒有發現我，可領袖卻能看見我。

還能看見我的，是匍匐在宿舍臨近外牆犬舍裏的狗。冷不防的，看門狗忽然從黑暗中狂吠着竄出來。幸好拴

從凱旋大街地下通道走出的參加慶典排練的平壤市民（上）；路旁遊蕩的孩子（下）。

着狗鏈，否則我真不知道在朝鮮能夠去哪裏尋找狂犬病疫苗。看門人與職員紛紛出門，走到近處細細打量我——他們甚至沒有一把手電筒——我知道他們聽不懂我的解釋，我只能乖乖走回後院。

那裏拴着看門護院的狗，是因為那裏擺放着許多汽油桶。應當是旅行社客車的油庫所在，貴重物資，不得不嚴加防範。

旅行社客車全部停在後院，車頭方向的幾間連接辦公樓與飯店的房間亮着燈，勉強從車縫中擠進去，發現那是旅行社的後廚。

火鍋省料，兼也省工。晚餐正在進行中，後廚卻已經收拾停當。兩名中年女廚師無所事事地聚在窗外讀着一張報紙，不知道勞動黨那天說了些甚麼，她們看得全神貫注。一名年輕的女廚師從裏屋走出來擦擦洗洗，她們換到裏側的工作台上繼續讀報。

年輕女廚師很漂亮，面容清秀，身材高挑。躲在黑暗裏看着她，我有些埋怨朝鮮國際旅行社為甚麼不讓她來做我們的第二導遊。

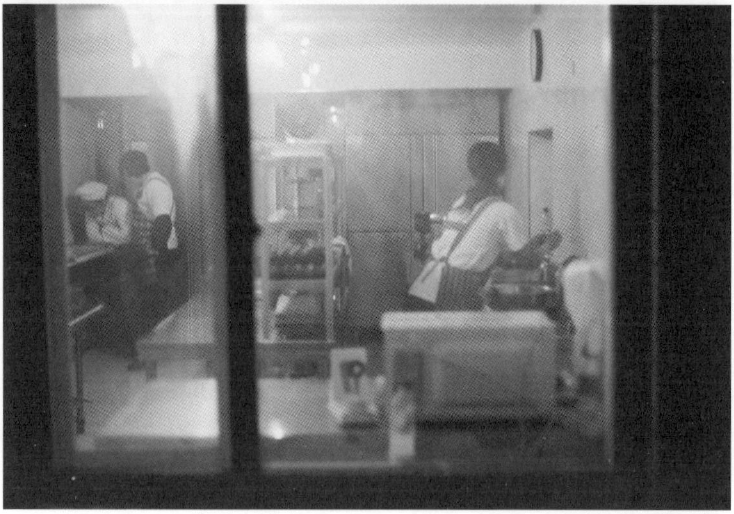

朝鮮國際旅行社辦公樓二樓辦公室裏的領袖畫像（上），後廚（下）。

只是一些最後的收尾工作，她們很快便可以下班了。如果不是在朝鮮，也許我會輕輕地敲窗，然後和她說一聲再見。

回酒店的路上，金導遊向我們介紹起始終一言不發的攝像師。他比我們想像中的年紀要大，已經年過六十。「雖然已經退休，但是他仍然堅持回來工作，為大家服務。」金導遊的介紹總是有個感人的開始，現實的部分緊隨其後。金導遊向我們說明攝像師在我們結束拍攝服務以後，會連夜加班，將錄像剪輯記錄成光盤。

服務當然不是「義務勞動」，「每張兩百元人民幣。嗯。」金導遊小聲說，「有需要的和我說，我做一個統計。」看來這才是金導遊向我們介紹攝像師的主要原因。

「自願的。」金導遊提高嗓音解釋道，然後用充滿期待的目光掃視着客車上的全體旅行團團員。

沒有想到陸續舉手示意不能讓攝像師勞而無功的團員，數量超乎我的想像。也在攝像師的意料之外，他難得笑容滿面。金導遊見攝像師興致勃發，主動邀請他為

我們獻唱一曲，攝像師當即應允。果然就像我們在六九中學看到的那樣，平壤市民在學生時代都經受過系統的器樂與聲樂教育，攝像師渾厚的男中音把一首《渴望》演唱得不輸專業水準。

一張光盤售價兩百元人民幣，居然也是能夠做成的買賣。朝鮮不再需要中國人民志願軍，前赴後繼「犧牲」着的換成了中國人民志願幣。勞動黨總是有辦法讓中國人民志願「犧牲」的，我坐在客車陰暗的最後一排角落裏陰暗地想着。

攝像師的演唱帶動了客車中的氣氛，在金導遊的鼓動、旅行團的起哄中，尹導遊也加到了中朝歌會的演唱隊伍中。女聲溫婉，男聲激昂。最後一首節奏簡單的《社會主義好》，已經成為幾乎所有人的合唱。對於旅行團中上了些年紀的中國遊客而言，主動與被動聽過無數次的革命歌曲，旋律實在太過熟悉，口舌自作主張地便唱了起來。

一切友誼、一切快樂，一切忽然彷彿是真的一樣。

22

평양역

平壤火車站

「始終沒有得見的朝鮮真實物價，卻在我將要離開朝鮮時，真切地出現在眼前。」

金日成廣場

金導遊沒有食言，在旅行團將要離開平壤之前，讓司機把我們送到了金日成廣場。不過在這站計劃外的目的地參觀時間有限，「只有五分鐘。」金導遊囑咐我們。

陰鬱的清晨，大同江江風濕冷。客車停在廣場西北角，角落裏一隊人民軍士兵，正圍着一隻燃燒起柴草的汽油桶取暖。

平壤金日成廣場（김일성광장），在朝鮮的地位如同中國北京的天安門廣場，是勞動黨用以表演慶典、集會、遊行、閱兵等等一切重大群體活動的場所。因為平壤地域有限，勞動黨沒有為金日成廣場爭得世界最大的榮譽，榮譽屬於奪取自蘇聯莫斯科紅場（Kremlin and Red Square）的中國天安門廣場。無論勞動黨有多麼頻繁地在金日成廣場表演慶典，但也只能是規模僅排在世界第十六大的山呼萬歲。第一屬於中國老大哥，同時容納一百萬人歌頌領袖的場景，曾經是天安門廣場的固定演出。第十六大的金日成廣場，望塵莫及的絕望。

久經天安門廣場考驗的中國旅行團，滄海巫山後地望見凡水俗雲，只覺得金日成廣場未免太小。幾位團員甚至脫口而出，「就這麼一點兒大呀？」

一點兒大的金日成廣場，面積仍有七萬五千平方米。地處大同江西岸，玉流橋（옥류교）與大同橋中間位置。得見玉流橋，也便看盡了平壤的大同江六橋。自北向南，依次是連接牡丹峰區域與大同江區域，跨越綾羅島的，旅行團前往東平壤參觀建黨紀念塔時途經的清流橋與綾羅橋；玉流橋；大同橋；每日出入羊角島的羊角島橋；以及由統一大街回到西平壤平川區域的忠誠橋。

東臨大同江的金日成廣場，北側樓頂有標誌性的人民軍司號員仰天吹號彩繪雕塑的是朝鮮中央歷史博物館（조선중앙력사박물관），南與朝鮮國家美術博物館（조선미술박물관）相對。東側與後部人民大學習堂（인민대학습당）連為整體的觀禮台，是金日成廣場的核心區域。「偉大領袖」、「偉大領導者」、「最高司令官」，祖孫三代，時常會在觀禮台上，攜一眾勞動黨高級官員，與民同樂。

平壤金日成廣場和排練的方陣。

為了十幾天後，「偉大領袖」誕辰一百周年的「太陽節」與「偉大領導者」制定的「強盛大國」開創紀念日的慶典，金日成廣場上遍佈為慶典排練「自發的歡慶場面」的平壤市民。

金日成廣場沒有震撼到我們，金日成廣場上排練的群眾卻震撼到了我們。我們去得已經很早，可是被組織起來的自發的群眾去得卻更早。在寒風中，隊列整齊地聽着領導者的訓話。看起來，不同的方隊，隸屬於不同的單位。似乎演出職責也有不同，有些方隊負責表演「歡慶」，有些方隊卻似乎要表演失去「偉大領導者」的悲哀——他們的胸前綴着白色紙花。

通常，中國旅行團在平壤的行程中，金日成廣場與緊鄰廣場西北的萬壽台大紀念碑總是必不可少的參觀目的地。其中又以萬壽台為重，為「偉大領袖」六十壽辰建造的大紀念碑前，有一尊高達二十三米，七十餘噸重的「偉大領袖」銅像——世界上最高、最重、最大的銅像，勞動黨是不甘人後的——勞動黨總會安排旅行團參觀萬壽台，祭拜「偉大領袖」，並且暗示「自願購買」

二十元一束的鮮花敬獻給最大的領袖。

目睹排練演出的平壤市民佔據金日成廣場，才意識到事先被放棄行程的萬壽台與臨時改道的萬景台，一定也是被演出相關的活動所佔據。果然事後得知，當時的萬壽台，正在把最高、最重、最大的「偉大領袖」從中心位置向左移動，然後在右側建造了一尊最高、最重、最大的「偉大領導者」。

勞動黨總是有取之不盡，用之不竭的紫銅。

與金日成廣場隔大同江相望的東岸，是為「偉大領袖」七十壽辰建造的主體思想塔（주체사상탑）。

主體思想（주체사상），是勞動黨的理論基礎，當然由「偉大領袖」創立，時任金日成綜合大學總長的黃長燁予以體系化。莫大諷刺的是，體系化主體思想的黃長燁在成為「脫北者」，叛逃至韓國以後，聲稱自己棄北投南的原因，正是因為在研究主體思想時，洞察到主體思想的謬誤，從而徹底信仰崩壞。

在建造「主體思想塔」的「偉大領袖」七十壽辰的

時候，「偉大領導者」寫過一篇提綱挈領的論文：《關於主體思想》。反覆研讀，發現「主體思想」大體是混雜共產主義理論與儒家忠孝觀念所構成。一言以蔽之：「領袖萬歲。」

> 主體革命觀的核心，是忠於黨和領袖的精神。社會主義、共產主義事業，是由領袖開創，並在黨和領袖的領導下進行的。革命運動，只有遵從黨和領袖的領導，才能取得勝利。因此，為了樹立正確的革命觀，任何時候都要把增加忠於黨和領袖的精神作為根本抓起來。❶

同時，在主體思想的指導原則中，「自主立場」也佔有相當篇幅：「思想上樹立主體；政治上自主；經濟上自立；國防上自衛。」所以在朝鮮處處感覺到的虛妄的自尊心，心理因素之外，更是有着理論基礎的。

---

❶ 金正日：《關於主體思想》，平壤：朝鮮外文出版社，二〇〇二年，第四七頁。

在「偉大領袖」六十壽辰的時候，「偉大領袖」尚且只是片面追求高大；七十壽辰的時候，「太子立儲」，分管意識形態宣傳的「偉大領導者」在高大之餘，更懂得欣賞「象徵」。

於是主體思想塔與建黨紀念塔一樣，隱藏的象徵意義之多，幾近讓導遊的記憶力絕望。比如，一百五十米高的主體思想塔塔身共使用兩萬五千五百五十塊白色花崗岩，象徵「偉大領袖」七十壽辰時得享的天數——可惜能夠用來當作計算器使用的移動電話不在身邊。

晨靄中，塔身上部鑲嵌着的鍍金朝鮮字「主體」（주체）隱約可見。塔頂火炬高二十米，晚上火炬點燃，長明不熄，「而且不受停電影響，」金導遊講解到，「如果在晚上，在平壤的任何地方都可以看得到。嗯。」

無法驗證了，平壤的這一夜，我們已經離開。

五分鐘轉瞬而逝。

在客車駛往平壤火車站的路途中，我忽然意識到旅行團團員們拿到金導遊房間的，他聲稱幫我們轉交給

六九中學學生們的禮物，始終沒有出現在客車上。

金導遊拿在手中的，是攝像師帶來的幾張光盤。訂購的旅行團團員每人拿出兩百元人民幣，錢貨兩訖。多出一張樣盤，在客車的車載電視系統上播放。我們的旅行場景夾雜在如同理想之國的宣傳片花與舒緩的音樂之中，不真實的美好。

平壤火車站

金日成廣場距離平壤火車站並不遠，兩三公里的路程。回到平壤火車站時，距離平壤開往新義州列車上午十點的發車時間還早，不知道為甚麼總是要匆匆忙忙。匆匆忙忙地下車進站，甚至忘記和司機道別。

走進朝鮮，彷彿身在無盡的濃霧之中。看見的，只是眼前咫尺之處，而且即便咫尺之間，也如天涯般看不真切。每向前走一步，不期然地出現些甚麼的同時，身後已經看見了卻又迅速歸於濃霧之間。也許還是之前所見的，也許已經悄然改變，不知道。知道的，只是所見

平壤火車站候車樓（左）；在金日成廣場眺望大同江東岸的主體思想塔（右）。

着的一切，也許就此一別，即是永別。

司機不會再進站，我們不會再見，我們彼此欠一個道別。

在火車站站前廣場上，另外兩名導遊正在等候我們。他們幾乎是金導遊與尹導遊寫意而未摹形的複製品，同樣一名男導遊與一名女導遊的組合。男導遊姓李，中文流利，與金導遊年紀彷彿，但似乎更為隨性，不拘小節，不修邊幅；女導遊姓朴，遠比尹導遊嚴肅，神情凜然。

平壤火車站站前廣場上，人頭攢動，乘客與送別的親友，以及穿梭往來的行人，讓旅行團團員們幾乎是各自尋找着進站的道路。或者是因為這樣太過危險，太容易走失，所以朝鮮國際旅行社才會派四名導遊送我們乘車？我並不清楚另外兩位導遊的來意——總是伺機拍攝的我，幾乎沒有向導遊發問的時間。

平壤火車站在朝鮮正式的名稱為平壤站（평양역），最初的平壤站建成於京義線通車的一九〇六年，「祖國解放戰爭」中毀於兵燹。如今平壤站典型斯大林式建築

的候車樓，戰後重建。重建的平壤站依然是平壤的核心區域，直接影響着平壤城的城市規劃。比如平壤站前區域，以平壤站為基準命名為「驛前洞」（역전동）。甚至金日成廣場，也採取與平壤站候車樓同樣的方位，坐西朝東，面向大同江而建。

平壤站建成時期的朝鮮，還沒有發展出標準的朝鮮式斯大林式建築。所以平壤站正中主體建築頂部不是重檐歇山頂，而是有斯大林式建築標準哥特式尖頂意味的八角形塔尖頂——這可以作為判斷朝鮮斯大林建築年代的標準。

塔頂為鐘樓，四面懸掛羅馬數字大鐘。鐘樓外有圍廊，「偉大領袖」在圍廊外微笑——這已經是回身濃霧之後悄然改變的景象，十幾天後，如同萬壽台上的改變，「偉大領導者」的微笑出現在「偉大領袖」的右側。

主體建築左右伸展出兩層裙樓，每側樓前檐下各支撐九根方形羅馬柱，整體裝飾風格蘇歐合璧。沒有任何關於平壤站具體建築設計與施工的資料，不過在主體建築鐘樓圍廊外四角，分別立有工人、農民、軍人與知識

分子形象的雕塑。終於不是紫銅雕塑，色澤黝黑，彷彿生鐵鑄就。而且姿態也不是劍拔弩張的慷慨激昂，只是沉默着，俯瞰平壤站四周。這種在朝鮮顯得極為特殊的雕塑，我在妙香山國際友誼展覽館參觀時，曾經在東德展室中看見材質與造型幾乎完全一致的縮小版本。所以，或者平壤站候車樓由東德援建，也未可知。

在四名導遊的嚴密注視下，旅行團有驚無險地全員通過站前廣場，然後被安排在候車樓一層北側的候車大廳等候。一如朝鮮每棟斯大林式建築的內部，候車大廳高大卻陰冷。不知道是因為讓人感覺不舒服，還是進入等候需要收費——入口處有車站工作人員值守——候車大廳裏的人並不多，清清靜靜。

候車大廳入口一側，在領袖畫像的目光注視下，擺放着閱報架。包括平壤地鐵月台，在朝鮮許多公共場合都會提供勞動黨的機關報《勞動新聞》（로동신문）以供市民閱讀。

勞動黨黨報以極薄的新聞紙印刷，單色，四版。紙薄得幾近透明，以類似漢字楷書字體的朝鮮字印刷的新

平壤火車站站前廣場擁擠的候車人群（上）；北側裙樓內的候車大廳（下）。

聞，密密麻麻。偶爾幾位有興趣讀報的候車乘客，只能就着朝向站前廣場一側窗戶透進來的天光——即便窗戶高大，卻依然採光不足；為了遮蔽內外的視線，所有窗戶上都粘貼有磨砂花紋的窗紙——湊近報紙磨練視力。

對側牆上懸掛着的領袖標語卻是清晰醒目，紅底白字的「偉大領導者」遺訓，貫徹「先軍政治」，「在這片土地上建立強盛大國，實現祖國統一偉業」的遺訓，盲人在曠野雨夜中也該一目了然。

年深日久，平壤火車站月台的大理石地面被摩擦得光可鑒人，我甚至可以看見慷慨激昂的廣播聲音被地面折射而起。折射而起的聲音又被籠罩着站台的巨大雨棚遮擋而下，聲音彷彿是激蕩在山谷之間的迴響。

旅行團匆匆走向月台尾部的「上級一百」車廂，我試着想回身拍攝一張平壤站月台的全景，卻被押隊的朴導遊攔下。她確實遠比尹導遊嚴肅，「不許拍攝」說得斬釘截鐵。

沒有了坐在第一道座位的中國木工，我們遞補向前。「上級一百」的第一道與第二道座位，除了第二道後排

一位看起來忠厚木訥的朝鮮年輕人以外，其他全部屬於旅行團所有。座位幾乎與來時相同，而列車則完全是來時乘坐的那趟列車。

不會弄錯，即便不同的列車車廂內部陳設有完全相同的可能，但隨車人員是絕對不會相同的。車廂內依然還是來時的那幾名列車員與乘警，還有那位令人難以忘卻的，身穿黑呢大衣、戴着金邊眼鏡的內衛部門官員。

但是旅行社的安排似乎有一個瑕疵。因為前進的方向與來時相反，所以我們座位前的通道是通往列車前部的旅客車廂，而不是加掛在列車尾部的餐車。

在我們的座位與唯一允許我們出入的餐車之間，間隔着「上級一百」車廂中所有的朝鮮旅客。瑕疵在於，如此一來，當我們往返餐車的時候，不可避免地將與上級朝鮮旅客近距離接觸，雖然只是片刻路過，但這仍然是勞動黨應當極力避免發生的事情。

距離發車時間還有半個小時，旅行團團員們安排好行李，紛紛走回月台觀光。導遊們聚在一處聊天，湊近打聽，才知道原來只是由新來的兩名導遊押解我們返回

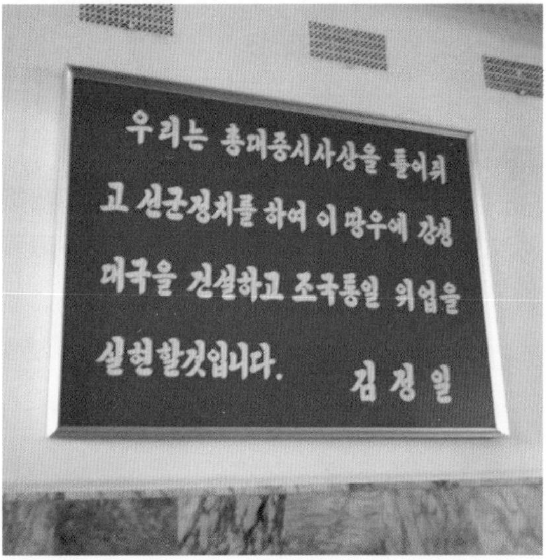

平壤火車站月台。（上）
候車大廳內懸掛的「偉大領導者」遺訓。（下）

新義州。然後第二天他們會如同金導遊與那名實習導遊所做的那樣，接待另一批赴朝的中國旅行團，而金導遊與尹導遊則會在完成一次導遊任務之後輪休。

沒有錯過道別。

作為接待外國旅行團的導遊，金導遊盡忠職守。他努力如勞動黨所期望的那樣，讓我們看見了所有我們應當看見的。當不該看見的事物出現的時候，他會奮力為勞動黨辯解。雖然他的辯解蒼白無力，雖然有時候會出現更糟的事情粉碎他的辯解。

就在車門外不遠處，「上級一百」車廂正中位置的月台上，有一輛手推售貨車。售貨車似乎只為上級朝鮮旅客準備，放眼望去，月台上似乎並沒有第二輛。

售貨車的生意很好，不時有上級朝鮮旅客從「上級一百」車廂中走出來購物。或者是熱情的送客的親友，執意買上一些食物讓乘客帶上。穿着大紅色上衣的售貨員生意紅火得如同她的外套，收錢找零，交接食物，忙得不亦樂乎。手推售貨車上，幾乎全部都是食品。包裝

很簡單的食品，大略分為四種：袋裝麵包，十枚盒裝朝鮮米糰，啤酒以及捲煙。

始終沒有得見的朝鮮真實物價，卻在我將要離開朝鮮時，真切地出現在眼前。

「上級一百」車廂中的一位老人，回到月台購買一盒米糰，一張五千元面額的朝鮮元遞出去，沒有任何找零；兩位送客的中年婦女，從售貨車上挑選了兩盒飯糰和一袋麵包，三張五千元面額的朝鮮元遞出去，找零大約一千六百朝鮮元；一位中年男人，拿起一瓶啤酒和一種份量很少，但是看不出內容物究竟是甚麼的零食，兩張五千元面額的朝鮮元遞出去，找零五百朝鮮元。

還有一位衣着簡陋的少年，他是從緊鄰「上級一百」的車廂中走過來的。幾次在售貨車前徘徊，幾次猶豫，終於打定主意，從他的父親手裏要過兩千元面額的朝鮮元，也想去買一袋那種零食。可是錢卻不夠，於是回身再拿一千元，居然還是不夠。直到父親又從口袋裏摸出五百元，一共三千五百朝鮮元遞出去，才換回那袋零食。

平壤火車站月台上的售貨車。

站在我身邊目睹這一切的廣西小夥子完全震驚了，他錯愕地看着我表示難以置信，神情彷彿是在賭場拿到一手好牌居然還是輸光了所有的籌碼。

金導遊說他一個月的薪水七千朝鮮元是真實的，不真實的是七千朝鮮元並不等於五百元人民幣，而只是等於一盒半朝鮮米糰的價錢，折算成上好的日本飯糰，也不會超過五十元人民幣。

他努力為勞動黨掩飾的是，即便是平壤市民的工資也只是形同虛設。他們依然上班，為的只是換取配給。他們的生活，只能依賴於黑市。

衣着簡陋又單薄的少年，拿着那袋零食，牽着父親的空空的手走向他們的車廂。在接下來的旅途中，因為那袋零食他會是快樂而又幸福的。

忘了說，平壤火車站候車樓兩側裙樓上，幾乎與黑鐵雕塑等高的紅色標識寫的是：

偉大領袖金日成同志萬歲！

光榮的朝鮮勞動黨萬歲！

23

신의주 열차

新義州列車

「有人彙報，說你在車廂裏拍照。」

「我知道我惹禍了。」

勞動黨員

反而是平壤至新義州列車餐車提供的午餐，味道最為可口。也是最為豐盛、最多葷腥的一餐，紅燒肉片、紅燒明太魚、大白菜炒肉、朝鮮泡菜。咖喱土豆，使用的應當是中國產的咖喱調味料，有咖喱的顏色卻沒有咖喱的味道。還有一道彷彿空心粉，卻又捲曲如速食麵，加青椒絲炒製的炒麵。

雖然主食米飯依然粗糙，因為列車太過顛簸也沒有配湯，但是大家對於在朝鮮的最後一餐卻是讚不絕口。

朝鮮餐車中能夠提供炒菜出人意料，不過似乎只是提供給旅行團。如此一餐，在餐車中售價必然不菲，即便是中國旅客在中國的列車中，大多也是不會如此奢侈的。所以難得有在餐車中就餐的三兩位朝鮮旅客，也只是啤酒佐以風乾的明太魚。

更在我意料之外的是，對於拍照的管制，變本加厲的嚴格。午餐開始前，我只是想拍攝一張餐車內的空鏡頭，貨架前售貨的沒有穿着制服的朝鮮姑娘居然出面制止。站在餐桌前，鏡頭向下拍攝飯菜，這種我以為絕對不會有任何問題的拍攝，看守我們就餐的李導遊居然同樣予以阻止。

已經不再是甚麼可以拍攝，甚麼不可以拍攝的問題，而是在列車中任何地方都不能拿出相機的問題。「可我只是拍飯菜呀？」在我難以置信的疑問中，在旅行團其他團員的聲援下，李導遊這才讓步，「那你趕快拍，拍完就把相機收起來。」他說完便看向餐車車門的方向，彷彿是在為江洋大盜把風的從犯。

也許是我們身在朝鮮期間，往來平壤與新義州之間的列車發生了甚麼緊急狀況；也許是日益臨近朝鮮「太陽節」一百年與「強盛大國」元年的重大慶典，勞動黨加強了警備以嚴防「敵對分子」陰謀破壞，從而導致拍攝禁令執行得愈發嚴格。

我已經感覺到氣氛的異常——列車發車不久在車廂連接通道內偷拍一名打電話的人民軍大校時，發現來時可以打開的只有簡易插銷的上下車門全部加鎖——但是我卻麻痹大意了。自恃拍攝技術尚可，之前所有的拍攝

平壤至新義州列車餐車內的午餐。

也僥倖全無問題，加上又是身在歸途，於是對於李導遊的格外緊張頗不以為然。

我的不以為然，終於讓我惹禍上身。

看見旅行團團員餐後陸續歸來，值守在車廂內的尹導遊也起身走向餐車——列車中不能為導遊提供單獨就餐的空間，所以旅行團與導遊就餐的順序由同時改為先後。

令我感覺詫異的場面出現了。兩位導遊同時身在餐車，「上級一百」車廂內的我們居然處在無人押解的真空狀態。機不可失，我立刻佔據尹導遊空下的第二道後排靠近過道的座位，確定車廂內沒有身着制服的工作人員以後，反身跪在座椅上，連續拍攝三張「上級一百」車廂內的上級朝鮮旅客。

回身坐定，前排相向而坐的兩位四川人還關照一句：「拍到沒有？」當然拍到。

可是「當然拍到」的喜悅瞬間轉為驚懼。身旁的那位朝鮮旅客，上車時拿票對號入座的忠厚木訥的年輕人，不知道甚麼時候變成了一位面孔尖削，皮膚油光緊綳的

中年人。他以極其不耐煩的態度——無數次抓獲同一名慣偷，憤怒又不屑的神情——用胳膊肘撞我兩下引起我的注意，然後目光注視着我手中的相機，比劃着拿過來的手勢，要檢查我的相機。

我知道我惹禍了，瞬間一身冷汗。我疑惑又無助地望向兩名四川人，他們臉上居然同樣浮現出緊張，似乎大家都知道在朝鮮這樣的禍事不小。

緊張之下，我開始口不擇言。我也不確定他是否聽得懂中文，忙不迭地口吐各種謊言。我堅稱自己絕對沒有拍攝，「鏡頭放大好看清楚漂亮的領袖畫像。」我羞恥於我的謊言的荒誕不經——我的鏡頭只是並不能放大的定焦標準鏡頭，而且領袖畫像已經與來時相反，不再懸掛在通往餐車的門上——但更讓我震驚的是原來謊言居然如同腎上腺素一般，完全是應激反應時的生理產物，全然不由大腦掌控。

他毫不理會我的辯解——看來是聽不懂中文——不耐煩地從我手中奪過相機。我使用的膠片而非數碼相機拯救了我。他看向相機背面，數碼相機顯示屏幕的位

置——不知道他用的是甚麼牌子的數碼相機，我忙裏偷閑地想，如果使用相同品牌的相機也許可以以此為話題套套近乎——沒有顯示屏幕無法回放讓他感覺到遲疑。

行賄是另一種應激反應。

我把隨身帶着的飲料與捲煙全部遞給他，希望能取代他手中的相機。他厭惡地推開，但是顯然也不願意在沒有取得確鑿的犯罪證據前把事態擴大——畢竟是國際糾紛——翻來覆去地檢查之後，他終於沒有直接打開相機後蓋曝光整捲膠片。他把相機還給我，依然是厭惡的表情接過飲料與捲煙。打開飲料淺嚐一口，瞄一眼捲煙的牌子，不屑地扔在桌面上。的確，那盒捲煙正是因為不夠檔次我才始終沒有送出去。

在行賄的場合，「禮輕人意重」比我那些糟糕的謊言更為荒誕不經。

我拿過相機坐回第一道座位，對面瀋陽商人的老父親關切地問：「沒事兒了吧？」雖然在我被盤查的過程中，整個旅行團保持緘默，他也並沒有回頭，但是看來所有人都還是知道發生了甚麼事情。

列車過道裏打電話的人民軍大校。

平壤至新義州列車「上級一百」車廂內的朝鮮旅客。

「沒事。」我想當然地回答。

當然有事，麻煩才只是開始。

我沒有再忽視自己的預感，略平靜以後，起身進洗手間，將相機中的膠捲取出，替換一捲空白膠捲。我想如果他繼續盤查我或者向內衛部門官員舉報，我可以主動將相機內的膠片整捲曝光以自保。

我擔心的事情果然發生了。兩位導遊午餐歸來，坐不多時，面帶慍怒的內衛部門官員出現在李導遊身前，略一示意，李導遊跟隨而去。再回來時，跟着示意而走的變成了我。

「有人彙報，說你在車廂裏拍照。」站在車廂連接過道，李導遊很客氣地問我。我忽然意識到，如果我的罪行確鑿，旅行團導遊也脫不了監督不利的干係。

理清楚利害關係，我的謊言變得井井有條。當然我也在力辯清白之外，為我在車廂內「舉起相機檢查取景器灰塵」這一魯莽的行動向李導遊道歉，「給您添麻煩了。」

「沒關係。我去解釋。」李導遊輕鬆地說，我輕鬆得幾乎要飄然而起。

窺視着事態進展的那名朝鮮旅客，已經坐回第三道後排座位。他的身邊坐着他的妻兒，他的孩子怯生生的目光隨着他不耐煩的目光注視着我。看起來他只是一名普通的上級朝鮮旅客，攜妻帶子地前往新義州或者丹東公幹旅行。他讓一家三口衣裝得體，食物豐盛，他必然是勞動黨官員無疑。

他忠誠於勞動黨，當車廂中的中國旅行團無人「押解」的時候，他主動地擔負起這個職責。悄無聲息地混迹其間，當發現其中有人違反勞動黨的意志，圖謀不軌的時候，他以大無畏的勇氣予以制止。

他難道在勞動黨內從事的就是內衛部門的工作？

可似乎又不像是如此。當我再次起身去洗手間，準備替換之前未拍攝完成的膠捲時，發現洗手間內有人佔用。返身打算前往靠近餐車一側的洗手間，他居然制止我，然後以那種訓斥下屬的厭惡表情和李導遊說些甚麼。他指着我裝着相機的揹包，意思似乎是說如果我帶着相機離開，依然會有拍攝的嫌疑。

意料之外的是，也許李導遊因為他而被真正的內衛部門官員訓斥以致心生不滿——他是能看出眼前這名朝鮮旅客的真實身份的，於是毫不客氣地、不耐煩地嗆聲回去。

朝鮮旅客立刻沉默不語，此後再也未對我的行動加以干涉。所以他並不像是擁有甚麼高級或者特殊權力的勞動黨官員，他只是一名普通的勞動黨官員，一名普通的勞動黨員。

在朝鮮，勞動黨令人畏懼。

如同我們曾經的畏懼，即便無需傳言，我們依然可以感同身受地在朝鮮看見那些畏懼。

人們木訥謹慎。謹慎卻又在時時刻刻張揚地表現出對領袖與勞動黨的恭敬。恭敬得彷彿敬畏鬼神。敬畏鬼神是實實在在的。實實在在地害怕稍有不恭，鬼神便會報應加身。

勞動黨，以及一切讓百姓畏懼的黨是如何做到這一切的？在離開朝鮮的時候，一名普通的勞動黨員予以詮釋：

逢君之惡。

李導遊可以嗆聲暫充秘密警察但實際不是的朝鮮旅客，但是他卻絲毫不敢忤逆那名內衛部門官員，對於他的畏懼是實實在在的。

後來我站在車廂連接過道裏和旅行團其他團員聊天——真正的聊天，沒有任何圖謀不軌——從列車前方車廂巡察回來的內衛部門官員看見我，走進「上級一百」車廂，狠狠地訓斥了幾句正在打盹的李導遊。李導遊唯唯諾諾地起身走過來，站在我的身邊。

他憂心忡忡地點起一枝煙，我們都沒有再說話。但是自此以後，李導遊愛上了我，李導遊與我形影不離。

尾聲

黑呢大衣，拎着一隻黑色手提包的內衛部門官員，站在新義州火車站候車樓前，盯着我們旅行團前往新義州口岸的擺渡客車。

我也盯着他，直到他也注意到我的目光。我們彼此凝視着，彷彿荒野中兩隻以眼神角力的動物。我放棄了，我害怕了，我讓笑容浮現在臉上，以示告別。

他面無表情。

他也參與到押解我們的行列中，是因為旅行團在新義州火車站出站時再遇麻煩。列車停靠在火車站內側站台，需要穿行地下通道出站。卻遇着一支人民軍部隊，起碼也是連級建制，從站台上密密麻麻地湧滿地下通道，一直延伸到出站口。旅行團小股部隊，不知死活地穿插在英勇的人民軍大部隊之中，各自為戰，分頭突圍。

路過來時等候平壤列車的候車樓大廳時，發現牆上海報欄裏，關於「偉大領袖」百年「太陽節」慶典的內容居然已經被替換成「偉大領導者」葬禮的內容。「偉大領導者」終於不是活在牆上，金正日同志終於永遠地活在了朝鮮人民的心中。

上樓下樓，迷宮般走出新義州火車站候車樓，好不容易出站坐上擺渡客車，點名發現少了一名團員。那位略矮胖些的四川遊客，居然走丟了。

兩名導遊如同驚聞平壤失陷，迅速跳下客車，返回尋找。跟着他們進站的，還有候車樓外的車站工作人員，雖然我們確信我們的團員不會就此蒸發，但是如果失蹤得太久，他們依然難逃失職之責。四川遊客幾乎是在全體新義州火車站工作人員的歡送下走回客車的，客車上一片嬉笑嘲弄，客車下跟隨出站的內衛部門官員面沉似水。

夕陽又在站前廣場旁邊，又在新義州金日成廣場「偉大領袖」雕像的身後。都已是日暮西山，將近黃昏。

新義州火車站去往口岸的路上，朴導遊讓我們交出隨身攜帶的所有相機，「需要全部檢查。是所有的相機。」她向我們反覆強調。

相對於入關檢查，新義州口岸的出關檢查寬鬆許多。除了瀋陽商人大宗採購的高麗參，其餘只是大略而過。更多的時間，是在等候被送進一間小屋獨立檢查的相機。

我的膠片相機不會有麻煩，數碼相機中可能會有麻

煩照片的存儲卡已經替換。這是朝鮮旅行指南中，應付相機出關檢查的標準操作方法。大家都明白不給勞動黨添麻煩的意義，所以相機的檢查雖然耗時許久但並沒有甚麼麻煩——也許又有不少我們以為沒有問題的照片被悄悄刪除。

勞動黨允許我們離開。

從新義州口岸離開朝鮮的道路，只有半座朝中友誼橋的長度。

半座橋外，就是始終沒有走遠的中國。

如果身為一個底層的朝鮮百姓，
祖祖輩輩生於斯，長於斯，
那麼他的一輩子可能都不會離開他的村莊一步，
就那樣老於斯，死於斯。

平壤火車站月台上送行的平壤市民。

평양

責任編輯　鄭海檳
書籍設計　吳冠曼

書　　名　朝鮮聞見錄（修訂版）
著　　者　胡成
出　　版　南粵出版社
香港北角英皇道四九九號北角工業大廈二十樓
South China Press
20/F., North Point Industrial Building,
499 King's Road, North Point, Hong Kong
香港發行　香港聯合書刊物流有限公司
香港新界大埔汀麗路三十六號三字樓
印　　刷　美雅印刷製本有限公司
香港九龍觀塘榮業街六號四樓A室
版　　次　二〇一七年五月香港第一版第一次印刷
二〇一八年六月香港第一版第二次印刷
規　　格　特十六開（150 × 210 mm）三七六面
國際書號　ISBN 978-962-04-4163-9